中央电视台「探索·发现」栏目 编

考古中国

[下卷]

中国青年出版社

图书在版编目(CIP)数据

考古中国. 下 / 中央电视台《探索 · 发现》栏目编著.
—北京：中国青年出版社，2011.1
ISBN 978-7-5006-9784-8

Ⅰ. ①考… Ⅱ. ①中… Ⅲ. ①考古发现 - 中国 Ⅳ. ① K87

中国版本图书馆 CIP 数据核字（2010）第 252601 号

书　　名：考古中国. 下
编　　著：中央电视台《探索 · 发现》栏目
责任编辑：李　杨
编辑电话：(010)57350510
装帧设计：高永来
出版发行：中国青年出版社
社　　址：北京东四十二条 21 号
邮　　编：100708
网　　址：www.cyp.com.cn
营　　销：北京中青人出版物发行有限公司
营销电话：(010)57350517　57350524
印　　刷：北京方嘉彩色印刷有限责任公司
经　　销：全国新华书店

开　　本：700 × 1000　1/16
印　　张：18
字　　数：300 千字
版　　次：2011 年 3 月北京第 1 版 2011 年 3 月第 1 次印刷
印　　数：1-10 ,000 册
定　　价：38.00 元

目录

考古中国【下卷】

第一部分 人类文明

［1］发现“沂源人”

故事讲述人

沂源县文物管理所副所长
杨 雷

北京大学教授
吕遵谔

中国科学院古脊椎动物与古人类研究所副所长
高 星

北京大学教授
黄蕴平

山东省文物考古所副研究员
孙 波

一

1981年10月18日，位于北京大学院内南端的一处教授住宅区里突然来了几位不速之客，他们手里提着大小不一的包裹，径直走进了著名考古学家和古人类学家、北京大学考古系教授吕遵谔的家。

这几位不速之客来自山东，他们是受山东省文化局的委派，来请吕遵谔帮助鉴定不久前在山东省沂源县境内发现的一批动物化石。

当吕遵谔看到来人拿出的一块瓢型动物化石时，一下子就被惊住了！凭借自己多年的经验，他一眼就看出这可不是一般的东西，这很像是一块人的头顶骨呀 1！况且已经被石化，它的年代肯定也是非常久远了。

那么，这块头骨化石又是怎样被发现的呢？

1981年8月，山东省文化局在全省组织进行第二次文物普查，沂源县被指定要把普查的重点放在古人类遗存上。

1

这是因为沂源县在1965年的时候，在县内土门镇黄崖村北的千人洞发现了部分打制石器和动物化石，还有烧土和灰烬。经鉴定，属旧石器晚期的古人类遗存，距今约两三万年，这在当时是山东唯一的一处旧石器古人类遗存。省里要求沂源县在第二次文物普查中，把重点放在古人类遗存的查找上。

20世纪80年代初的沂源县，还没有专门的文物管理部门，文物工作由当时的县图书馆代管。当时从县图书馆抽调了四位工作人员组成了文物普查小组，由县图书馆副馆长张文明任组长。县里要求对境内已知洞穴要认真仔细地做一遍调查，同时做好重点区域的群众调查访问工作。

1981年9月16号，普查人员对地处纯山区的土门镇进行了重点走访和考查，并在一个山洞里首次发现了动物化石。

当时的普查队员杨雷只有18岁，如今担任沂源县文物管理所副所长的他，回忆起28年前的那个情景，仍是激动不已。

采了很多，那个工具包里边都装不下了，然后就用雨衣把它包起来。在我往车子上拴的时候，陪着我们一起去的一个民工就说，你要这个干什么？他不理解，我们就给他解释，说是这很重要，很有可能有人类的遗存在里面。这时候他就指着前方下边沟的对面，说在那个地方我们修路的时候挖出来的比这个还要多。

那位民工的指点给了普查人员很大的惊喜，他们连续几天在民工所指的土门镇骑子鞍山下一条新修的公路旁进行了仔细搜寻。在路旁山脚的岩石缝隙，在修路清出的土石堆里，他们不断采集到一些动物化石。9月18日下午，在清理被公路切断的山洞底部浮土时，杨雷被一件异乎寻常的化石给吸引住了。

就跟小瓢似的一个小东西，当时我们也拿不准它是个什么东西，因为它跟其他的动物化石拌在一起了。对面的徐淑彬老师也看着我问，怎么不干了啊，他一看见这件东西就问我，你挖了个什么东西啊？我说我拿不准，也不知道是什么东西。我们两个看了一会儿以后，他突然说了一声：是不是头骨啊？

当时徐淑彬和杨雷都很年轻，对文物工作非常热爱，然而他们毕竟没有受到过正规的专业培训，面对这件像是人类头骨的化石，虽然不敢做出明确判断，但似乎都有了一种强烈的预感：一次重大发现就在眼前 2。

这时候我们采用了一个什么办法，就是我用手拃一下他的头，他拃一下我的头，然后再放到这个顶骨上边，一量差不多大，所以说就是我们自己来了个土办法，鉴定了这个，肯定它是头骨。

几位年轻人在肯定了自己的想法之后，马上向馆领导做了汇报。此时天快黑了，他们小心翼翼地把头骨化石取了出来。

为确保化石不受损坏，他们还想出了一个办法，把它放在随身携带的安全帽里面带了回来。

此后，头骨及部分动物化石被辗转送到了省会济南，因当时这里尚无能力对化

2

石进行鉴定，山东省文化局领导决定，立即将化石送往北京。

吕遵谔 仔细询问了这块头骨化石发现的经过，并反复查看，根据头骨上所呈现出的人字缝，他断定这是人类的头顶骨，而且根据它的石化程度和同一地点采集的动物化石判断，极有可能是猿人的头骨。

吕遵谔[3]1949年考入北京大学历史系考古专业，1953年毕业之后一直留校任教，是新中国培养出来的第一批屈指可数的旧石器考古专家。作为一名山东人，此时的心情更是难以平静。

山东省地域辽阔，历史文化悠久。有着灿烂的古代文明，大汶口文化、龙山文化使山东人引以为荣。然而，这些都属于新石器时代，直到此时，山东在旧石器考古和古人类学方面，仍基本处于空白。这次沂源的发现，对山东来说绝对是一个重大突破。然而，作为一名经验丰富的旧石器考古专家，吕遵谔似乎看得更深、更远。

在山东省文化厅的邀请下，他决定立即赶赴沂源，到实地进行考察。

1981年10月27日，也就是山东派人来京一周之后，吕遵谔便来到了地处沂蒙山区北麓的山东省沂源县。

在吕遵谔尚未到达沂源之前，山东省考古所和山东省博物馆的专业人员，又对沂源头骨发现现场进行了一次发掘，发现了一些零碎的动物化石。

吕遵谔抵达沂源之后，首先到化石发现现场进行了查看，他看到头骨发现地就在路旁山脚下一个残留的洞底，山洞的大部分已被正在修建的公路切除，文化堆积已基本被破坏。公路另一侧的茨峪河，从北向南流入螳螂河，最后又汇入沂河。

在对山东省考古人员搜集的零碎骨头化石进行清理时，吕遵谔又从中发现了古人类的两块额骨残片和几颗牙齿化石，这无疑又给了人们更大的惊喜。

3

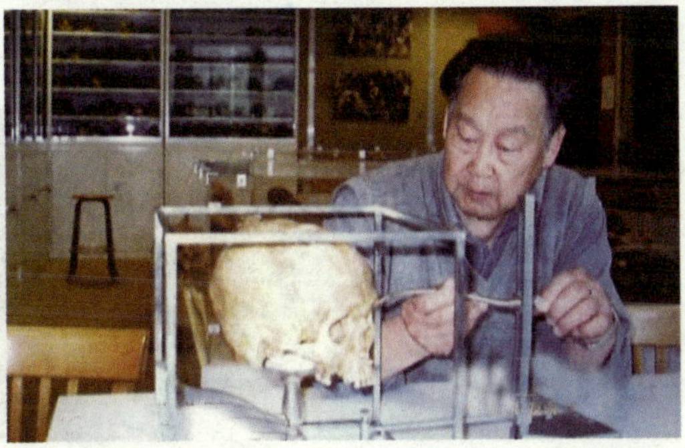

4

吕遵谔认为，此地有继续进行发掘的必要。然而此时已进入冬季，沂蒙山区海拔高，气温寒冷，这时候继续进行较大规模的发掘显然不合时宜。在与省、地、县有关方面商量之后，决定第二年开春后，再动手发掘。

1982年5月上旬，春暖花开的时节，由山东省文化局和北京大学考古系旧石器时代考古教研室联合组成的考古队开进了沂源县土门镇骑子鞍山 4。北京大学派出了以吕遵谔为领队的六名师生，加上山东省文化局派出的几名专业人员，还有沂源县图书馆的工作人员共十余人参加了第二次发掘。

这次发掘是在三个地点同时展开，即把头骨化石发现地作为第一地点，在它的左右两侧不远处又设了第二和第三地点，十余名考古队员分为三个小组，全部吃住在附近单位，全力以赴地投入到发掘之中 5。

吕遵谔从参加工作之日起，就养成了记日记的习惯，他至今仍完好保留着沂源发掘的工作日志。从这本工作日志上，可以了解到这样的信息：

5

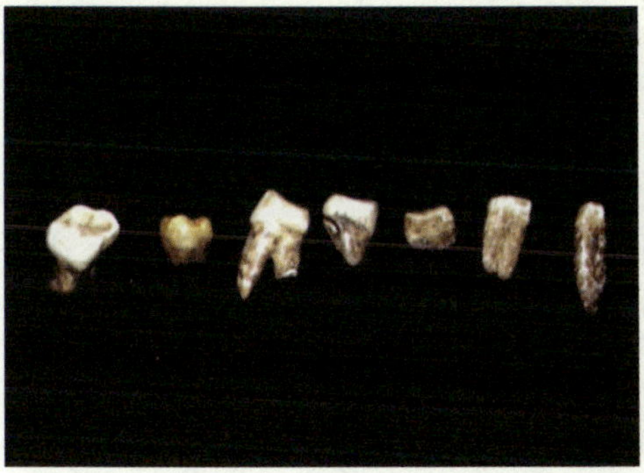

6

7

1982年5月21日，在清理第三地点浮土中发现一枚人的牙齿化石，随后在发掘第三地点时，从地层中又挖出一枚人的牙齿化石。

吕遵谔在做这些记录时，还把发现的牙齿化石以及地质剖面都一丝不苟地描绘下来，以备将来研究。

发掘进行了近一个月，三个地点的挖掘清理进入了尾声。至此，从开始发现头盖骨，到后来的两次发掘，共发现一块人的头盖骨残片，两块额骨眶上部残块，外加7颗牙齿化石 6。

这时候，历尽艰辛的考古队员们，一个共同的心愿，就是能给自己的劳动成果定一个位。也就是说，在沂源挖出的这批人骨化石究竟属于什么年代，它是猿人的化石吗？如果真的是猿人，那距今又有多少年呢？

大家把期待的目光投向了吕遵谔，这位国内著名的旧石器考古专家。

其实，对这批人骨化石的定位，吕遵谔心里已有了个基本估算。他从化石的石化程度，从化石出土地点地质剖面的观察，从同一地点伴生动物化石的对照，吕遵谔断定，这批人骨化石属于猿人应是确凿无疑，它的年代至少应在20万年以前。

在骑子鞍山猿人遗址同时出土的还有大量种类不同的动物化石。其中材料比较丰富和重要的种属有棕熊、三门马、李氏野猪和肿骨鹿，化石包括牙齿、上下颌骨和大量肢骨残块。其中有一种被考古学界称为标准化石的就是肿骨鹿 7，这种动物在20万年前就已经全部灭绝，因此，吕遵谔做出沂源猿人至少应在20万年以前的判断，不无道理。

然而，至少20万年以前的判断，这只是它的下限，那么，有没有办法确定出它的真实年代呢？

我们目前常用的检测年代的方法大多采用碳14检测法，但这种方法只能对距今7万年以后的物品有效，而对沂源猿人则显然不行。当时还有一种检测的办法叫铀系法，它可以检测更远年代的物品，但它对被检测物品的要求异常苛刻，它要求被检测物应处在完全封闭的状态。

动物在活的时候，它要吃东西，要呼吸，吃东西和呼吸就把一些放射物质带到身体里面去了，它死了以后这个东西就往外放射，有一定规律地放射，要是封闭的标本它放射出来很准确，很稳定，不是一会儿快一会儿慢，而不封闭的样品，比如说，在保存的时候淋雨了，或者是污染了，再测的时候，它就不稳定，不准确。

然而沂源猿人头盖骨及其牙齿化石在山洞中只是被浮土覆盖，也就是处于半封闭状态，山洞被破坏之后基本就处于露天状态，用铀系法检测显然也不行。

面对用科学方法检测行不通的现实，吕遵谔只有采用与国内其他旧石器考古对照的方法，以判断它的大致年代。

有着丰富考古经验的吕遵谔，经过认真考虑，他的目标慢慢锁定在了周口店北京猿人身上。

众所周知，20世纪20年代，在距离北京50公里的周口店龙骨山，曾有过一次震惊世界的考古发现。中外学者经过十余年的努力，发现了北京猿人头盖骨化石共5个，另有肢骨、牙齿化石百余件。这批化石曾被世人认为是中国人的“老祖宗”。尽管它们在抗日战争中神秘蒸发了，但“北京人”这一概念历久不衰，至今仍被国人津津乐道。

然而，吕遵谔为何单单把对照沂源猿人年代的目标锁定在了周口店“北京人”身上，而不是其他呢？其实，被吕遵谔首先看中的还是在沂源发现的那个被称为标准化石的肿骨鹿。

说来也巧，1921年，当时中国政府的矿业顾问、瑞典人安特生[8]在北平周口店发现的第一块有价值的动物骨骼化石就是肿骨鹿，而他恰恰就是根据这种化石确定了这一区域文化堆积的年代，从而开启了那个震惊中外的大事件。

8

9

10

这种鹿 9 和现在的鹿不一样，而这种鹿呢，早也没有，晚也没有，就是在“北京人”的时候，就是四五十万年前有。像这种动物化石，在我们考古学上就把它叫做标准化石，一是它分布面很广，二是生活时间很短，早没有，晚没有，就这个时候有。而这个肿骨鹿就是在“北京人”这个动物群里面很多很多的，是典型的主要动物；另外还有李氏野猪，也是“北京人”动物群里边有的。还有犀牛，所有我们发现的这些动物，都是“北京人”动物群里边有的。

除了与沂源猿人伴生的肿骨鹿化石外，其他诸如棕熊、三门马、李氏野猪等动物化石 10 也均在北京周口店猿人遗址多有发现，而且外形也很相似，更为重要的是，相似的东西还不仅如此，两地的堆积物特征和两处猿人化石也有惊人的相似之处。

那么相同的地方还是比较多，比如说他的头骨片 11，顶骨片这一块很厚，他和“北京人”都差不多。另外他的两块眉骨比较突出，这和“北京人”也很相像，他的牙齿很大 ，有的比“北京人”的还要大。根据地层学，沂源的土是红色、红黄色的，和上面的黄土不一样。它的时代也和“北京人”对接，这个土的颜色差不多，所以是根据这么几点，一个是地层学，一个是动物群化石，来定义时代的。

除了两处猿人化石的相似之外，吕遵谔还发现沂源猿人比北京猿人的牙齿和骨骼要粗大一些，对此，吕遵谔还有自己独到的见解。

11

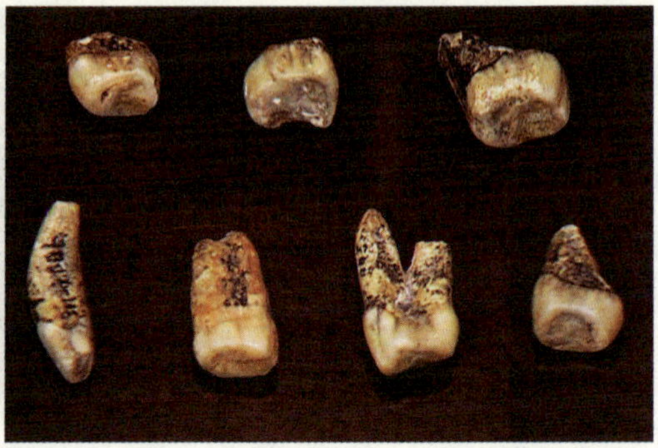

12

山东人一般体型比较粗壮，比较大，有的人叫山东大汉。我们的祖先就是山东人的祖先，那“沂源人”是不是体形也比较粗大，个子也比较高，胸膀也比较宽，是不是这个样子呢？可能和这个有关系。

基于上述的研究成果，吕遵谔果断地把沂源猿人的年代定位在与北京猿人稍晚一点，即四五十万年以前的直立人。可以肯定的说，沂源猿人是在山东发现的最早的古人类，也可以说是最早的山东人。吕遵谔还风趣地对大家说：自己祖籍在山东，从这点上说，沂源猿人也应该是他自己的祖先。

根据学术界的惯例，沂源猿人的称谓也被正式确定了下来。吕遵谔解释说，如同北京猿人习惯上也叫“北京人”一样，沂源猿人也可以叫“沂源人”，两者可以通用。

在清理沂源猿人化石的过程中，吕遵谔还发现了一些奇怪的现象，比如这两块眉骨，吕遵谔怎么看都觉得它不对劲。

一个大点儿，一个小点儿，这两个骨头应该是一样的。这边这个大点儿，我们就算它是和头顶骨是一样的，那这一块呢，就另外一个样了。

不仅如此，吕遵谔还从发现的沂源猿人7颗牙齿 12 里面发现了更为奇怪的现象，这7颗牙齿里竟然有两颗前臼齿是完全一样的，这就更加耐人寻味了。

吕遵谔介绍说，猿人和现代人在牙齿数量上是完全一致的，即最多不超过32

颗，但有可能少一两颗。在全部牙齿中，每人都有8颗前臼齿，而且它们每一颗都不会重样，也就是说，在一个牙窝里，绝对不可能长出两颗同样的牙来。

吕遵谔还发现，这两颗完全一样的前臼齿，在磨损程度上却不一样，有一颗明显比另外一颗磨损要重。种种迹象表明，已发现的沂源猿人绝对不止一个，它起码是两个个体以上。

两个个体以上，这意味着沂源猿人的群居状态。而后经中国医科大学口腔医学院的张裕珠教授对沂源猿人的牙齿进行病理学的研究，认为全部牙齿都很健壮，没有发现龋齿和其他病灶的存在，这更意味着沂源猿人应该是非常健壮的一个群体。

应该都是成年了，一般现代人成年起码在20岁，从他的牙齿磨耗的程度来看，可能已经四五十岁了。

有资料表明，在直立人生存的时代，也就是20万年以前，由于生存环境和生存条件的种种限制，他们的寿命普遍很低，最多也就40岁左右，而据吕遵谔研究观察，沂源猿人两个个体中的一位就约在40岁，另一位也在20多岁，这说明沂源猿人不仅是健壮而且也是长寿的一个群体。

那么，沂源猿人为什么会长寿？更为重要的是，为什么在山东仅仅是沂源发现了猿人遗址？是其他地方没有呢，还是没有被发现？

当时他们不会盖房子，只能住在山洞里面，而形成山洞得有条件。山东省也是很大的，我跑的地方比较多，跑过的北部地区也有洞，这个洞是什么样？是在石灰岩里面才能形成。

石灰岩在雨水长期作用下极易形成溶洞，而素有“山东屋脊”之称的沂源山区恰恰又大部分属于石灰岩。在层层叠叠的大山里边，有数不清的大小山洞，这在山东省的其他地方是不多见的，尤其是已经发现的几处大的溶洞，无论是容量还是容貌，在中国北方都是极为罕见的。

沂源不仅有数不清的山洞，而且还是四条河流的发源地，穿过整个沂蒙山区的沂河就发源在这里。当地老百姓常哼的一句顺口溜：“沂水绕山转、山洞一串串、房前屋后绿一片”。

13

顺口溜是沂源人对自己家乡的一种赞美，同时也是沂源生态环境的真实写照 13。

我感到沂源这个地方，环境、风景、资源都是非常理想的，对我们现代人类的生存是非常理想的环境，对过去的人类生存也是非常理想的。它是一个多样性的，有平原，有山地，有河流，也面临海洋，就像这种地方，都是非常适宜人类生存的，因为首先从植物方面，我们从高的，从低的，从喜水的，从比较喜欢干旱的环境的，这种植物都可以生长。

根据对沂源出土的第四纪更新世时代的动植物化石及现存植物的研究，中国科学院古脊椎动物与古人类研究所副所长高星博士认为，那时山东地区，应属于暖温带甚至于亚热带气候。可以想象，那时沂源的气候温暖湿润，四季如春。有山洞、有河流，有满山遍野的花草野果，绝对是一个非常适合人类生存的环境。

尽管沂源猿人遗址的发掘顺利而且成果显著，但有一个问题却始终困扰着吕遵谔和所有的科考队员。那就是在沂源猿人遗址的发掘过程中，除了获取的人类头骨及牙齿化石外，他们始终都没有发现猿人的肢体化石和使用的石器，也没有发现用火的痕迹，这又是为什么呢？

沂源人发现这个小洞很可能不是人类生活的地方，而是洞穴把人类化石保存下来了，那也提示我们，在周围，可能有更理想的这种遗址，有更好的洞穴。

直觉告诉吕遵谔他们，此地并不是猿人生活的第一地点，也就是说这个洞穴并不是猿人居住的地方。

假如真的是这样，那么猿人居住的地方又会在哪里，而且猿人的头骨又是如何到了这里呢？

二

1981年9月18日，山东省沂源县3位年轻人，在县内土门镇骑子鞍山发现猿人头盖骨的消息，不胫而走。1982年5月上旬，北京大学教授、著名的考古学家和古人类研究专家吕遵谔，带领考古系旧石器考古教研室的5名师生和山东省文化局联合组成的考古队来到骑子鞍山。

他们在发掘中尽管收获不小，但却始终被一个问题所困扰着，那就是在发掘过程中，除了获取的人类头骨及牙齿化石外，他们始终都没有发现猿人的肢体骨骼化石和使用的石器，也没有发现用火的痕迹。他们认为，此地极有可能不是猿人生活的第一地点，也就是说这里并不是猿人居住的地方。

假如真的是这样，那么他们居住的地方又会在哪里？而且猿人的头骨又是如何到了这里呢？

人们仔细打量着猿人遗址和它周围的环境，他们看到头骨发现地就在路旁山脚下，而在并不太宽的公路另一侧就是茨峪河，茨峪河的流向是从北向南。

14

专家们推断，一般来说，山区的河床伴随着山水冲刷应呈现逐渐下降的趋势。几十万年前，茨峪河河床极有可能会与现在的路面一般高 14，也就是说眼下公路的位置可能就是河道，山洪暴发的时候，上游的杂物会随着洪水漂流而下，并极容易顺势冲进岸边的石窟石缝而淤存起来。

这种理念顿时开启了大家的思路。他们的目光自然也就瞄向了河道上游，然而上游的鲁山山脉，莽莽苍苍，在这种环境下寻找目标，无疑就是大海里捞针。

就在大家十分困惑的时候，沂源县曾经参加过1981年文物普查的同志提供的一条信息引起了人们的注意，他们说，当时曾在茨峪河对岸柏平山上崖洞口的废土中捡到过几件石英石片。

石英是一种比较坚硬的石头，它往往会被远古人类用来打制工具，在属于石灰岩的这一地区很难发现。这一消息给了考古队员们很大的惊喜。于是由吕遵谔的学生、刚刚研究生毕业留校任教的黄蕴平等人前去考察。

上崖洞地处茨峪河对岸柏平山的山坡上，高出河床大概有40米，而且正好处在猿人遗址的上游方向。山洞内部宽阔通畅，此时被临近一家单位用来做了仓库。

我们到洞里头以后感觉很遗憾，这个洞里的土当时已经被修工程的全部清掉了，但是在洞口附近的洞壁上贴有大概半米厚的土，我们的运气非常好，就在断壁上保留的坡面里头的堆积中找到了石器。

由于上崖洞内曾经搞过修建，因此文化堆积基本被破坏，这次考察只是捡到了

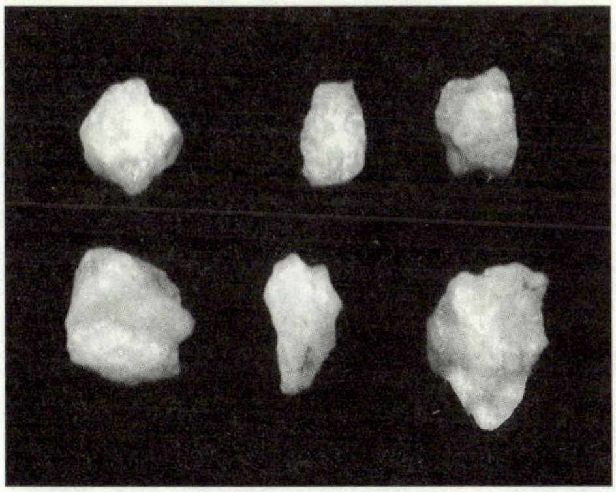

15

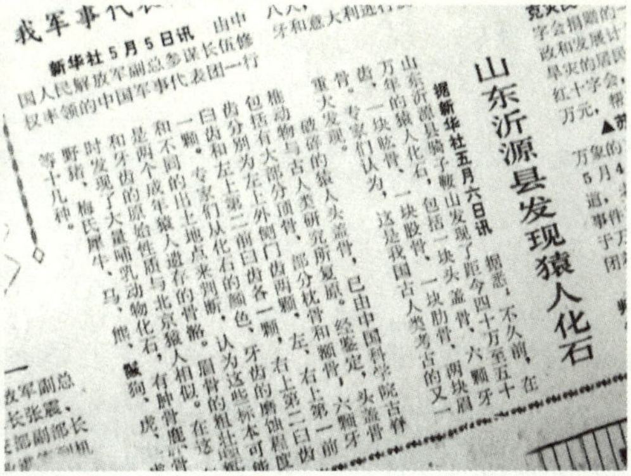

山东沂源县发现猿人化石

据新华社五月六日讯 据悉，不久前，在山东沂源县骑子鞍山发现了距今四十万至五十万年的猿人化石，包括一块头盖骨、六颗牙齿、一块眩骨、一块股骨、一块肋骨、两块眉骨。专家们认为，这是我国古人类考古的又一重大发现。

破碎的猿人头盖骨，已由中国科学院古脊椎动物与古人类研究所复原。经鉴定，头盖骨包括有大部分顶骨、部分枕骨和额骨。六颗牙齿分别为左上外侧门齿两颗，左、右上第一前臼齿和左上第二前臼齿各一颗，右上第二臼齿一颗。专家们从化石的颜色、牙齿的磨蚀程度和不同的出土地点来判断，认为这些标本可能是两个成年猿人遗存的骨骼。眉骨的粗壮程……和牙齿的原始性质与北京猿人相似。在这……时发现了大量哺乳动物化石，有肿骨鹿……野猪、梅氏犀牛、马、熊、狗、虎、……等十几种。

16

24块石英石片15，没有其他发现。经查看，这些石英石片均有明显被敲打的痕迹，应为古人类使用过的石制工具。大家认为，上崖洞极有可能是远古人类居住过的地方，而且这些石英石片应该是他们从邻近出产石英石的地方搬运来的。

那么，上崖洞遗址与骑子鞍山猿人遗址会是同一个时代吗？它们之间会有什么联系吗？

我们根据地层的对比，就确定这洞穴的堆积应该属于晚更新世，这样我们就可以确定这些石制品的时代，属于旧石器时代晚期，大致距现在应该有两三万年的时间。

这个结论着实出乎大家的预料，两三万年与四五十万年之间相差太遥远，两者之间很难判定会有什么联系。然而，这毕竟是又找到了一处旧石器晚期人类遗址。

至此，沂源猿人发掘工作暂告一段落。

1982年5月6日，新华社刊发了《山东沂源县发现猿人化石》的每日电讯16。紧接着，《人民日报》、《解放军报》、《光明日报》、《大众日报》等多家新闻媒体分别转发了这条消息。一时间，山东沂源县发现猿人化石的消息在社会上引起不小的反响和很多人的关注。

时隔不久，沂源猿人遗址被公布为山东省省级文物保护单位。

20多年过去了，沂源猿人作为曾经的一段历史在人们心中已渐渐淡去。然而，它留下的那份遗憾，却成了当年参加发掘人员的一块心病，始终压在他们的心头。北京大学的专家也好，山东省和沂源县的文物工作者也好，他们无一不盼望着在沂源会有新的发现。

我们要是能够找到这样的地方进行发掘，会发现更多的材料，而且这种材料的科学价值更大，会给我们提供更多的信息。

然而，考古原始信息的获得主要是靠其偶然性。但说来也怪，沂源这个地方还就真能一次次为考古工作者提供这种难得的机遇。

2004年6月的一天，在沂源县土门镇骑子鞍山猿人遗址东南约50公里的张家坡乡桃花坪村，又传出了村民发现古人类遗骸的消息！

桃花坪村 17位于沂源县东南部山区，村庄的南面靠近沂河，北面是一座并不算太高的山岭，人称北围子山。北围子山山坡比较平缓，在它的中部有一处很大的岩厦可遮蔽风雨。因它的形状既宽又扁，村民们便叫它“扁扁洞” 18。

2004年6月16日，雨过天晴。村民徐新范，像往常雨后一样推着小车，到扁扁洞里取干土回家垫猪圈。

由于村民们经常来此取土，洞内的积土此时已经不多了。

徐新范把搜集的干土一锨锨的往车子上装，突然间，他发现了几块骨头状的东西 19 。

徐新范年轻的时候在城里当过兵，是村里见过些世面的人，再加上他对当年在家乡曾发现猿人化石的事有所耳闻，因此在见到这些骨头碎片时，便留了个心眼，收集起来包好，准备拿回去，等有机会找个明白人看看。

17

18

19

说来也巧，那一天正好有沂源县电视台的记者来村里采访，徐新范就顺便给两位记者说了自己的发现，并把收集的骨头也交给他们，让他们带回县里去。

两位记者虽然看不出这些骨头是人的还是动物的，但从已基本石化的情况看，也必有来头。他们返回县里后，便向沂源县文物管理所做了汇报。

从1981年沂源县发现猿人化石至今已过去了20多年，这个消息无疑给沂源县文物管理所的工作人员带来了很大惊喜。

很快，消息传向了北京——中国科学院古脊椎动物与古人类研究所。

一直对沂源古人类考古工作密切关注的中国科学院古脊椎动物与古人类研究所副所长高星，在获悉这一消息后，立即赶往沂源。

高星与同行的刘武研究员及山东省考古所副所长王守功，一同察看了扁扁洞现场后，一致认为，沂源自发现猿人遗址后已沉寂了20多年，这次发现是一个新的契机。况且，洞内可见明确的文化堆积，实属难得，如若发掘，很可能会有重要收获。

那么，扁扁洞会是沂源猿人的居住地吗？

2005年5月，扁扁洞发掘工作全面展开，人员来自中国科学院古脊椎动物与古人类研究所和山东省考古研究所。

所谓的扁扁洞其实就是一个岩厦，开放型的地貌，发掘起来要比在纯山洞内容易一些。发掘中不断出土了一些石片和碎骨，并出现了灰坑和烧火面的痕迹，这显然是人类生活居住的特征，因而大家的情绪也随之高涨起来。

发掘不断地向深处扩展，突然，一块坚硬的东西引起了大家的注意。人们慢慢

20

地把它周围的泥土清理干净，才发现是一块长方形的石头。这块石头像是一个大方砖，器形简洁规整，加工得十分精细，它的宽面上部明显下凹，应为长期磨损所致。在它的旁边，人们还发现了一根圆柱形的石头，加工同样精细，中间粗，两端稍细，专家们认为，这应该是一个石磨盘和一根石磨棒 20，这套原始的加工工具，是用来加工带壳的食物的。

扁扁洞的发掘进行了将近一个月，但人类的骨骼却再没有找到。除了这套石磨盘石磨棒之外，还发现有一些骨角器和动物骨骼碎片以及碎陶片。然而，面对这些出土物件，有经验的考古专家似乎已经意识到，发掘的结果，并非如先前所期待的那样。

根据洞里所做的碳14测年来说，它的时间是在距今9600年到1万年左右这个阶段。现在，从我国目前所发现的同时代的遗存来看，它属于新石器时代早期，于洞内所出的文化遗存的内容来看，它也是新石器时代早期的文化。

扁扁洞遗址属于1万年前新石器时代早期的结论，显然与考古工作者们所渴望寻找的沂源猿人居住地的目标相去甚远。然而，它又像是同样在北京，先是发现距今50万年的猿人之后又发现了距今3万年的山顶洞人一样，让人隐约感到了一种历史的延续。

其实在专家们眼里，山顶洞人与北京猿人之间，仍然缺少一个重要的过渡环节，也就是说，北京猿人究竟有没有进化成山顶洞人？北京猿人到底是不是我们的祖先？考古人员在苦苦寻找着过渡环节。

在沂源，专家们在寻找沂源猿人居住地的同时，同样也期望找到这个过渡环节，以此来研究沂源猿人的演化。

然而，尽管扁扁洞的发掘没有实现预期的愿望，但最终的成果还是让大家兴奋不已。

扁扁洞周围属于岭地，洞前不远处多有泉水，而且距离山下平地也不是太远，联系到洞内出土的磨盘、磨棒和陶器碎片等发现，这对研究史前人类从渔猎采摘向原始农业的过渡、从山区穴居向平原房居的过渡，进而研究从旧石器晚期向新石期早期的过渡，都有极其重要的意义。

更何况，扁扁洞是山东省第一次发现的新石器早期遗址，到目前也属仅见，这对拥有著名的大汶口文化、龙山文化、后李文化、北辛文化等众多中晚期新石器文化的山东省来说，意义更是非同一般。

从扁扁洞的陶器来看，它和后李文化有相似之处，很可能是属于后李文化的，虽然不一定是直接源头，但是它可能是后李文化的源头之一。所以从这一点上来看，可以说从目前的发现来看，它也是整个山东地区的文化源头之一。它对后来的影响，从这个源头本身来讲，它的影响就自不待言了。

后李文化遗址位于扁扁洞所在地以北一百多公里的淄博市临淄区后李官庄，它于1988年修建济青高速公路时发掘，出土了大量陶器，后鉴定为距今8000年左右的新石器时代中期，曾被认为是山东省最早的新石器文化遗存，在全国也属重要发现。

然而，沂源扁扁洞遗址的发现，把山东省新石器文化的历史一下子提前了两千年，而且有迹象表明，它很有可能会是后李文化的源头。

最近的调查后李文化又增加了两处，从沂河、螳螂河到淄河，这一线可以作为一个联系它们的通道 21，因为这个通道在现在还在使用。也有公路，基本上是顺着这个河谷走的，所以说无论是从文化内容上看，还是从它们的联系的客观条件上来看，扁扁洞都有成为后李文化源头的可能。

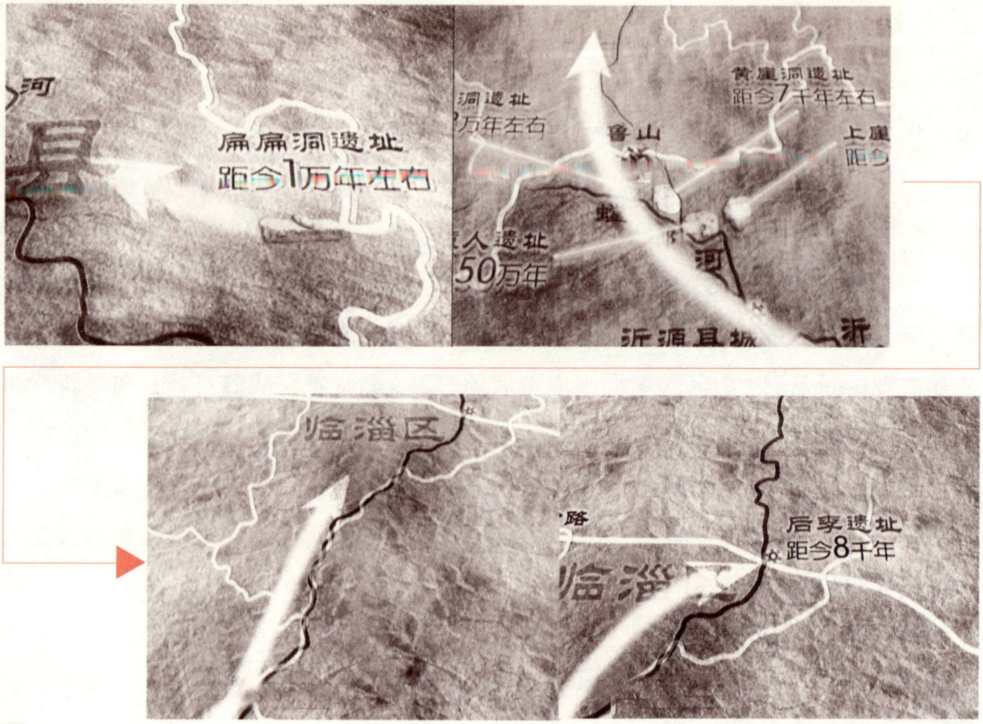

21

另一值得关注的是，在以后对扁扁洞遗址的补充发掘中，还陆续发现了龙山文化、春秋时期和近现代的陶瓷片，这表明自新石器时代早期以后，这儿又曾多次被人占据，扁扁洞的人脉似乎从未中断过。

无独有偶，就在扁扁洞遗址发掘一年之后，2006年12月中旬，在沂源猿人发现地的土门镇黄崖村又发现了一处洞穴遗址，这处遗址与1965年发现的那处旧石器晚期遗址千人洞隔河相望，它的情况与沂源猿人遗址极为相似，即山洞的绝大部分在修建公路时被挖掉，只剩下很小的洞尾部分 22。

在随后对黄崖洞的发掘中，发现了部分陶片，而且还出现了鼎足和泥质陶钵 23。经鉴定，黄崖洞遗址距今约7000年，属于新石期时代中期偏晚的文化遗存。

参加了扁扁洞和黄崖洞两次遗址发掘的山东省文物考古所副研究员孙波认为，黄崖洞遗存较后李文化尽管又近了1千年，但两处陶器在器形和制作手法上却有惊人的相似之处，后李文化应是黄崖洞文化遗存的源头。

同为新石期时代的同一地区内，三处文化遗存互为源头的推论颇引人注意，但需寻找更加确凿的证据并有待进一步的研究。

从1965年发现千人洞旧石器时代人类晚期遗存至今，时间已过去了40多年。截至黄崖洞遗址被发现，沂源县已形成了以沂源猿人为代表的，以千人洞、上崖洞、黄崖洞、扁扁洞等众多旧石器晚期和新石器早、中、晚期人类遗存多处分布的史前人类集居区域 24。

一个县内拥有如此众多、如此完备的古人类遗存体系，在山东省乃至全国也实属罕见。

尽管如此，考古工作者寻找猿人生活遗址和文化遗物的夙愿却从未放弃过。他们总是利用一切可以利用的机会，以沂源猿人遗址螳螂河上游的鲁山山脉为主要目标，爬山越岭、穿林过河，不放过任何一个可能爬进的山洞和目光所及的一切蛛丝马迹。

默默无闻的工作伴随着与日俱增的期待，走过了一年又一年。

22

23

24
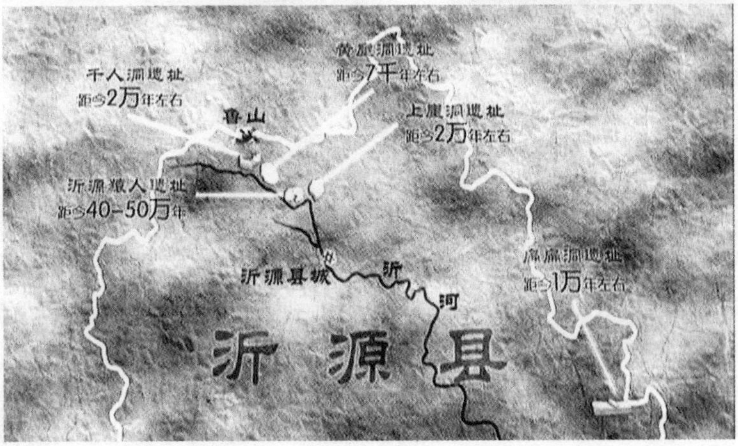

2006年5月25日，国务院批准公布了第6批全国重点文物保护单位，沂源猿人遗址名列其中。

2007年10月7日，全国沂源猿人学术研讨会在山东省淄博市的沂源县召开。

这次会议邀请到了吴新智、吕遵谔、张森水、高星等在国内外享有盛誉的古人类研究顶级专家和另外十几位知名学者。

从沂源猿人发现以来，为其举办专题学术研讨会还尚属首次，而如此阵容的专家队伍齐聚沂源，又将会传递出怎样的信息呢？

我认为“沂源人”的发现，应该说对于中国的古人类学乃至世界的古人类学研究都是非常重要的。因为，首先它发现于20世纪80年代，当时从中国发现的这方面的材料还很少，我们知道当年有北京猿人，但是跟北京猿人同时的其他的化石发现得就非常少了。

另外又补充了它分布的地区，在山东，而不是在别的地方，这就为以后找同时期的或者比较晚的遗址提供了线索。

专家们认为，在辽阔的中国国土上，目前所发现的有价值的旧石器人类遗址仍属凤毛麟角，在北京猿人和南京猿人之间的广阔地区，旧石期人类遗址几乎是一个空白，沂源猿人显然是填补了中部缺环的空白 25 。

25

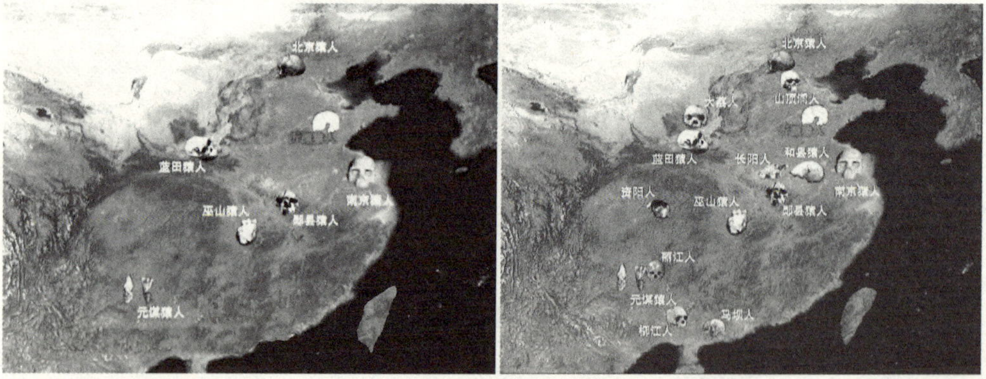

在中国发现的人类化石是比较多的，从目前我知道的情况来说，最早的就是“元谋人”，比他再晚一点的“蓝田人”，第三位是“郧县人”，第四位是“北京人”，第五位就是咱们“沂源人”。

从距今年代上讲，沂源猿人当排第五位，按遗址发现的早晚，他属第九位，在充分肯定沂源猿人学术地位的同时，专家们仍然一如既往地期待能早日发现沂源猿人的居穴和他之后的人类化石，这种愿望在今日看来越发显得重要和迫切。

当今国际古人类学界关于亚洲现代人，是20万年前从非洲或5万年前从欧洲迁移而来的观点，现仍处于强势，而中国的部分人类学家对此是反对的，他们仍然坚守中国人种本土演化的观点。

这些专家认为，中国的古人类应该是始终在这片土地上按照自己的方式生存着，比如山顶洞人的石器技术与北京猿人之间就没有太大的差别，他们有可能是一直延续下来的。

假如能找到沂源猿人的居穴和他的文化遗物，考古学家就可以对有可能出现的猿人石器进行研究，从而与千人洞、上崖洞等旧石器晚期的石器进行比较。

再假如能找到比沂源猿人更早或是稍晚一些的人类化石，人类学家也可以从他们的体质特征对比中找到某种延续，为中国人种本土起源说提供新的证据。

这个地方还有更多的遗存有待于去发现，它也可能会给我们提供一些更关键，更重要的材料，使我们对人类演化这种理论，对现在的争议，提供更大的贡献，我觉得这是完全有可能，也有这种潜力的。我们通过这些研究，试图建立起一个人类演化的一个链条，看它处于怎么样的一个趋势。

中国科学院古脊椎动物与古人类研究所副所长高星博士，是中国第四纪科学研究会古人类旧石器专业委员会主任，是国内外颇具影响力的中青年古人类学家。他在坚持中国人种本土起源说的同时，似乎对沂源猿人所处地理位置又产生了浓厚兴趣。他的目光投向了山东半岛和半岛以外的地方，从而爆出了一条惊人的推想！

由于山东属于沿海地区，它可能跟日本、韩国建立起了联系，对我们研究不单是猿人阶段，在中国这个本土的演化，对当时人向其他地区的扩散，包括日本群岛，朝

鲜半岛，它都是有很多的意义的。

日本群岛和朝鲜半岛的人种可能来自中国，而且最有可能就来自山东，这惊世骇俗的推想，无疑是对传统观念和国际通说的挑战和颠覆！

高星认为，山东半岛与朝鲜半岛和日本群岛隔海相望，相距较近，它很可能是我们中国远古人类向朝鲜半岛，向日本群岛进行迁徙的一个通道。

然而，远古人类有穿越茫茫大海的能力吗？这听起来似乎有些天方夜谭啊！

我们必须考虑到古代的自然环境的变化，在冰期的特别寒冷的时期，现在有一些迹象表明，可能这个海平面要下降在120～150米左右，可以想象在这样一个情况下，山东陆地跟朝鲜半岛，甚至跟日本的许多群岛都是联系起来的。我们现在看来是被海洋阻隔的一些地方，但是当时都是连着的。可以说沂源应该是一个跳板。

最后冰期时代始于12万年前，而它的高峰期距今才两万年，正如高星所描绘的那样，那时两地人类越海迁徙是有可能的，但这只是从地理环境方面的推测，那么，从考古方面能找到什么样的证据吗？

我也几次到韩国去考察过，发现他们那个旧石器时代晚期，我们现在是指在三四万年之内的遗存，甚至再早一点，比如说中期的十几万年，跟我们中国的很多的材料是非常相似的。比如说在山东也发现了一些材料，尤其是旧石器晚期细石器的材料，跟朝鲜半岛甚至跟日本群岛的细石器，从技术，从类型上都觉得非常密切，可以说是一脉相承的。

高星的推想目前还只是在理论的层面，最终结论的产生，还需要进行艰苦不懈的探索和研究。

我们期待这种探索和研究取得积极的成果，并深信在沂源这个极适合人类生存的地方，一定会有新的更大发现！

[2]
发现甲骨文

故事讲述人

中国科学院历史研究所研究员
王宇信

北京鹤年堂中药调剂师
王国宝

北京同仁堂科技发展公司工程师
张能荣

《文物话春秋》著作者
陈重远

中国科学院考古研究所研究员
曹定云

一

清朝光绪二十五年，也就是1899年夏季的一天。北京东华门外锡拉胡同的一处深宅大院里，笼罩着一丝焦虑的气息。原来，这家的主人病了，经医生诊治，得的是疟疾，家人赶紧去药房抓药。药抓回来后，因颇通医道，这位主人便打开药包，翻检审视。突然他发现，一味叫“龙骨”的中药上面，有一些他从未见过的奇异划痕，他没想到，这一下不经意的翻检，竟然触动了一个中国上古史和中国古文字学的惊世大发现。

翻检药包的人叫王懿荣 1，山东烟台福山人。他当时的身份，是朝廷国子监的祭酒，也就是当朝最高教育机构的负责人。王懿荣从那味名叫“龙骨”的药中，捡出几片仔细端详，发现这些划痕不像是随手刮削的痕迹，倒极像是一种有序的编排。这么细小的骨头上，怎么会有刻画痕呢？这引起了他极大的好奇。

王懿荣是当时京城里有名的大学者和喜欢收藏古物的人。他知道，一定是遇到宝贝了。据1931年北平《华北日报 · 华北画刊》第89期，“汐翁”发表的《龟甲

1

2

3

文》记载，王懿荣派人到南城宣武门外菜市口达仁堂中药店，买回了带有刻画痕迹的龙骨。于是就发生了故事开头的那一幕。

有文献记载说王懿荣“性嗜古”。喜欢收集上古，尤其夏商周以来的铜器古玩、印章，哪怕那时的残石片瓦，他都珍藏秘玩之。现在突然在一种骨头上发现奇异的刻画，王懿荣立马就觉得非比寻常。

因为像龙骨这样的骨头本身就很古老，上面再有一些刻画，一定不简单。

什么是“龙骨”呢？它真是龙的骨头吗？已故的古生物学家杨钟健博士 2和古人类学家裴文中教授 3，曾对中国境内的“龙骨”进行过研究。所谓“龙骨”，实际上是远古大型脊椎动物，如象、犀牛、三趾马等的骨骼化石，中国古人统称为“龙骨” 4。东汉及魏晋南北朝时期，就已经有了“龙骨”入药的记载。

“龙骨”的功效主要是镇惊安神，心悸失眠、神经衰弱等症。龙骨经过煅制还具有补肾、治愈小孩儿尿床的功效。也可以解除发烧引起的烦躁。

1899年夏天，北京流传的那个故事说，王懿荣得的是疟疾，大夫给他开的药里，为什么会有“龙骨”呢？

他可能伴有发烧的症状。而龙骨具有的镇静作用可以帮助退烧。因此医生给他开的处方当中，就有了龙骨这味药。

然而这种几十万年前的动物骨骼上，为什么会有刻痕呢？王懿荣便再派人到那家药铺，选了些刻痕比较鲜明的，全部买下。王懿荣仔细查看这些“龙骨”上的刻痕，愈加觉得这不是一般的刻画，它应该是一种有意义的符号，甚至可能是一种远古的文字。

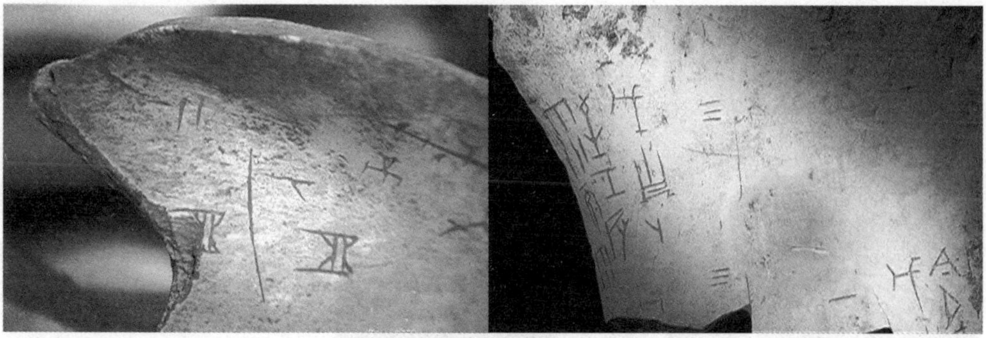

4

王懿荣将这些龙骨上的刻画与自己家收藏的古钟鼎上的文字比较，感觉非常类似。他觉察到，这样的刻痕出现在一种几十万年前的动物骨头上，绝非偶然，可能是一种迄今没有见过的，很稀奇很有价值的东西，被他无意间看到了。

王懿荣考中进士以前，他在金石和古文字方面的造诣，就已经名满京城了。当时北京的古玩界在辨别鉴赏古玩时，就有"得公一言，推为定论"的话，朝廷里的大收藏家潘祖荫、翁同龢，也都对他推崇有加。

后人评价王懿荣研究古金石文字，称他"钩稽年代，补正经史，搜先达所未闻，通前贤所未解，爬罗剔抉，每多创见"。王懿荣既有这样的造诣和水平，在看到这些不寻常的刻纹符号时，会有一种敏锐的眼光和认识，就是理所当然的了。

如果这些骨头上的刻画是远古的文字，那它有多古，又是什么样的一种文字呢？对这些问题，王懿荣还不能知道。他所能做的，是尽量多的收集。他派出家人，至菜市口达仁堂药店购求，只要见到带字龙骨，全部买下。他自己也上药店登门询问，这些带字龙骨的出土地在哪里？但令他失望的是，每次的回答，都是杳不可知。

在王懿荣开始搜求带字甲骨的11年后，一位加拿大籍传教士，来到河北、河南一带传教。这位传教士后来在收集和研究甲骨文方面，也颇有成就。他的中文名字，叫明义士 5。1917年，明义士写了一本名为《殷墟卜辞》的书，记叙了王懿荣最早收集带字甲骨的事。

明义士说，王懿荣极力访求带字甲骨，总想能够再多买一些。在询问带字甲骨出土地而不得后，"乃裹其秘宝，深藏怀中，仅于返家后，秘宝研索而已。是则今之所称甲骨卜辞，彼实发现之第一人也。"

5

6

明义士说了两点信息，最重要的一点，是明确说出王懿荣实为甲骨卜辞发现的第一人。这是第一次明确肯定王懿荣为甲骨文发现的第一人，后来的学术界基本都采取这样的说法。二是当时看到带字甲骨的只有王懿荣，而且他把带字甲骨藏起来了。

"秘而不宣"，独自研究的王懿荣，都有些什么心得呢？由于王懿荣本人没有留下文字，明义士也就无从了解。明义士没有说。但王懿荣的第三个儿子王汉章 6，在王懿荣看到带字甲骨的34年后说了。1933年，王汉章在其所著的《古董录》中记述："先公索阅，细为考订，始知为商代卜骨，至其文字，则确在篆籀之间。"这里明确说出王懿荣已经知道龙骨之上的刻画为商代文字，王汉章是怎么得知这个结论的呢？

不清楚王汉章怎么知道的，因为王懿荣本人对于发现甲骨文一事，没有留下任何文字，所以我们无从知道。当然，王汉章是他的儿子，也许听其他长辈说过也未可知。但毕竟没有文字记载，我们只好当做是一家之言了。

1942年，一个叫赵汝珍的人，写了一本叫《古玩指南》的书，说王懿荣在药中看见龙骨上的刻画都是篆体，经详细辨认，断定为殷代之文字。商朝也称"殷"，殷代即是商代。王懿荣是如何得出这样结论的？赵汝珍也语焉不详，但所有的说法都指向一个源头，即王懿荣是在看病吃药的时候，发现了甲骨文字。这个流传广远的说法是否可靠呢？

1983年11月15日，《光明日报》刊登了一篇《也谈甲骨文的发现》的文章，认为王懿荣因吃药发现甲骨文之说，有两点漏洞。一是中药店一般都是将龙骨捣碎后，才出售配药，因此，是无法在上面发现文字的；二是在光绪年间，北京菜市口并没有达仁堂中药店。这篇文章一出，质疑的声音也随之而起。由于王懿荣本人没有留下文字，一时间，大有风雨飘摇之概。

北京有名的菜市口，清朝的时候是处决犯人的地方。王懿荣抓药，就在这里的鹤年堂 。

当年北京南城的菜市口一带，最好的中药铺只有一个，那就是现在菜市口十字路口东北角的鹤年堂药店 7。清朝的时候，这个药店在现在菜市口南口外东边路北 8，1958 年以后迁到现在的位置 。家住北京东城的王懿荣，为什么会绕远到南城的菜市口来买药呢？

鹤年堂药店，过去也叫西鹤年堂，据传说创始于明朝嘉靖 4 年，即公元 1525 年，距今已有 400 多年历史。早年间，老北京人都流传一个说法："要吃丸散膏丹到同仁堂，吃汤剂饮片到鹤年堂，"两个药店，各有各的优势。什么是汤剂饮片呢？

汤剂和饮片主要是指把中药熬炼煎服的一种药物剂型，病人喝下去以后吸收很快，疗效也很迅速。是中药基本的一种制作熬炼的方法。鹤年堂的汤剂饮片因为坚持精选上品和精心炮制这两条，所以在北京名气很大 9。

1993 年出版的《中华百年老药铺》讲到，正是因为鹤年堂在汤剂饮片的制作上一丝不苟，所以当时清朝的皇族很多都在鹤年堂买药。1997 年，著名学者周绍良写信给《中国文物报》，也认为王懿荣应该是在西鹤年堂买的药："到宣武门外菜市口买药，当然说是'达仁堂'是不对的，但当时一些名人吃药要到西鹤年堂去买，这在当时是很迷信的，而西鹤年堂正在菜市口附近，这点是没错的"。

今年 55 岁的王国宝，是 1949 年以后最后一位举行过拜师仪式的徒弟。他先

7

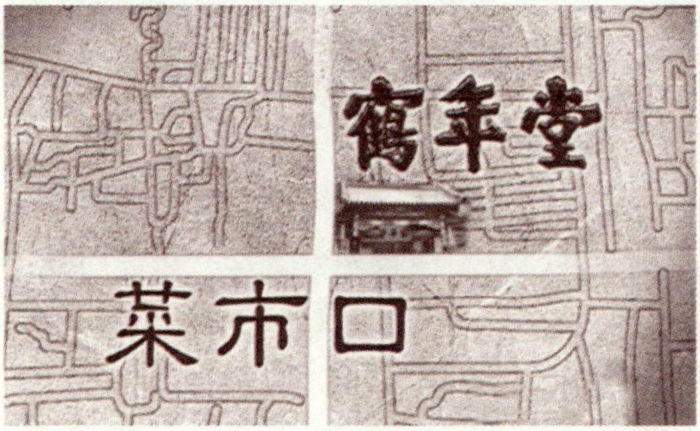

8

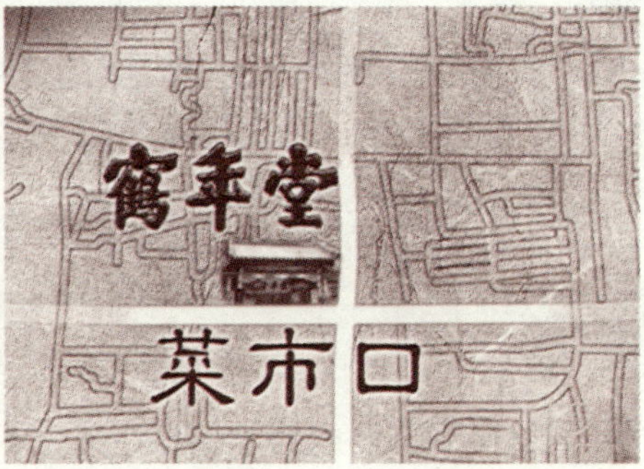

9

后跟过10几位师傅，耳濡目染，很早就听师傅讲过王懿荣到西鹤年堂买药的事儿。

王懿荣买药的事儿，打我学徒的时候就听师傅讲过。过去的文人，不为良相，即为良医。文人都有学医的习惯。王懿荣拿到药，每包都打开看，检查。发现有刻画，又亲自到药店来，要瞧瞧龙骨。看了药斗子里的，又去库房，把大块儿的，有文字的都挑走了。回去研究，后来知道是甲骨文。

王国宝告诉我们，老北京的中药行业里，奇闻轶事儿很多，从来都是口口相传而不行诸文字。他从师傅那里听来的，王懿荣买药发现甲骨文的事，与记载的极为相似。看来，王懿荣的确有可能是到西鹤年堂买药，才发现甲骨文的。果真如此，有关“达仁堂”的说法，就是错的。北京城里，是否真有一个“达仁堂”药店呢？

出版于1996年的《北京卫生史料》，该书的附录，有一个1948年以前的北京中西药店名录。在这个名录上，赫然有“达仁堂”，杨梅竹斜街的字样。这说明北京的确有个“达仁堂”，位置在杨梅竹斜街。杨梅竹斜街也在宣武区，离前门大栅栏不远。然而现在的杨梅竹斜街上，却看不到有“达仁堂”标记的药店，这个神秘的“达仁堂”到底在哪儿呢？

“达仁堂”是同仁堂创始人乐印川的第 4 个儿子的后代乐达仁 [10]创办的，时间是民国的初年。20 世纪三四十年代前门大栅栏和杨梅竹斜街等处 [11]，都有“达仁堂”的药铺，1956 年公私合营以后，这些地方的“达仁堂”药店都撤销了。王懿荣生病买药的时候，还没有“达仁堂”这家药店的名号，地理位置上也不对，从各方面情况分析，王懿荣都只可能是在西鹤年堂买药，而不可能是在“达仁堂”。

民国初年，同仁堂乐印川第 4 个儿子的后代乐达仁，怀揣 5000 两银子，在上海开设达仁堂药店。由于上海的业务不好，乐达仁又去青岛创业。青岛的环境也未如理想，乐达仁又到了汉口。汉口因为是南北交通和商业的中转地，业务很快红火。1915 年，乐达仁又到天津开设达仁堂，并在天津设立了总管理处。这是位于天津和平区滨江道的达仁堂总店，天津达仁堂从开张的那一天起，业务就很好。继在天津设立总管理处后，乐达仁又陆续在长春、西安、长沙、福州、香港等地开设分号。

就在乐达仁事业蒸蒸日上之时，德国拜耳药厂来谈合作，乐达仁认为这是个改进中药制作工艺的好机会。但双方却因名称与地址问题，产生争执。乐达仁主张厂址设在天津，用“达仁堂”作厂名。德国拜耳却坚持将厂址设在青岛，用“拜耳”作厂名。双方相持不下。1949 年以后，时任北京市长的彭真，鼓励掌管同仁堂业务的乐松声，试办中药提炼厂，改进中药制造。1952 年 10 月 1 日，中药厂正式成立。

当时成立的时候，每月投入预计是 1000 多元，由谁投资，或者说由谁占据主要股份，这是个主要问题。同仁堂方面股东较多，可乐松声只占十六分之一，难以统一意见。而达仁堂方面，乐松声股份占到了四分之一，因此决定由天津达仁堂来主办。名称

10

11

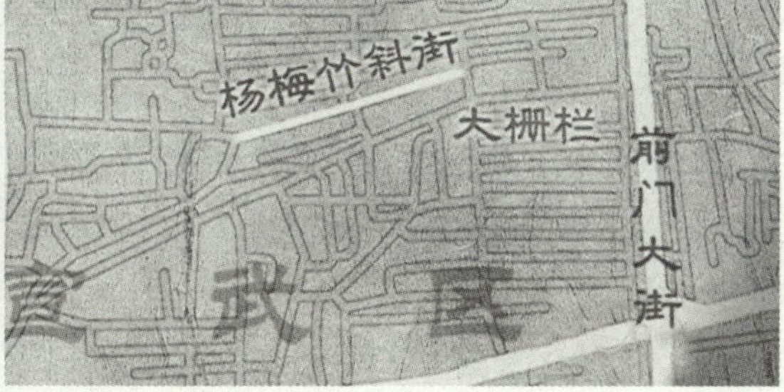

定为“天津达仁堂国药总店驻京办事处国药改进研究室”。地址就在北京前门外杨梅竹斜街42号。

两年以后，研究室正式更名为“达仁堂国药提炼厂，”厂址也迁到了北京德内大街原属达仁堂的养鹿场。杨梅竹斜街的达仁堂药店，从此不再存留。正如甲骨学家王宇信所说，1933年《华北日报》登出的“汐翁”《龟甲文》，是一篇满是错误时间和错误地点的小文，本不足训，但自此以后，却形成了一桩历时几十年的“公案”。如今，这桩“公案”水落石出，证据表明，王懿荣根本不可能去一个当时北京不存在的“达仁堂”，他去的是菜市口的西鹤年堂。

虽然如此，另一个问题仍然存在。1983年11月15日《光明日报》那篇文章说：“药店在收购龙骨时，不要有字的。而且出售龙骨的时候，也是将龙骨捣碎再售出，因此王懿荣根本不可能看到带字的龙骨。”这怎么解释呢？

周绍良在写给《中国文物报》的同一封信里，也谈到了这个问题。他说：“龙骨在药店并不是粉碎成细粒，而是成块状，有大片，有小块，所以从片上找出文字来是可能的。一直到30年代，我们买龙骨在药店里还是有大片、小片的”。王国宝1970年进鹤年堂时，学的就是抓药，干这一行已经39年了。

这些就是药店里卖的龙骨 12，这上面已经没有字了。龙骨分生龙骨和煅龙骨。直接破碎的叫“生龙骨”，经过煅制的叫“煅龙骨”。过去都用手工破碎，不像现在机器破碎得很细。我也手工破碎过，手工破碎不好掌握，有大块的，也有小指头大小的，小指头大小，近乎正方体的，我们叫“咀”。小指头大小会有一立方厘米左右，或小于它。但上面如果有字的话，是看得见的。

中国社会科学院考古研究所的曹定云，多次参加过甲骨文的发掘，他给我们展示的一些碎骨照片，上面有清晰的刻画痕迹。

这是我在1995年第9期《考古学集刊》上发表的 13，我们在发掘时找到的一些破碎甲骨，我们将这些拍成了照片。这些破碎甲骨多数只有1-2厘米大小，有的甚至不到1厘米。但在这些破碎的甲骨上面，都可以很清晰看到有完整的刻画痕迹，有的就是完整的一个字或两个字；即使那些1厘米或不到1厘米的小片，仍可清楚地看到刻画的

12

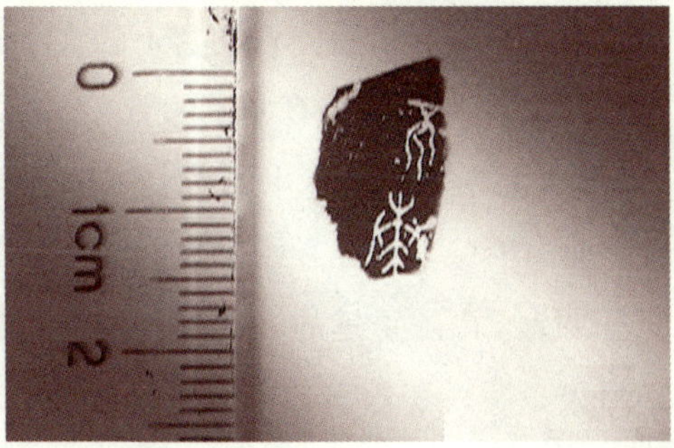

13

痕迹。因此，王懿荣当年在药店看到的破碎龙骨上的字，是完全可能的。

著名甲骨学大师胡厚宣 在他的《再论甲骨文发现问题》中，对王懿荣因吃药发现甲骨文字的争论，做了一个总结："正如有的学人所说，关于生病服药云云，出自汐翁《龟甲文》，此文用笔名登在小报画刊，本来就带有传说演义性质，不可全信，但对它要作具体分析，要看这一传说，是附在什么人身上。在当时的金石学者中间，王懿荣较早的重视并收购有字甲骨，则是符合实际的"。

北京琉璃厂，闻名全国的古玩字画市场。自清朝乾隆年间起，这里就成了古玩字画、古籍碑帖和文房四宝的集散地。据陈重远《文物话春秋》说："咸丰、光绪年间，琉璃厂经潘祖荫、翁同龢、李文田、吴大、屯踯踩等著名文官学者的提倡，文人学者逛琉璃厂成为一种风气。有的官员早朝后不是忙着回家，而是先去琉璃厂。

王懿荣就非常喜欢逛古玩市场，《王懿荣年谱》说他，从来没有哪一天手头有很多钱，但只要是古物，都买。即使在极困难的时候，他把衣服卖了，也要买喜欢的古物。正是由于这样的爱好和执著，才具备发现甲骨文字的条件。

琉璃厂里有个清秘阁，专做清廷六部衙门办公用具的生意，也捎带经销有铭文的青铜器等古玩儿。清秘阁有个叫孙秋帆 14的二掌柜，因做青铜器生意，和王懿荣、端方等人成了朋友。光绪25年，也就是1899年的夏天，孙秋帆有事去拜见王懿荣。王懿荣告诉孙秋帆，说他最近遇到了一件稀奇的事情。随后拿出一片东西给孙秋帆看。

王懿荣拿给孙秋帆看的，就是带字的龙骨。王懿荣告诉他，这是自己在病中，家人到菜市口西鹤年堂抓药回来以后，无意中发现的。王懿荣觉得这上面的刻画跟自己家里收藏的，殷商青铜器上的文字很相像。王懿荣还委托孙秋帆，如果在古玩市场上发现类似的刻有文字的骨头，就帮他收集起来。

《文物话春秋》一书的作者陈重远，20世纪40年代初期在琉璃厂文古斋当学徒，他的伯父，文古斋经理陈中孚，与北平古玩同业会理事长、大雅斋经理王幼田是好朋友。而陈重远的大爷范岐周，是琉璃厂有名的韫玉斋的经理。陈重远从小耳濡目染，听说了很多北京古玩界的掌故和传奇。

甲骨文的确是经王懿荣最早的留意和收集，才被发现的。我小时候在文古斋学艺，很早就听说了王懿荣的事情，后来为了北京古玩界的事，又采访了好多人。孙秋帆见王懿荣的事虽然没有见诸文献记载，但琉璃厂的老人一直都在讲，所以是有根据的。由于王懿荣自己没有就发现甲骨文一事留下文字，因而有人认为此事是有疑问的，王懿荣因为恰好向孙秋帆提起了这件事，所以应该可以算是个旁证。

王懿荣开始收购带字龙骨没多久，便有人将龙骨送上门来。第一个登门的，是自称姓范的古董商人。《老残游记》的作者刘鹗[15]，在他那部《铁云藏龟自序》中说："庚子岁，有范姓客，挟百余片走京师，福山王文敏公懿荣见之狂喜，以厚值留之"。"文敏"是王懿荣死后，朝廷赐予的谥号。刘鹗怎么知道有人卖甲骨给王懿荣呢？

刘鹗跟王懿荣有私交，客寓京师在王家看到了。

刘鹗在他的日记里，也记述了王懿荣亲口对他说，古董商来送甲骨的情况。刘鹗回忆王懿荣一共买了两次，第一次出了二百金，第二次一百余金。1933年汐翁的《龟甲文》，曾把甲骨文的第一个发现者说成是刘鹗，这显然是错误的。王懿荣死后，刘鹗买下了王懿荣收藏的大部分甲骨，开始研究并写成了甲骨学史上第一部专著《铁云藏龟》。

但刘鹗的记载有一个时间上的错误，他说范姓商人送甲骨给王懿荣，是在"庚子岁"，即1900年。而稍后的几位甲骨学大师——罗振玉、王国维，甚至是加拿大传教士明义士，都记载王懿荣吃药发现甲骨文及随后从古董商手中买带字甲骨，时间都在光绪己亥年，即1899年夏天。为什么会出现这种情况呢？

14

15

16

胡厚宣 16 先生在《再论甲骨文发现问题》里，对此作了回答。他说这个问题明义士在其1933年的《甲骨研究》一书中说得很清楚，因为己亥年即1899年，实际上王懿荣只买了12块，到庚子年即第二年才又买了800多块。因为庚子年买的甲骨多，所以说成是庚子年，但王懿荣实际收购甲骨的时间，应为1899年。

陈梦家在《殷墟卜辞综述》里，记述范姓客商一共有3次卖甲骨给王懿荣。第一次1899年秋12片，王懿荣出价每片二两银子；第二次1900年春800片；第三次根据刘鹗的记载，潍县姓赵的商人又卖了几百片给王懿荣。至此，王懿荣知道这伙商人都来自山东潍县，即今天的潍坊。王国维在《二三十年中中国新发明之学问》里说："王懿荣这时给潍县客商的价格，已涨到每片4两银子。"文敏命密其事，一时所出，先后皆归之"。罗振玉的弟弟罗振常，在《洹洛访古记》中说，范姓客商此时"亦仅售与王文敏公，他人无知者"。

然而，到了1982年，即甲骨文发现83年后，天津的王襄提出，甲骨的发现应该是在1898年，那一年潍县古董商范寿轩来向他出售骨版，因而甲骨文的发现是在王懿荣的前一年。卖甲骨给王懿荣的客商也姓范，与去天津的范寿轩同为潍县人，他们是同一个人吗？如果天津的王襄是在早于王懿荣的前一年看到甲骨，那甲骨文发现的历史，是否应当改写呢？

1899年夏天，清朝国子监的祭酒，朝廷教育机构的最高负责人王懿荣，因为生病吃药，在一味名叫"龙骨"的药中，看到不同寻常的刻画痕迹，甲骨文因而发现。可是到了1982年，即甲骨文发现83年后，天津的王襄提出，在王懿荣看到甲骨文字的前一年，甲骨文就已经被他发现了。事情的原委，到底是怎样的呢？

二

王襄 17 出身于天津一个科举世家，1876年生人，1898年他自述发现甲骨文时，年仅22岁。1982年，有关方面发表他写于1955年的遗著《簠室殷契》，说“1898年有潍县来的古董商范寿轩，自称手里有从河南带来的有字甲骨，问是否购买？王襄询问同乡孟定生的意见，孟定生判断，这种东西肯定是古代一种简策，极力让王襄买下来。第二年10月，范寿轩带来骨版，王襄、孟定生仔细审视，知道是三代的遗物，由于二人没什么钱，遂各就力之所及，买了一些。

王襄据此，在他的遗稿中作出结论：“世人知有殷契，自公元1898年始”。有关方面特意在《簠室殷契》的《跋》里，说是“因为学术界关于甲骨文的发现不甚确切和不太全面”，所以发表这篇王襄遗作。

那时候还没人知道“殷契”这个名词。商朝盘庚迁殷以后称“殷”，用刀刻的文字叫“契”。

王宇信显然不同意王襄1898年就发现甲骨文的说法，20世纪二三十年代以后，甲骨文已广为人知，知道是“商”的文字并不足奇，问题在于是不是王襄第一个看到甲骨文的？我们仔细看他以前的记述，发现并不如此。

1925年，王襄在《簠室殷契征文》 18 序里说：“自清光绪己亥下迄民国纪元，此14年间所出甲骨颇有所获……”1933年，在《题所录贞卜文册》也说：“前清光绪己亥年，河南安阳县出贞卜文。是年秋，潍贾始携来乡求售……”两年后，在他另一本《题易稆园殷契拓册》里追述：清光绪戊戌，即1898年，范姓古董商售古器物来我处，极力推销他所见的古物。乡人孟定生推断为古简，催我去范客商住处看看。翌年秋，携来求售，名之曰“龟板”。人世知有殷契自此始。

王襄所说的翌年秋，也就是清光绪己亥1899年秋天。王襄在这3本著录中的记述，都说他看到甲骨文是在光绪己亥即1899年。我们即使以他1955年那篇文章为据，也不能得出他自己所说的甲骨文发现于1898年的结论。

17

18

1898年范寿轩只是来说有带字甲骨，连孟定生也只是听说而没有见到实物，只不过是推测此骨版为古之简册。

直到翌年，即1899年10月范君来，告知得骨版，既定其物，复审其文，知为三古遗品，才真正是认识与鉴定甲骨的时候。

王襄的著作里，为什么会出现这样前后不一致的说法呢？王宇信在他的《甲骨学通论》里分析说：当事人早年的记述要比晚年更确切，因此有理由认为王襄早年三次所谈甲骨文同为1899年发现的记述，要比他晚年所说的确切和全面。然而随之又产生另外的问题，卖甲骨给王懿荣和王襄的，都是姓范的山东潍县客商，他究竟是先卖给王懿荣，还是王襄呢？

1899年秋，王襄在见到范寿轩带来的甲骨后，决定买，但他自述：“孟氏与襄皆寒士，各就力所能得者，收之而已。所余之骨板，据云：尽售诸王廉生，得价三千金，言之色喜”。

王懿荣字廉生，从这段话看，应是王襄、孟定生二人先于王懿荣购得甲骨，不然怎谈得上“所余之版，尽售诸王廉生呢？王襄如何知道“尽售诸王廉生”？因为“据云”，谁“据云”？范寿轩。但请注意“得价三千金，言之色喜”这句话，看起来又像是范寿轩先卖给王懿荣。

不然怎能知道范贾从王懿荣处“得价三千金”，并因而在王襄、孟定生二人之前“言之色喜”呢？

但范寿轩也有可能是在将“所余骨版”卖给王懿荣后，再次来天津找王襄时，向他透露自己“得价三千金”的。果真如此，则甲骨文发现的历史，就要改写。但我们确实知道，事实不是这样，王懿荣作为甲骨文第一个发现者的地位不动摇，还有另外的证据。

王襄在他另外的著作里，已无意中为王懿荣第一个发现甲骨文的事实，提供了依据。他在《题易穞园殷契拓册》里说：1898年古董商见到了带字甲骨，但是并没有收购。1899年再次来天津，才将甲骨携来求售，名之曰“龟板”。王襄1957的《簠于室契文余珠》序也说：见到范以后，才问他前次说的所谓“殷契”，怎么样了？在王懿荣之前，还没有将甲骨文称之为“龟板”或“殷契”的。

另一个依据，是关于古董商范寿轩的第一手资料。据山东《潍县志·艺文卷》记载 19：“范春清字守轩，范家庄人，好贩鬻古器。与其弟怀清游彰德小屯，屯人出龟甲相示，春清以钱数千购四五十片，即至京师找王懿荣。王懿荣“见之惊喜”，出大价钱买下，“而甲骨文始显于世”。

这是一个确切的材料，提到范寿轩是怎么看到带字甲骨，又是怎么卖给王懿荣的。这里第一次说到甲骨出产地是河南彰德府的小屯，但范寿轩并没有告诉王懿荣。范寿轩名字的正确叫法应是范守轩，寿轩可能是因为口音的误听，或误写。总之，潍县志这篇材料确切无误地说到了，范守轩卖甲骨的第一个人是王懿荣。因而不管是吃药发现还是因古董商卖甲骨而发现，王懿荣都是第一人。

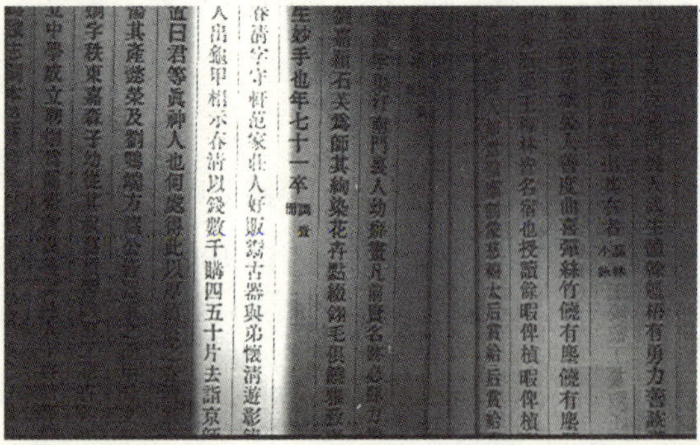

19

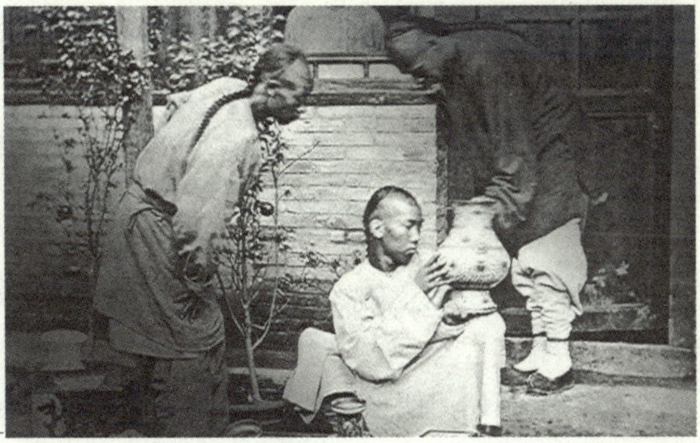

20

古董，古书中也写作“骨董”，原指杂器什物，后发展为贩卖珠宝的行当。清代金石学发达，随之出现专门贩卖古器物为生的人，近代称之为“估客”20。罗振常在《洹洛访古游记》中说：“北方估客，有北京、山东两派，京估住旅店，等人送货上门，吃穿豪奢；东估则甚苦，住宿在简陋的客栈，四出巡回于乡里村落。《潍县志·艺文卷》说：“范守轩家小康，有田十余亩，因为喜欢贩卖古器物，把家产都押进去了。他从村人处得到有字甲骨后，即进京卖给王懿荣，后来又卖给刘鹗、端方，发了大财。

古董商最有机会先看到甲骨，那是不是最先的发现者是古董商呢？不是，古董商只注重古器物有可能换来的商业价值，但不可能从文化意义上认识它，因此发现它的，只能是第一个从学术上认识其价值并收藏研究的人。这样的人往往舍得出钱，也出得起，古董商通常都闻风而动，直奔他们去。

王懿荣不仅发现，而且是当时有名的舍得出钱的人。《王懿荣年谱》记载他为购求古物，即使是把衣服典当了，也要买。

王懿荣为了买古物，实在没钱，除了卖衣服，就把家里旧的古玩拿去换钱买新的。有时候为了买一件有价值的古物，甚至把家里百多种古玩抵押出去，也不愿脱手。

王懿荣是当朝大臣，又舍得出钱到倾其所有的地步，不先找他找谁呢？王襄当时只是22岁的穷书生，他自己也说“孟氏与襄皆寒士”，能力不够，未能多买。范守轩跟他说在王懿荣处卖得了三千金，这是王襄出不起的价钱，因此范守轩不可能先卖给王襄。

但是王襄、孟定生毕竟也是较早看到并发现甲骨文价值的人，胡厚宣在《五十年甲骨文发现的总结》中说：与王懿荣“同时蒐集甲骨的，还有王襄和孟定生。这件事，前人知道的不多”。王宇信在《甲骨学通论》里也认为：“王襄、孟定生还是可以与王懿荣一起，作为甲骨文的最早发现者，在甲骨学史上应有一定地位。

到王懿荣开始购藏甲骨文的第二年，他手中的甲骨已有1300多片，刚开始收购时的价格，是每片二两银子，此时已涨到每片4两银子。一斤才值数钱的“龙骨”，因售价日昂而逐渐为人所知。刘鹗因与王懿荣相识，也在1901年左右开始收藏甲骨。1904年，大臣端方喜好金石之学，也加入收藏之列，并出价每片二两五钱银子。然而直到此时，收藏者们无论是谁，仍然不知道甲骨出自哪里。

问题就在古董商那里，一斤才值数钱的龙骨，拿到北京，一片可卖到4两银子，自然是门大生意。古董商为独享其利，当然不会说。古董商并不知道甲骨文究竟有何重要的价值，但看见能卖大钱，便在每有人问时就支支吾吾，一会儿说是河南汤阴，再问多了便说是汤阴的表里，总之不说真实地方，导致甲骨文出土地被发现的时间，推迟了10多年。

1900年，义和团运动爆发，八国联军随即进入中国。8月14日，联军攻陷北京，慈禧太后偕同光绪皇帝，逃离北京，经山西避居西安。目睹山河破碎、人民流离，这年5月被任命为京师团练大臣的王懿荣，万念俱灰，与夫人及长子媳妇，先后在家中投井而死。

王懿荣死后，家中经济困窘，所藏甲骨难于保存，他的第二个儿子王翰甫，便将王懿荣生前收藏的甲骨1000多片，卖给了后来写作《老残游记》的刘鹗。刘鹗，江苏丹徒人，字铁云，1903年出版《老残游记》一书，揭露官场丑行。鲁迅在《中国小说史略》里评论说：“历来小说皆揭赃官之恶，有揭清官之恶者，自《老残游记》始也”。刘鹗喜欢收集金石、碑帖、字画及善本书籍，家中有不少古器。在收购了王懿荣生前所藏的大部分甲骨后，又多方购买，不久即收集到甲骨5000多片，成为早期出土甲骨的著名收藏家。由于刘鹗在收藏甲骨文方面的成绩，甚至有人误将他作为了甲骨文的第一个发现者。

这种观点，出自1933年那篇署名汐翁的《龟甲文》。文章说：光绪戊戌年即1898年，刘鹗到王懿荣府上作客，王懿荣生病吃药，刘鹗看见买回的“龟板”上有契刻的篆文，他拿给王懿荣看，王懿荣很惊讶，甲骨由此发现。刘鹗从此遍历各个药店到处收购甲骨。

对于这篇《龟甲文》，王宇信早就说过：这是一篇在时间和地点上都满是错误的小文，不仅所记载的甲骨发现年代有误，而且关于刘鹗是第一个发现购藏者的记述也不确切。

我们已经知道，王懿荣是第一个发现购藏者，刘鹗自己在《铁云藏龟》自序中，也说了范姓客商先卖给王懿荣，王懿荣以厚值留之的事。刘鹗在自己的日记中，也只记载他听说王懿荣在1900年买了两次甲骨的事，只字未提王懿荣1899年第一次买甲骨的事，因此刘鹗不可能于1898年在王懿荣家中见到甲骨。

陈梦家[21]后来根据刘鹗《抱残守缺斋日记》发现，刘鹗在1901年10月20日记载：“晚点龟骨共千三百件”，认定刘鹗收藏甲骨的时间为1901年，比王懿荣晚两年，但刘鹗却是研究甲骨的第一人。他的日记中记载说：“晚间，刷甲文，释得数字，甚喜；夜作《说龟》，数则”。从王懿荣到刘鹗，已经知道这是一种从未见过的远古文字，但这些文字，属于哪个时代呢？

1903年，也就是刘鹗发表小说《老残游记》的同一年，他将所藏甲骨选出1058片，辑成《铁云藏龟》一书发表。罗振玉在为这部甲骨史上第一部著录作序时感叹：此物唐宋以来的古籍文献，从来没有记载过。对其究为何代之物，颇费踌躇。而刘鹗在《铁云藏龟》自序中，却直截的提出，甲骨文是“殷人刀笔文字”，是商朝遗物。刘鹗是怎么得出这个结论的呢？

这是我们通常所见的毛笔，古人也称之为“毛锥”。刘鹗分析说：“毛锥之前为漆书，漆书之前为刀笔，汉代人还能见到古漆书，但用刀笔刻字已经见不到了。许慎解读远古篆籀文字时，借助出土的古彝鼎器上的铭文作参照，刘鹗也采用这个方法，以手中甲骨与所藏古器上的金文对照。

那时有一个方法，即钟鼎凡有象形文字的，都定为商器。刘鹗辨认出甲骨上的车、马、豚、犬、家等都是象形字，象形字多，可知其为史籀以前文字。但是怎么判断

21

22

出这是商代文字而不是稍后的周代呢？刘鹗辨识出上面有“问之于祖乙，问之于祖辛”；“辛丑卜厌问兄于母庚”的句子，祖乙、祖辛、母庚以干支为名，刘鹗说：这就是殷人的确据。刘鹗是第一个指明甲骨文是商代文字，并说出根据的人。

罗振玉认为，“此龟与骨，乃夏商而非周之确证”。他把甲骨文称为“夏殷之龟”，为什么把甲骨文称做“龟与骨”呢？这是因为甲骨文中除了动物的骨头，还有大量的龟甲 。罗振玉说是“夏殷之龟”，就远溯及三代之首的“夏”，时间包括公元前21世纪至公元前11世纪。但是，且不说当时，就是迄今也没有发现过一片与“夏”的时代相符合的甲骨。另一位著名学者孙诒让，也同意刘鹗的意见，认为甲骨文的时代在“周以前”。

孙诒让 22说，甲骨上的文字与金文相近，笔画更简省，形声多不具，又象形字颇多，不能尽识。所称人名号未有谥法，而多以甲乙为纪年。此皆在周之前之证。

孙诒让的另一根据，来自刘鹗在《铁云藏龟》自序中对甲骨出土地的记载。刘鹗说：甲骨出土于“河南汤阴县属之古羑里城”，这个听自古董商的说法是错的，但孙诒让推断：羑里曾是商的王都，在周代是卫国所在地，以此推断，则甲骨必出于商、周之间。孙诒让由此断定，刘鹗定甲骨文为“殷人刀笔文字”是正确的。

《铁云藏龟》23是甲骨学史上的第一部著录，胡适称赞这本书为研究甲骨文字的“开路先锋”。刘鹗在这部书中，辨识出了40多个字，有34个字是对的，其中包含19个干支字和2个数字。王宇信评价说：虽然《铁云藏龟》出版较早，拓印不精，收入了一些伪品，但甲骨文从此由只供少数学者观赏、摩挲的“古董”，变为广大学者研究的资料，在甲骨学史上具有开创之功。

刘鹗除著书和研究甲骨，还兼及投资经商。1908年，因“擅散太仓粟”及“浦口购地”两项指控，被袁世凯下令给时任两江总督的端方，将刘鹗逮捕并发配新疆。被流放的第二年，刘鹗患脑溢血，死于新疆迪化，即今天的乌鲁木齐。

江苏淮安，是甲骨学大师罗振玉 24的故乡。罗振玉，字叔蕴，又字叔言，号雪堂，是甲骨学史上有名的“四堂”之一。1901 年，罗振玉在刘鹗家中第一次见到甲骨文，即惊诧为是自西汉许慎以来所未见的奇宝。他帮助刘鹗墨拓出版《铁云藏龟》，并为之作序，1906 年起，他开始收藏甲骨文。然而他也遇到了与王懿荣、刘鹗等人相同的问题，即甲骨文的出土地在哪里？

一开始，罗振玉也以为出土地是在河南汤阴，因为刘鹗在《铁云藏龟》自序里说是“河南汤阴的羑里城”。直到1910年，日本学者富冈谦藏发表《古羑里城出土龟甲之说明》，还认为甲骨出土于羑里。传说中的羑里城，位于今天河南汤阴县城

23

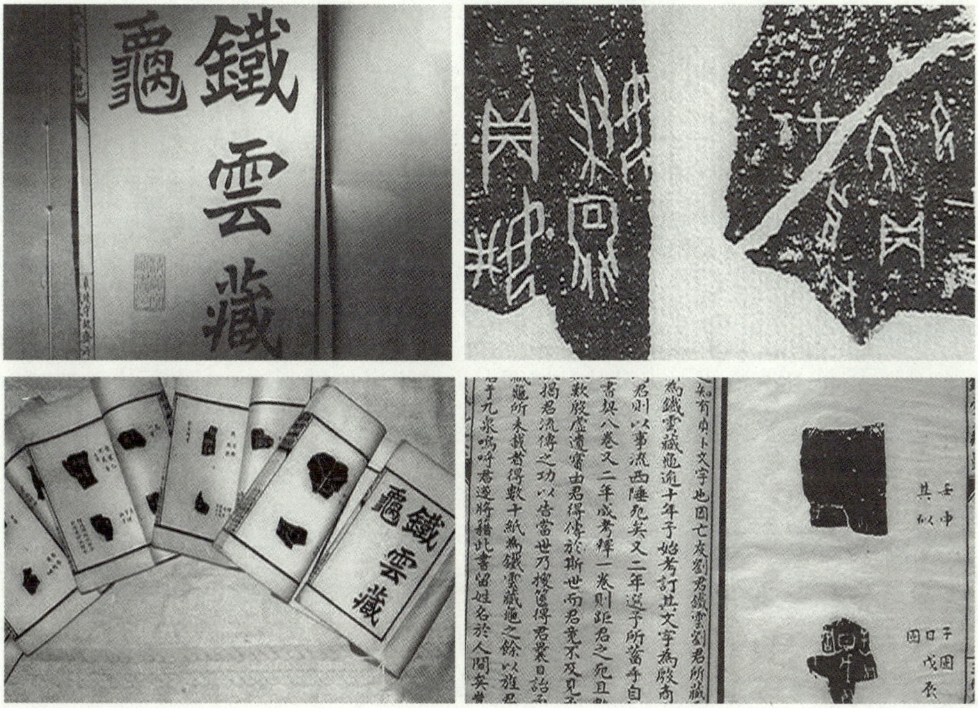

24

以北8华里处。在汤河与羑河之间的平原上，有一座高出周围地面5米左右的高台，这就是所谓的羑里城。传说中周文王拘羑里而演周易的地方，就在这里。王宇信说："虽然羑里是一处古代遗址，而且晚期文化层与甲骨文第5期的时代相当，但此地从未出土过一片甲骨"。

汤阴羑里的说法，来自范姓古董商。汤阴县南边30里，的确有个叫后小屯的村子，与甲骨的真正出土地安阳小屯名字很像。这显然是古董商不愿说出甲骨出土地，以便他垄断取利所导致的。

罗振玉亲口询问卖甲骨的古董商，古董商又告诉他是在河南的卫辉。1906年，美国学者方法敛发表《中国原始文字考》，说"1899年卫辉府附近古朝歌城遗址，有古物发现"，罗振玉据此一度相信古董商的说法，以为甲骨文出自卫辉的古朝歌城。

朝歌遗址 25在今天河南淇县县城西北，这里有传说商纣王时大臣比干被剖心的地方。遗址中所出商周之际陶片，正与甲骨文第5期，即商朝帝乙、帝辛时期相当。考古界有人主张，"探讨殷都，应当把朝歌城作为重点之一"。这是因为商朝"武丁至帝辛时期的都城一定还在安阳周围，有可能是在淇县朝歌"。

这是河南的地图，我们清晰地看到从安阳往南，便是汤阴和淇县。《史记·周本纪》正义说："《帝王世纪》云帝乙复济河北，徙朝歌，其子纣仍都焉"。甲骨文这样繁难的文字，只能是出自当时一种发达的文化，甲骨文会是出土于此吗？

《史记·周本纪》虽然说朝歌为商晚期都城，但目前史学届对此一般都不予承认，但它肯定是商晚期一处重要的遗址。古本《竹书纪年》中说是纣王的离宫别馆，这倒可信。那么到底有没有甲骨文在这里发现呢？王宇信在他的《甲骨学通论》中做过结论，朝歌从来没有出土过甲骨文。

甲骨文到底出自于哪里呢？这个问题终于在罗振玉收藏甲骨4年后有了答案，罗振玉在1910年发表的《殷商贞卜文字考》中，说他从中州估人的口中，得知甲骨出土地在安阳县西5里之小屯，其地为武乙之墟。6年以后，罗振玉又在《殷墟古器物图录》序言中说：光绪戊申，即1908年，他知道了甲骨出土地为洹滨之小屯，这消息是从山左估人范某口中得知的。那时称古董商为估客，范某很可能就是那个卖甲骨给王懿荣和王襄的范守轩。世人至此才得知，甲骨的真正出土地，是在河南安阳小屯村。

我们现在看到的，是小屯村的历史照片 26。安阳在清朝的时候，属彰德府地界。安阳县西5里的小屯村，在当时只有约30户人家，基本务农为生。洹水如带，流经村北和村东。在小屯村北与洹水之间，为甲骨主要的出土地。1911年2月，罗振玉派他的堂弟罗振常和内弟范兆昌，来到小屯村，甲骨文的收集从此迈过古董

25

26

商，进入了甲骨学者直接面对小屯村民的阶段。

罗振常与范兆昌在小屯停留50多天，购得甲骨12000多片，其中几板大的肩胛骨，有的不仅正反面都有字，而且内容也重要。有的其上涂满朱砂，珍贵程度，即使以今天殷墟出土的全部15万片甲骨来看，也是所见不多。罗振常与范兆昌经过连日的访问搜求，将他们在小屯的见闻写成一部名为《洹洛访古记》的书，书中详细记录了小屯村民发现甲骨的经过。

在罗振玉派人到小屯之前的30多年，此地就已发现甲骨了。某年的一天，有人耕田，忽有数片随土翻起，上面不仅有刻画，而且有的刻画上还涂有颜色，村人不知道这是什么。以前村人经常会挖出一些铜器、古镜等物，每挖出这种东西，都会卖个好价钱。这人见是骨头，觉得诧异，更加深挖，发现有更大的骨头。村人因没有见过这么大的动物骨头，纷纷说这是龙骨，那人便将这些骨头带到药铺去卖。

当地人相信龙骨研磨成末可以治刀伤，所以药铺收购这种药，但收购价格很低。加拿大籍传教士明义士，在罗振常、范兆昌离开小屯后3年，也在小屯村作了很长时间的调查。他说，小屯村中有一个叫李成的剃头匠，后来便专靠收集龙骨卖给药店作“刀尖药”为生。小屯村民挖到兽骨龟甲甚至鹿角，有字无字，都当成龙骨，拿去出售。当时小屯村民以为字不是刻上去的，而是天然长成的，并说有字的不好卖，刮去字迹药店才要。李成收集龙骨，卖给药店，每斤只卖6文钱。

大约在1898～1899年前后，山东潍县商人范守轩，跑乡来到小屯。他听说了有字龙骨的事，便向村人打听，村民问他要什么种类，他说有字的都要。范守轩喜欢贩卖古器，有一些古器物的知识，他看骨头上的刻画有些像古金文，便都买下来。村民得的钱比卖给药铺的高，自然高兴，以后小屯村民只要挖到有字甲骨，便都卖给范守轩，范守轩到北京以后，也只将这些东西卖给王懿荣。

这便是我们在第一集中所看到的，“范亦仅售与王文敏公，他人无知者”的来历。明义士也说：“最初发现的甲骨，都经过潍县范氏的手，范氏知道最详。但是他不肯告诉人甲骨的真正出处，甚至故意说错地方，比如告诉刘鹗，甲骨出自“河南汤阴”。现在真相大白，我们终于知道，甲骨最初是被小屯村民在耕地时偶然发现的。第一个发现者究竟是王懿荣，还是小屯村民呢？

三

1911年2月，罗振常与范兆昌来到小屯，进村就发现到处是村民乱挖乱掘的土坑。其中一坑在村北偏东二三百步，是30多年前挖的，里面仍有骨头。这坑的北面数百步，还有一个10多年前挖的坑，骨头零零落落，到处都是。村民取出骨头后，才将之填平。罗振常记录了村民向古董商兜售甲骨的情形。

村民售甲骨，是各卖各的，即使是一家子，也是互不相干。如果是几家合作挖掘，也是藏在一处，不许单独出售，卖了以后，钱几家均分。哪家要是藏骨多，卖的时候必是好坏掺半，陆续售出，生怕错过卖高价的机会。甚至村中的儿童，也知道捡拾小块甲骨，拿来卖钱。

挖出骨头的地，多数都是地主所有，刚挖出甲骨的时候，地主并不过问。但知道这东西能卖钱，便向村民要求抽取“税金”，村民不同意，地主就派人看守，并不许挖掘。村民夜间盗挖，双方往往因此而流血械斗，大打出手。

甲骨文的确是小屯村民最先看到的，但不等于这就是“发现”。这种偶然看到知道有利可图，便拿去换钱的“发现”，与鉴定上面刻有古文字，并作为珍贵文物有意识的收藏，是不可同日而语的。实际上直到王懿荣亲自见到甲骨并鉴定、收藏以前，小屯村民只知它是一斤才值数钱的龙骨。连作为一般古董的价值都还没有认识到，怎能谈得上是甲骨文的发现者？

对于甲骨文长期被乱掘乱挖的情况，后来主持殷墟考古发掘的李济有一个阐述，他说：“证据表明，当隋朝人在此埋葬死者时，他们常发现埋藏在地下的刻字甲骨。如果那时的一些学者像19世纪的古文字学家一样有教养，中国学者早在13个世纪前就认识甲骨文了。19世纪末甲骨文被认为是一个重大发现，这个发现与其说是偶然的，还不如说是学者们不断努力的结果”。

甲骨出土地为安阳小屯村的消息为人所知后，另一个问题也浮现出来，为什么单单小屯村会出土那么多的甲骨呢？要了解这个问题，必须知道这些甲骨属于什么时代？小屯村在那个时代里，又是一个什么样的地方？1911年3月17日，罗振常与范兆昌将所购龟甲兽骨12500余片护送回京。此时连同以前从古董商手中购得的1万余片，罗振玉已拥有2万余片甲骨。

随着对甲骨文研究的渐渐深入，罗振玉对这些甲骨出于什么时代，也有了越来越清楚的认识。开始他认为甲骨文可能出于夏商两代之间，但后来当他在甲骨刻辞中读到10来个殷商帝王名号时，他突然意识到，这是殷室王朝留下来的遗物，若果如此，小屯村就应该是殷商的都城。但商朝一共600多年，小屯作为商的王都，是在什么时候呢？

罗振玉在他1910年出版的《殷商贞卜文字考》中，就已得出小屯是殷商“武乙之墟”的结论了。“武乙之墟”的意思是说，这是商朝晚期武乙时的都城遗址。后来又经过进一步的将甲骨刻辞和已有的历史资料相印证，罗振玉便把小屯村确定为，商朝倒数第4个国王武乙至倒数第2位国王帝乙时期的都城了。

确定小屯村为商朝何时的都城，对判断甲骨文的时代至关重要。从商建立到武王伐纣灭商，包含了公元前16世纪至公元前11世纪这段相当长的时间。甲骨文是整个有商一代之物，还是商朝某一段时间之物呢？知道小屯为倒数第4个国王武乙至倒数第2个国王帝乙时期的都城，则此地出土的甲骨文自然就知道它是晚商的遗物了。

王国维 在《说殷》一文中考证说："殷"就在洹水南面的殷墟，龟甲兽骨，都出土于此 27，这里就是盘庚迁殷以后殷朝的旧都。盘庚是商朝第20位国君，他把国都迁到了"殷"，即今天小屯村所在的地方，后人因此也把商朝称为"殷"了。

王国维说，甲骨文当中清楚排列了殷商的帝王名号，一直到康祖丁、武祖乙、文祖丁。罗振玉把康祖丁订正为庚丁，武祖乙订正为武乙，文祖丁订正为文丁，这是很正确的。王国维也认为直到帝乙的时候，商的都城仍在殷墟小屯。后来董作宾、胡厚宣也论证出小屯是从盘庚迁都到纣亡国，8世12王273年间的旧都。这一观点，现在已经为学术界所接受。

3000多年前，今天的小屯一带正是《史记·殷本纪》所说的"自盘庚迁殷，至纣之灭，273年，更不迁都的晚商都城。当年的殷都，到处是雄伟的宫殿和巍峨的宫庙。可是当商朝灭亡以后，繁华的都城就变成一片废墟了。周朝建立不久，被周武王封于朝鲜的箕子朝周，路过殷的故墟，看见宫室毁坏、故墟上长满庄稼，便作《麦秀之诗》，以抒心怀。诗曰："麦秀渐渐兮，禾黍油油"。当地的百姓听了，都流

27

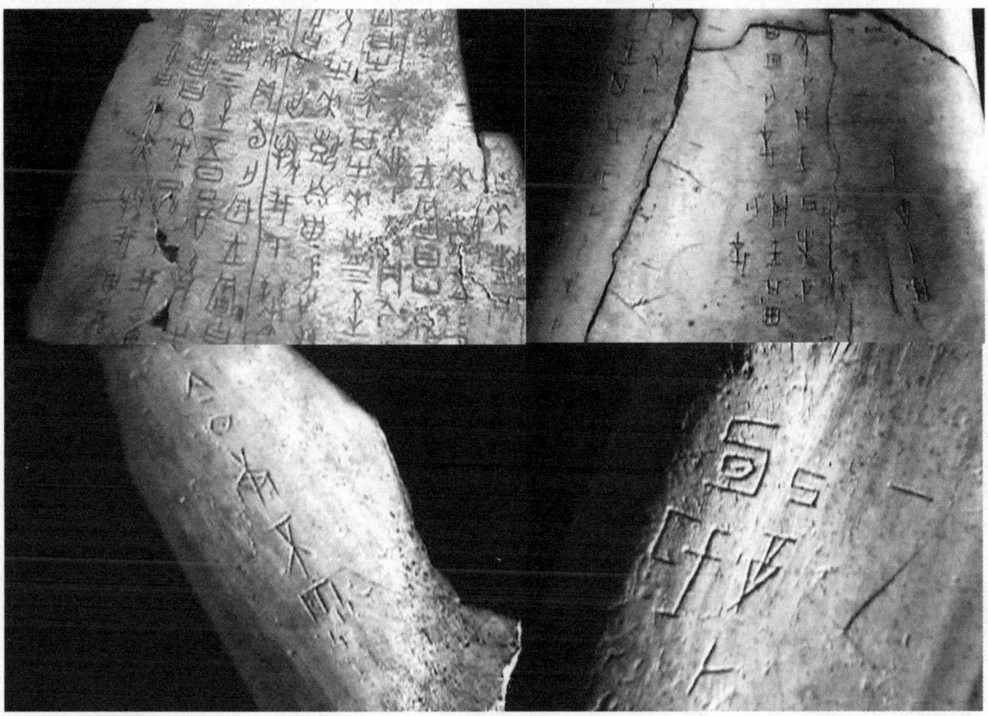

泪哭泣。

西周时期，河南安阳一带属于卫国。春秋战国时，这里先属卫国，后又属于魏国，最后被赵所兼并。公元前257年，秦昭襄王占领该地后，才起名为“安阳”。秦朝的丞相张仪曾经游说魏王，要魏王与秦，在洹水之上盟誓，约为兄弟。

在洹水之上盟誓的，还有两个叱咤一时的人物，项羽和章邯。《史记·项羽本纪》记载，秦将章邯迫于形势，要求与项羽讲和。项羽考虑自己连打恶仗，军粮渐少，也有纳降之意。项羽因而“乃与期洹水南殷墟上”。在今日的小屯村北一带与章邯结盟，立章邯为“雍王”。自此以后，洹水殷墟之上，再没发生过大的历史事件，明朝万历4年，才有了今天小屯村的名字。清末甲骨文出土，这个小小的村落，又名声显赫起来。

1915年春天，罗振玉由日本回国祭扫祖墓，然后道经山东，专程来到小屯村踏访。据罗振常回忆，罗振玉曾有晚年在小屯隐居，专心从事甲骨文研究的设想。罗振玉曾委托罗振常，在小屯为他所要买的地预卜风水，询问地价。后来终因地价太贵，才放弃了在小屯买地的打算。罗振玉是到过小屯殷墟故地的第一位中国甲骨学家。对罗振玉在甲骨研究上的贡献，后世有极高的评价。

甲骨文为“殷室王朝之遗物”的确定，为确定小屯村一带为商朝晚期都城的研究，提供了可靠的证据。而关于小屯村是盘庚迁殷以后的商代晚期都城的研究，不仅明确了甲骨文为商代晚期之物，也为以后的分期断代研究确定了具体的时间范围。因此正如有的学者所指出的，“把甲骨出土的地点考证出来，”是“罗振玉的主要成就之一”。

20世纪最初的二三十年，是中国学术史上不断有重大发现的时期。殷墟甲骨文、敦煌写经与西部出土的汉晋木简，以及大量出土的商周青铜器，为学术研究提供了无数新资料，也为罗振玉打开了新的天地。

1911年，辛亥革命爆发。罗振玉以清朝遗臣自居，举家流亡日本。他带走书画图籍约30万卷，商代甲骨，以及明器、古印、金石拓本，“数量之多，实在惊人”。罗振玉在日本近9年的时间，编辑出版了《殷墟书契》、《殷墟书契菁华》、《殷墟书契续编》及《殷墟书契考释》等重要著作。这些著作的出版，结束了甲骨文“书既出，群苦其不可读也”的局面。罗振玉的方法，是什么呢？

罗振玉考释甲骨文字的方法，是由许慎的《说文解字》上溯到金文，由金文比对甲骨文字，他管这叫“逆推法”。这种方法与孙诒让以古文字字形比较和偏旁分

28

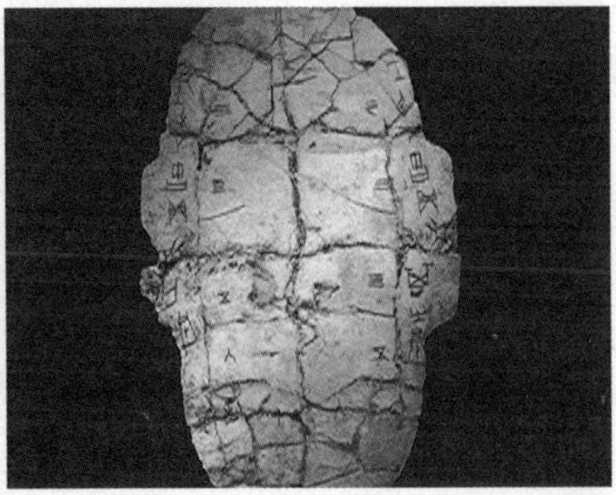

29

析法相比，简便了许多。罗振玉用这种方法，前后释出了甲骨文字1000多个。他既能认出一批与《说文解字》所举字形完全不同的甲骨文，又能反过来纠正《说文解字》的错误。罗振玉以前的学者，不敢越《说文解字》一步，罗振玉比前人大大高出了一筹。

罗振玉在考释甲骨文字的同时，还注意运用甲骨文上的辞例，来考求商代的典制旧闻，企图从帝王世系、都城遗址、官制、祀礼等几方面，来达到寻绎商代历史和商代文化的目的。正是他率先将甲骨文中商王的名字，与《史记·殷本纪》中商代的王名勘校，在甲骨刻辞中看到10多个殷代国君的名号，才恍然大悟，甲骨文实为“殷室王朝之遗物”。罗振玉实际是开了用甲骨文资料研究商代历史的先河。

这里，有一个问题出现了。我们注意到，从刘鹗、王襄到孙诒让、罗振玉，他们所出的甲骨文著录，对甲骨文的叫法均不相同。刘鹗的书叫《铁云藏龟》，王襄的著录名为《簠室殷契》，孙诒让的书叫《契文举例》，罗振玉的专著叫《殷商贞卜文字考》或叫《殷墟书契》，为什么会有这么多不同的叫法呢？

甲骨文是以龟甲和兽骨组成的，兽骨当中，大量的是牛的肩胛骨，字就刻在这些龟甲和动物骨头上。开初的收藏研究者，不知道怎么称呼这些龟甲兽骨 28，就直接以质料来命名。刘鹗就是因为买到的“龟板” 29居多，所以就称甲骨文为“龟”，而铁云是他的字，他的著作自然也就叫《铁云藏龟》。

这种称呼以偏赅全，大量刻字的胛骨反映不出来。孙诒让就称“契文”，“契”是用刀刻的文字，这是按文字书写的方法命名，罗振玉的书也叫《殷墟书契》，可是甲骨文并不全是刀刻的，也有用朱、墨写在上面的，因此这样的命名也不行。再有就是按照甲骨文的内容命名，上面的内容大部分都是在祭祀占卜，所以罗振玉的书叫《殷商贞卜文字考》，王襄也称之为“贞卜文”。“贞”在商周两代的意思，就是占卜。

据《礼记·表记》记载：“殷人尊神，率民以事神，先鬼而后礼”。殷人尊神崇鬼的结果，就是天天占卜，事事占卜。商王在处理“国之大事”或个人行止时，往往“卜以决疑”，即通过占卜来指导一切活动。占卜时，把整治好的甲骨拿来，施灼呈兆，判断吉凶，然后把所问之事契刻或书写在甲骨上。不少学者就是按照这一用途，将甲骨文称为“贞卜文字”、“贞卜文”或直接称之为“卜辞”。

称甲骨文为“卜辞”说明学者已明了了甲骨文的用途，研究有了深入。但甲骨文并不全是卜辞，如武丁时期的5种记事刻辞以及甲骨文中的表谱刻辞就不是卜辞，因此称“卜辞”也不全面。罗振玉曾直接以殷墟这个地名来命名，如《殷墟书契》，后来有人干脆用“殷墟文字”来称呼，但后来出土了陕西周原甲骨文，就不能用殷墟概括了。日本人就叫“龟甲兽骨文字”，较为全面，但始终没有一个大家认可的叫法。

最简单明确的命名还是“甲骨文”，1921年12月25日，一个叫陆懋德的人，在北京《晨报副刊》发表了一篇《甲骨文之发现及其价值》的文章，这是“甲骨文”这3个字第一次出现。3年以后，容庚在北京大学《国学季刊》一卷四期上发表《甲骨文之发现及其考释》，紧接容庚之后一年，王国维在《学衡》第45期发表的文章中，有一段小标题为《殷墟甲骨文字及其书目》，这显示王国维已认可甲骨文这样的称呼。1931年，郭沫若出版著名的《甲骨文字研究》一书，2年之后，董作宾也发表了他在甲骨学史上划时代的著作《甲骨文断代研究例》。甲骨文这个叫法，从此为人们所接受。

1914年，罗振玉东渡日本已满3年了。在他的寓所里，有一个37岁的年轻人，正埋头抄写罗氏自己的名著《殷墟书契考释》。这个人就是后来被并称为“罗王之学”中姓王的那一位，他的名字，叫王国维 30。王国维出生于浙江海宁，字静安，号观堂，是中国近代著名的学者和史学家、甲骨金石学家。然而这时，他却刚刚从他喜爱的文学和哲学领域转过来。

20世纪初的上海，各种新学与新知会聚的地方。22岁时，王国维来到这里，在汪康年、梁启超主办的《时务报》任抄写与校对。此后不久，《时务报》因言辞激烈被查封，王国维考入罗振玉主办的东文学社学习日文兼做杂务。1901年，王

30

31

国维随罗振玉赴武昌农学校任教，并由罗振玉出资，赴日本东京留学。此时的王国维，开始研究哲学，醉心于康德、叔本华、尼采等人的著作。鉴于王国维哲学上的成绩，江苏南通师范学校专门聘请王国维做心理学和伦理学的教师。然而到了1911年，王国维在与罗振玉一起31东渡日本后，却彻底改变了自己治学的道路。

罗振玉对王国维可说是有知遇之恩，从他们在东文学社相识，罗振玉就欣赏王国维的才华，一直在金钱上帮助他，并且给他推荐各种教职，使他能够专心致力于研究，两人可说是亦师亦友，关系良好。1911年王国维与罗振玉一起到日本，在罗的影响下，王国维开始研究经史、音韵、金石、甲骨、简牍等文献和出土文物，王国维完全转变自己的治学方向，可说是后来甲骨学研究史上的一件幸事。

在王懿荣发现甲骨文的前一年，即1898年，是近代史上有名的“戊戌变法”时期。变法的主要代表人物康有为，发表了两篇名为《新学伪经考》和《孔子改制考》的文章。康有为在文章中，提出了中国上古史茫昧无稽的观点。康有为说：“孔子的时候就苦于夏朝和殷商的文献不足，何况三皇五帝的历史，从那以后，疑古的风气开始盛行。”

什么是“疑古”？就是怀疑中国上古的历史不可靠，要否定和推翻它。这股风气在1919年“五四”运动以后达到高峰，中国夏殷以前包括夏的历史缺少证据，提出怀疑也是一种求实的精神，但不等于说上古的历史就没有文献记载，只是没有出土文物的证据，因此只凭纸上的记载，很难消除人们的怀疑。

这是成书于西汉武帝时的司马迁《史记》，《史记·殷本纪》是记录商代历史的最早史料。在《殷本纪》中，司马迁记载商朝第一位国君成汤居住在一个叫“亳”

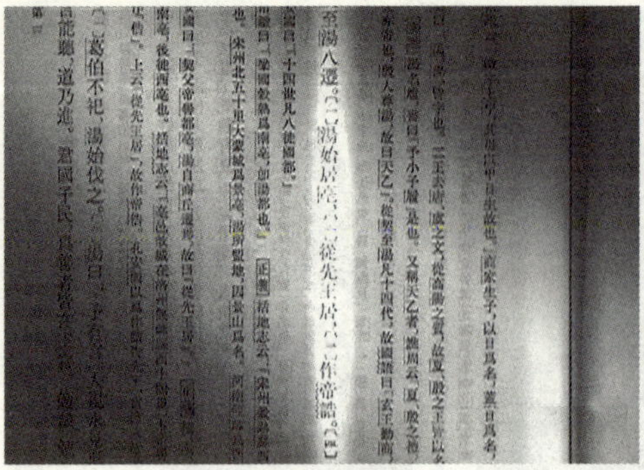

32

33

的地方。王国维从甲骨卜辞所刻的200多个地名中，找到了包括“亳”在内的“雍”、“曹”、“杞”等8处地名。王国维将这一考证，写在了他于1915年出版的《殷墟卜辞中所见地名考》32里。

在《殷本纪》中，司马迁还记载了商朝先公先王的详细名单。先公先王是以商朝开国君主成汤划分的，成汤以前的商王祖先叫“先公”，成汤以后的商王祖先叫“先王”。司马迁记载的“先公”从“契”开始，到主癸止，一共是13位，先王自成汤至帝乙一共是22位。孔子在世时就感叹殷商文献的缺乏，司马迁距离孔子又有300多年，他的记载可靠吗？

王国维在甲骨卜辞中，多处看到有王亥33和王恒的名字以王的身份出现，尤其关于王亥的字句，都是说在祭祀他。王国维发现，凡王亥出现的地方，都在祭日，而且祭礼隆重，祭祀的用牛从30头到300头不等。如此隆重的祭礼，必然是商朝的先公或者先王。可是当王国维去查《史记·殷本纪》时，却并没有看到王亥、王恒的名字。王国维怀疑，可能是司马迁在记录商代世系表时，出现了错误和遗漏。

王国维还发现，甲骨文上所刻祭王亥的时间都在亥日，而殷人多以时辰作为名字的开始。比如昭明、若冥等，都有天时早晚的意思。而像王恒这个名字，也有以日或月起名的意思。以日子时辰取名，是商代的风俗，所以王亥肯定应该是商代的先公先王。

由王亥的考证，增添了王国维对于古代典籍的信心。王国维说：“夫《山海经》一书，其文不雅驯；其中人物，世皆以子虚乌有视之。《纪年》一书，亦非可尽信者，而王亥之名，竟于卜辞见之，其事虽未必尽然，而其人物则确非虚构，可知古代传说存于周秦之间者，非决无根据也”。

曹定云说，《殷本纪》中的“振”，即王亥。

王国维又将在甲骨卜辞中发现的王恒的名字，与众多典籍相对，结果也让他感到惊奇。

王亥和王恒之为商朝先公的发现，使王国维一下找到了一个打通远古历史关节的方法。王国维在他所著的《殷卜辞中所见先公先王考》一书里，感慨王亥、王恒的发现，是“以《世本》、《史记》所未载，《山海经》、《竹书》所不详。而今于卜辞得之；《天问》之辞，千古不能通其说者，而今由卜辞通之，此治史学与文学者所当同声称快者也”。

王国维创造了史学上一个重要的方法，即著名的“二重证据法”。什么意思呢？就是除了运用古代典籍等纸上的材料外，还善于运用地下的材料，地下的材料就是甲骨文。王国维以前的学者，都是从文献到文献，考证来考证去，总离不开书本。而王国维除了书本，特别重视出土的文物。他认为出土文物可以补正纸上的材料，也可以证明古书上某一部分的真实准确性。王国维将典籍与新出土的古代文物结合起来研究的方法，在中国学术史上揭开了新的一页。

王国维在写出《殷卜辞中所见先公先王考》后一个月，又写出一篇《续考》。在这两篇著作中，王国维考证了王亥、王恒、上甲等先公先王，证明史书的记载大体无误，还纠正了《史记·殷本纪》中报乙、报丙、报丁等在排列次序方面的错误。王国维的研究，证明《史记》所载的商代历史，虽有错漏，但基本可靠，是一部可以放心使用的信史。

王国维写出《续考》后3个月，又出版《殷周制度论》一书，对商朝和周朝的典章制度及尊卑纲常进行了考证。同时，他又和罗振玉一起，通过甲骨文中父、兄的称谓，判定甲骨文的具体时代，开了以后用甲骨文中的“称谓”进行断代研究的先河。王宇信、杨升南在《甲骨学一百年》中评论说：王国维和罗振玉经过艰苦的收集和考证，为“文献不足征”的商史研究提供了10万多片的第一手可信资料。

因为甲骨文的出现，导致商代历史不再茫无可稽，王国维对商以前的历史，也充满信心。他说：“由殷周世系之确实，因之推想夏后氏世系也确实，此又当然之事也。又虽谬悠缘饰之书，如《山海经》、《楚辞·天问》；成书于后世之书，如《晏子春秋》、《墨子》、《吕氏春秋》；晚出之书，如《竹书纪年》，其所言古事，亦有一部分之确实性。

王国维说这段话的时候，正值疑古风盛行，好些人认为中国的古书不可靠，中国周以前的历史，介乎于传说与事实之间，大都不可靠。然而甲骨文的出土，不仅证实《史记》等书可靠，甚至像《山海经》一类历来被认为是荒谬不经的书，也有其确实性。甲骨文的发现和研究，使得商朝的历史伸手可触，这对当时学术界流行的疑古过头，全面否定古代文献及古史的风气，是一个有力的纠正。

1922年，王国维受聘于北京大学研究所国学门，担任通信导师。1923年，因蒙古人升允的推荐，王国维奉清废帝溥仪谕旨，任南书房行走。溥仪尊敬他的学问，“赏给他五品衔”，又准他在“紫禁城骑马”。1924年秋，清华大学创办国学研究院，胡适推荐王国维任院长，王国维婉拒。胡适心生一计，请废帝溥仪下诏，以皇帝身份，命令王国维去清华教书，忠于清室的王国维不便拒绝，遂奉诏赴聘。

1925年4月17日，王国维举家迁往清华园，但不就院长职而专任教授，亦称导师。与他同时在清华任教的，还有梁启超、赵元任、陈寅恪，当时人称这4人为“清华四大导师”。王国维在清华期间，主要讲授《说文》、《尚书》、《仪礼》，以及他本人的著作《古史新证》。

1927年5月，国民革命军北伐的消息频频传来北京，王国维听说如湖南叶德辉等绅士名流都因反革命罪被杀，内心绝望，决意“一死免辱”。6月2日上午，王国维来到颐和园昆明湖畔，投水自尽。临死留下遗书：“五十之年，只欠一死，经此世变，义无再辱”。

[3]
交子传奇

故事讲述人

交子研究者
余世宽

历史学专家
袁庭栋

成都市考古队专家
谢 涛

钱币研究专家
高 文

中国钱币学会副理事长
戴志强

四川省社科院历史专家
谭继和

钱币收藏爱好者
杜晋康

四川省成都市金牛区钱币学会会长
江益德

四川省成都市金牛区钱币学会会员
罗天云

四川省成都市金牛区钱币学会会员
詹 星

四川师范大学教授
魏华仙

一

在成都市区东风大桥的一端，有一条老街名叫椒子街。

在民间，关于椒子街的来历有着多种说法。一是说此街原有一棵高大的山胡椒树，可以入药，因此叫椒子街。另一种说法是，这条街因为距离东门大桥附近的码头很近，过去曾是商贸、货运聚集地，成都平原盛产的辣椒都从这里被运往各地。因此，街名中的“椒”应当源自辣椒。然而，近几年关于椒子街的争议却是风声鹊起。这一切都来源于一种名叫交子的纸币 **1**。

今天，在椒子街上，有一面雕塑着钱币的艺术墙 。据说就是为了纪念1000年前“交子”的诞生。

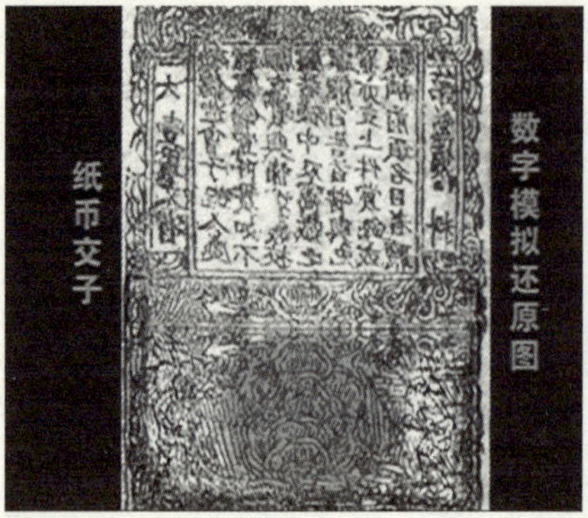

1

2

这位老人名叫余世宽 2。他常年居住在椒子街上。无独有偶的是，他这一生都在与货币打交道。早年，他在人民银行等金融机构工作了近30载。20世纪末，他又调到农业发展银行从事计划、信贷管理及金融研究，并发表过多篇论文和著作。退休十余年来，他一直致力于对交子的研究。冥冥之中，似乎注定了他与交子解不开的缘分。

为了搞清自己居住街道的历史，余老查阅了许多资料。但是始终没有找到答案。后来，他几经周折，找到了成都市民政局区化地名处。

交子街到底是哪一个“交”字呢？我查阅了大量的史料，包括明清的府志、县志，但是都没有结果。怎么办呢？我又到成都市地名办与他们商议。终于查到了光绪五年，即一百多年前成都市的地图，有椒子街，但是它不是北宋时期那个纸币“交”的交子街。

那么，世界上第一张纸币交子在成都的印制地究竟在哪里呢？

其实交子就是诞生在北宋时期的一种纸币，它是世界上最早的纸币。在今天人们的生活中纸币显得平常而普通。然而，在余老眼中，1000年前的交子无疑是人类货币史上一座伟大的里程碑。

大家不一定都知道，人民币就是交子的子孙后代。如果我们现在仍然使用铁币是怎样一个情况呢？据史书记载，买一匹罗也就是一匹绸缎，就要搬运装载一百三十斤的铁币，才能够买回来。

自从有了人类，就有了交换历史。早期的人类是用以物易物的方式 进行交换，这种状况持续了几千年；后来，人们用一般等价物，如海贝等，作为纽带进行生产、消费间的等价交换，人类开始进入货币发展的历史；之后，人们逐渐用更为便利的金属铸币，如铜贝、布、刀作为货币，进行买方与卖方的交易。金属货币的历史延续了 2000 年，直到北宋时期，交子诞生。

那么交子最早的雏形出现在什么时候呢？据《续资治通鉴》记载：北宋淳化四年，自王小波、李顺起义后，四川停止铸造铁钱，“民间钱益少，私以交子为市”。这说明交子最早出现在公元993—994年之间。此时的交子，只是纸币诞生前的胚胎孕育阶段，是由成都钱庄的老板私自印制的限定使用范围，代替货币交易的信用凭证，后来的人们习惯称它为私交子。可是，交子为什么会诞生在这一时期呢？

建立于公元960年到1279年的宋王朝是中国历史上一个兴亡更迭的朝代。从王朝建立到灭亡，北方的外患从未中断，最后被元军灭亡。然而，这个朝代却是中国古代历史上经济、文化、科技、教育乃至社会最为发达的时期。

北宋有一个国策，他抑制武将的权力，把带兵、治兵和指挥打仗的权分了。同样一个级别的文官比武官的权力大，长期以来抑武扬文。在这种政治氛围之下，宋代的文官权力比较大，在某种程度上也就给了知识分子比较宽松的环境，比如说要上书言事，要提什么建议，环境比较宽松。这种政治环境比较宽松的氛围也给宋代的，今天来说就是文化界的这些知名人物，有了一定创新的天地。

正是基于这样一个相对宽松的社会环境，整个社会迸发出了空前的创造力。火药、指南针、活字印刷术的创造发明、儿童启蒙读物《三字经》、《百家姓》、《千家诗》的集中编写 [3]、科举制度的最后完善等，都是在这一时期产生的。

英国学者李约瑟在他的《中国科学技术史》中说：“每当人们在中国的文献中考察任何一种具体的科技史料时，往往会发现它的主要焦点就在宋代。”

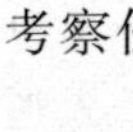

宋代的经济比较繁荣，它的商业也比较繁荣。在宋代国家的财富收入当中，在很多地方的商税比如说酒税、茶税，比重很大。这种商业的繁荣，它的运转力也就比较快。可以这样说，在中国整个封建社会当中，宋代的市场经济可以说是最繁荣的时候。

3

1000年前的宋代，无论是在物质文明还是精神文明上，都达到了当时人类的最高峰，在这样一个经济繁荣和富有创新活力的时代，人类第一张纸币似乎也呼之欲出了。

宋代的成都，正是“带二江之流，为一都会，四民州处，万商成渊”的“喧然名都会”。也许，成都的繁华与闲适从那时起便开始滋生为骨子里的东西。

2007年，这片位于成都市中心地带红星路的地块曾因人民币8800万一亩的拍卖价而成为成都的标王。然而，正当开发商热热闹闹准备全面开发打造地标建筑时，一项考古发现却使正要上马的工程戛然而止。

2007年10月，成都市文物考古研究院为配合项目的基础设施建设，对这里进行文物勘探，不料，他们竟意外地发现了一处距今近千年的唐宋街坊遗址 4。

这次发掘出土的是成都城唐宋时期的街道、房子和一个庞大的地下排水系统。四条铺砖主街道纵横交错，残存最长的长达五十多米。通过这个排水渠道的走向和街坊的规模，我们分析，在地块的周边应该埋藏着一个更大的唐宋时期的古街坊遗址。

遗址发现后，虽然开发商和成都市政府都迫切希望规划中的2011年成都地标建筑能够顺利建成，却也不得不在古人的珍贵遗存面前忍痛割爱。这一发现也很快引起了国家文物部门的重视，国家文物局的领导、专家以及中科院院士开始进入遗址，指导发掘与保护。

它应该是我们目前为止，成都市发掘的一条商业功能最全、占地用地规模最大的一个唐宋时期的街坊遗址。这次的发掘充分地弥补了我们成都城在唐宋时期考古发掘

的一个空白。它也充分说明了成都城在唐宋时期是一个非常繁荣的城市。

据历史专家估计北宋时期的成都人口已占全国近17%，而商税额大约居全国第二位。继续保持唐代以来“扬一益二”的全国领先地位，那时的成都，商业发达，水运繁忙，生活富足。

北宋著名词人张仲舒写的这首词“成都好，蚕市趁遨游。夜放笙歌喧紫陌，春邀灯火上红楼，车马溢瀛洲……”便是对成都当时商业的热闹场面的生动写照。

然而，也是在这一时期，成都商业贸易与货币制度的矛盾却在不断加剧……

北宋时期，宋王朝并没有实现币值的统一。在货币流通的区域上，全国分为铜钱区、铁钱区以及铜铁钱并用的混合区。当时，由于金属货币的资源有限，加之铸造成本高昂，因此日渐稀少。然而，随着宋代经济的发展，交易越来越多，商品交易量大大超过了货币流通量，以致金属货币供不应求，市面上甚至产生了“钱荒”。这就为交子的产生埋下了伏笔……

高文先生曾任四川省文化厅的文物处处长37年，是四川省钱币学会的发起人之一，也是该学会的副会长。作为四川钱币研究的元老，对这段历史，他有着较为深入的研究。

4

北宋以前一直到北宋初年，四川和全国一样都是流通方孔圆钱——铜钱。由于战争的需要，北宋决定在四川境内铸造铁钱。北宋灭了后蜀以后，把四川作为北宋的财源基地，花了将近十年的时间，把四川的一些财物由长江运往当时北宋的首都开封。这样的结果造成四川铜币的匮乏，铁钱 5 成为四川的流通货币。

划定四川为铁钱区，不准铜钱进入四川——这一政策虽然对保持四川经济稳定起到了一定的作用，但随着经济的发展，笨重的铁钱却越来越阻碍了商品的流通。

当时四川铸造的铁钱——小品钱，十贯重约有六十五斤。

有史书记载，官方“自陕府搬铁钱一万贯至秦州，计用脚钱二千六百九十余贯”，也就是说，运输费竟占了铁钱本身价值的四分之一还多。

商品经济的发达，铁钱使用的不便，而大宗交易又催生着大额的信用货币。应该如何解决市场上日益突出的矛盾呢？谁又将是大梦觉醒的先行者呢？

历史总是在必然规律与偶然事件的结合中发展前进的。

公元993年四川青城山爆发了茶商王小波、李顺带领的农民起义。这场中国历史上第一次提出“均贫富”口号的农民起义爆发后，义军势如破竹，不但迅速占领了成都，而且席卷至靠近重庆的万州、夔州以及紧邻陕西的广元。

由于长期的战争，使四川地区的经济受到了影响，甚至铸钱也停顿下来，这样就形成了市场上钱币的紧缺，也就是所谓的“钱荒”。老百姓手中缺少现金，在这样的

5

情况下，在民间私下就出现了当时称为“交子”的像存单、支票性质的单据、票据。当时叫“交子”，就拿这个交子在私下顶替当时的铁钱来使用。

在宋代，通常把城镇里从事商业活动并有店铺者称为铺户。公元994年前后，成都地区仍时有战乱发生，各地到成都从事贸易的商人为了旅途的安全和解除随身携带大量铁钱的累赘，于是，他们把铁钱寄存在专门经营存款业务的铺户里。铺户把存款人存放现金的数额临时填写在用楮纸制作的券面上，再交还存款人。当存款人提取现金时，则付给储户一定的保管费用。这种临时填写存款金额的楮纸券就是“交子”，相当于现在的活期存单。而经营此业的铺户被称为交子铺户。

为什么叫“交”？就是交换使用的凭证，这确实是我们纸币的雏形，代替铁钱使用的。那么这如何取得人们的信任呢？一张交子就相当于一千钱、一万钱。交子铺户是当时宋代四川大商户，他本身有经济实力可以作担保。同时，在当时的钱庄都控制在这些大商人手上，是讲诚信的。

随着市场经济的发展，交子的使用也越来越广泛。商人之间的大额交易也越来越多地直接用交子来支付货款。正如史料记载“西川之楮币，贷百金之货，走千里之途，卷而怀之。皆曰铁不如楮硬”。

尽管纸币私下问世是在不得已的情况下，但是它一旦取得了货币的地位以后，在民间使用当然是非常方便了。我们说腰缠万贯，这个腰缠万贯，也是纸币才能做到的。铜钱、铁钱就是包括用金银币，恐怕都是很困难的。那么纸币是很轻便、很方便，你拿了纸币以后，很方便地就可以到市场上去进行交易，可以买到你要的东西。所以一旦它成为货币以后，是一个大的发展，在中国货币史上是一个飞跃，不可能再退回去了。

当交子逐渐在民间流通开来后，市场的需求加大，同时也驱动着交子铺户对利益的追逐。于是他们便开始印刷有统一面额和格式的交子，作为一种新的流通手段向市场发行。

交子在发行过程中，每到丝、蚕、米、麦将熟的时候，也就是秋天的时候，交子铺

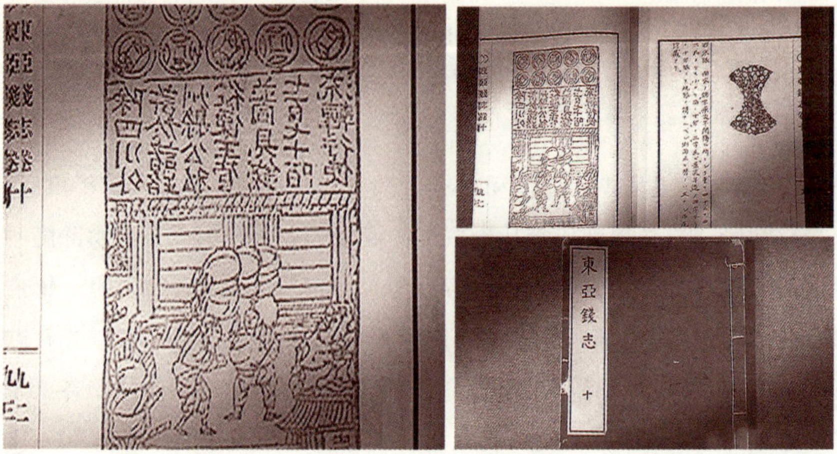

6

货币发行量大，所以抢印交子，“又印交子一两番”，印一番还不够印两番。

此时的交子已是统一面额，并由交子铺户主动发行的，大致都为10贯的大面额，相当于铁币1万文。正是这一步步的发展使得最初仅仅作为信用凭证的交子，逐渐具备了信用货币的特性，真正成为了纸币。

公元10世纪末，人类第一张纸币在成都诞生，而成都的商人则成为最早吃螃蟹的人。“大梦先觉”的交子，不但动摇了具有2000年历史的金属铸币根基，逼使它逐步退出主导地位，而且还比欧洲纸币早600多年。

这是目前唯一能见到的交子图案，是抗战时期一个日本文物爱好者自称在中国四川民间收集到的交子实物的影印图像，学术界称之为千斯苍版6。然而，今天学术界普遍认为这还不是真正的交子。

这里值得注意的是，第一，出现了四川的称谓，四川是川峡四路的简称。在北宋初期设立了川峡四路总管，到建炎年间就简称为四川总管。那么交子还出现在简称“四川”这个称号以前，当时交子究竟内文怎么样？现在我们还找不到记载。第二，这张纸币上说是除四川以外，各路、州、县公私都可以使用。可见四川的交子只有四川专用，四川以外像陕西这类地方，到南宋的时候就不是叫交子了，已经叫“会子”或“钱引”了。

据元代成都人费著所作《楮币谱》记载，最初使用的交子印制图案讲究，两面印有木屋人物，隐秘题号，黑红间错，商铺亲笔押字，他人难以仿造。

然而，对于这样一项重要的文明成果，却因为纸币的不易保存，交子的实物从未现身——这给中外的历史学家、金融专家带来无比的困惑。因为没有实物佐证，对于交子的研究考证也是众说纷纭。

1993年，四川省文化厅、人民银行四川省分行、四川省钱币学会曾经联合登报，悬赏重金，寻找交子的有关遗物、遗迹，结果却石沉大海。

为了对交子有所发现，我们就准备出版四川历代货币图录。当时四川省文化厅、中国人民银行四川分行、四川钱币学会联合发出通知，对交子提供线索者给予重奖，如果能有实物者，重重的奖励，通知发出去以后反映却不大。

后来，许多相关单位也采取了不同方法或行动寻找交子实物，然而，仍是杳无音讯。这一切，让交子显得更加扑朔迷离。

那么，交子的真实面目究竟是什么样的？何时才能够揭开它神秘的面纱呢？

2009年5月，四川成都的一家媒体报道了这样一条消息：交子印版惊现成都。一时引起了人们极大的关注。

原来，在2009年1月成都新春赛宝会上，成都古玩商店宝源通的杜晋康先生带来了他的一件藏品。该藏品在现场被专家认为可能是一件与四川北宋交子印版有关的藏品，因此被评为最具研究价值奖。

这件在业界引起轰动的铜块7为青铜质地，具有明显的不规则断口。铜块的一面光洁无文，另一面则有竖向的三排文字，两边为交叉“田”字型图案。

7

这块铜板是在杜甫草堂古玩市场上淘到的。当时我一看到它，就从锈色、包浆方面认定它是开门的老货。铜板上带有很多文字，所以就被文字所迷住了。

作为古董收藏爱好者，杜晋康似乎一眼就认出了铜块上的“包浆”和“水坑锈”不是仿制的。所谓的“包浆”是指器物表面没有浮锈，通体呈现一层均匀、柔亮的氧化层的特殊现象，仿佛一层美丽的、厚厚的浆状外表；而“水坑锈”则是南方地区出土的青铜器锈蚀较重的独有的特征。尽管没有认出铜块上面的镌刻的文字，杜晋康还是壮着胆子花5000元买下了这个铜块。

当时买的时候也有点赌的性质，如果文字内容比较好就买值了，否则就要亏的。尽管我从事钱币收藏十多年，但买下这块铜板还是心里有点忐忑。

为了搞清这个铜块的真实来历，杜晋康咨询了许多成都钱币界资深的鉴定师和收藏家。江益德，以前是成都市金牛区文管所所长，长年致力于交子的研究。而詹星和罗天云则是成都市金牛区钱币学会的会员，对钱币和交子研究的共同爱好使三个都已经退休的老人成为了好朋友。

十年来，三位志同道合的爱好者尽可能收集有关交子的文献资料，潜心研究。三个人不放过任何一个和交子有关的线索，哪怕是蛛丝马迹。因为他们知道，交子的线索少之又少，也许一丝线索就意味着一个突破。印版惊现成都的消息让三位老人万分欣喜：如果那印版是真的，这意味着什么呢？

当看到杜晋康的收藏时 8，他们的看法却产生了争议。

8

因为它雕的字是反字，印出来才是正字。这当然就是一种印版，铜印版。另外它雕的字的字体，是典型的宋体的风格。我认为应该就是宋代的东西。根据史料记载，江浙一带的宋版的雕刻多半采取欧体字，而四川地区多半采取颜体字，而这个（铜板）宋体里面体现的是颜体字的风格，跟史书的记载完全是吻合的。

它是一个怪状，我为什么说它是个怪状呢，从留下这四分之一看，它是一个梯形，上头宽，下头半长。从完整版来看，我们假设上下一样宽，中间比上下的宽些，就成一个什么形状呢？呈一个菱形。关于这一点来说，根据我们知道的古今的中外纸币，谁也没发现有这种形状。历来的纸币一般都是长方形，或者方形，没有这种菱形的造型。

从它的锈色来说，是古老的。我们当时还是很感兴趣，特别是它有些字，它有十多个字，其中丙午年，如果按照丙午年，六十年一个甲子，如果反过来套，刚好套十六户交子出现的时期，好像时间也对得上。

由于对印版真伪存在争议，更因为印版大部分残缺，这让江益德他们很难作出更准确的判断。但他们还是感到这件藏品具有一些北宋四川交子的特征，于是他们建议杜晋康请四川省钱币学会副会长高文先生看看藏品。

对汉学和钱币都有研究的专家高文看后辨认出，铜块上的文字从左到右为“拾柒日终，丙午歲，第貳界”，并进一步指出“藏品可能与交子印版相关”。

从它自然形成的色彩上来看，不是人为的。它的锈色也是很正常的、很自然形成的。这是一个老东西，起码是上千年的一个老东西了。从字上来看中间是“丙午”两个字，旁边有“第贰界”等，这具有私交子一个制版的内容的特征，但是由于是残的，很难判断它的全貌，从图案的整个制版的技术来看是比较粗糙的。到了交子三个阶段，到了最后官交子阶段的时候，制版相当精致，有几个颜色。这可能就是早期的一个残片，但是目前很难下结论，只能说这是进行研究的一个很好的、重要的资料。

如果这件藏品是交子的印版，那么，它就应该是这一批交子停用后印版被毁的残片。它将为“大梦先觉”的交子提供更多的实证研究。

虽然，目前对这件藏品的研究工作仍在继续，但它却仿佛黑暗中的一道曙光，让研究货币历史的研究者们看到了破解交子之谜的希望……

二

2007年8月，一场突如其来的金融风暴席卷全球，各国经济剧烈震荡，债券市场几乎瘫痪。这一年，对金融专业人员和交子研究者余世宽老人来讲，是促进他研究更加深入的一年。全球性的金融危机爆发，给了他一个进行实例比较的机会。他将对1000年前交子的关注与眼前的金融危机结合在了一起。

中国宋朝的交子，正是由于金融失控，造成了交子的大量发行，形成了恶性通货膨胀。同样，这次金融危机也是金融失控的表现，影响了美元的发行。

所谓交子正是诞生于我国北宋时期的一种纸币 9，由从事铁钱存兑生意的交子铺户发行。由于发行之初并无政府许可，只在四川地区私下流行，故又被称为私交子，成为世界上第一张纸币。

重大的事件总是逃不脱历史的记载，而记载中的历史和生活中的现实在余老眼中却又如此惊人的相似……

在私交子的分散发行时期，随着客户的增多，交子铺和交子信誉的确立。老板们发

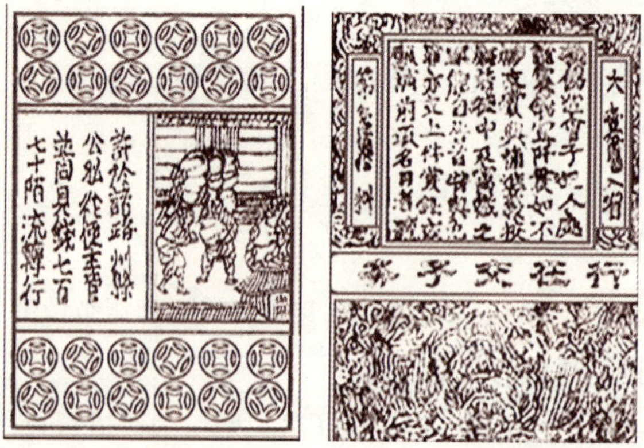

9

现那些客户不是在同一时间来取款，只要储备一定的准备金就可以满足他们的需要。怎样理解，怎么办，就可以用来移做他用吗？

很快交子铺户发现，只要自己手里有一定数额的铁钱作保证金，能够应付一些兑换需求，即使他人不来存款，也可以直接发行交子，投入市场流通。

成都的商人悟出了纸币当中隐藏的惊天秘诀。然而，正是这样的发现，很快就将给社会带来不可摆脱的梦魇……

交子发行之初，益州的柜坊业十分发达，大约有80余户。这时交子的发行是各个交子铺自己发行，因此这个时期也叫分散发行期。

交子铺有利可图，越来越多良莠不齐了。一些精明的老板暗中就把客户的存款，用于买房屋、买土地或者投资在其他方面，追求更大的利润。

到后来，由于官府缺乏有效的管理和规范，交子铺的发行开始紊乱无序，信誉变差。

有的发行过量，这就给自己埋下了隐患。一旦发生天灾、人祸，社会会出现不稳定，物价会上涨。特别是有的交子铺失信，一传十、十传百就会发生挤兑，这样交子铺的麻烦就来了。

公元1000年年初，四川发生以王均为首的兵变。兵变士兵占领了成都，并建立了“大蜀”政权。其间，有一些唯利是图的铺户，恶意欺诈，在滥发交子之后闭门不出，停止营业；或者挪用存款，使所发“交子”无法兑现，造成许多打官司和挤兑的事件。金融的混乱，物价的飞涨，这一切使交子几乎失去了信誉。

公元1003年的时候，朝廷任命一个名叫张咏的官员，作为益州知府。张咏这个人，他在宋代是很有名的人，而且也是一个有远见卓识的官员。他认识到，当时在益州民间创造的这种纸制的货币代用品很方便使用，便于携带，成本还很低，可以大量的制造。只要严加管理，就可以好好利用起来。对于当时在战乱当中遭受了一些损失的益州经济恢复和发展都是具有很大作用的，所以他就开始整顿市场秩序。

当时的成都地方政府从众多交子户中，挑选出最具实力的十六户交子铺户，采用联保的方式实施交子业务特许专营，取缔了其他交子铺户的经营资格。而这十六铺户取得交子专营权的代价是：以十六户的财产共同担保交子信誉，每年承担政府夏秋之际粮仓收储粮食的人工费用以及今天位于成都市金牛区的九里堤河道的岁修费用。

正是由于政府的大力支持才使交子提升了公信度。当形式统一、印制精美的私交子再次以崭新的面貌走向市场时，受到了商家及民众的欢迎。为了便于管理和稳定运营，交子的发行定为三年一界，一界就是发行和兑换的有效期限。这样的专营方式一直持续到1020年，史称十六铺户时期，也叫集中发行时期。新任四川地方最高长官的寇瑊上奏皇帝宋真宗，陈述交子的危害。

一般都认为，是寇瑊在给朝廷上的一个奏书当中，他提到要禁止民间发行的交子。就是因为当时政府虽然采取了十六户联保的措施，但是十六户的经营不善，导致经常不能够及时的兑现、兑付，造成社会纠纷不断。

宋真宗 10 在接到寇瑊的上书后同意禁止交子发行。因此，寇瑊劝诱十六铺户关闭交子铺，封印不再发放交子，交子印版全部销毁，并下令全面禁止交子流通。

然而，同样是交子研究爱好者的前成都市金牛区文物管理所所长江益德，在仔细地查阅资料后却发现了一个鲜为人知的秘密。

寇瑊为什么一到益州就禁止交子呢？这里面充满一场政治斗争。

江益德所说的政治斗争是这个历史时期北宋最高权力阶层中，以宰相寇准和宋

10

真宗赵恒的皇后刘氏各为一方的权力之争。

皇后刘氏原名刘娥，四川成都人，祖籍山西，自幼父母双亡。后来，她来到京城开封，并与当时还是襄王的宋真宗赵恒认识了。

历史上这位被后人称为东方“灰姑娘”的刘皇后有着许多的故事，其中，因她无法生育而收养自己的侍女与皇帝所生之子为养子的故事，被民间演绎为“狸猫换太子”的戏剧广为流传。其实，真实的刘皇后不仅美貌出众，而且聪慧干练。在交子的发展历程中，她扮演了重要的角色。

据史料记载，当时是政出宫闱，也就是说宋真宗把处理这些大事的权力交给刘皇后。而当时的宰相是寇准，这就引起了寇准的强烈不满。寇准认为，政出宫闱对朝廷来说是一件祸事，不能够这样。于是寇准就向宋真宗提出，立太子监国。他实质就是剥夺刘皇后执政、干预的权力。这当然引起刘皇后的强烈不满。公元1020年，寇瑊就接替王曙的职务知益州，他到益州后立刻禁止交子的发行，很明显这里面充满了一种政治斗争。

宋朝廷禁止交子发行后，四川商品贸易受到严重影响，交易清冷。因此，寇瑊的继任者薛田和一批四川的地方官员都认为“自来交子之法，久为民便”，即使不准私人发行交子，也应当由官府代替发行，不能废除。

交子被禁止两年多以后，宋真宗去世。当时即位的宋仁宗只有12岁，皇太后刘娥开始垂帘听政。

刘皇后掌权以后，便开始重新建议，就是讨论交子发行的情况。她首先下旨命令当时的知州薛田和转运史张若谷去调查交子发行的利弊。经过一番调查之后，薛田和张若谷共同上书认为，自住交子，后来市肆，经营买卖萧索，今若废私交子官中置造，甚为稳便。意思就是说，自从废除了16户私交子以后，给市场的经营买卖来了萧条的景象。如果我们现在把废除的私交子改由官府来发行，官中制造，那会给社会带来方便。

公元1024年1月12日，在刘皇后的主持下，召开了一个类似御前会议的会。会上，对交子作出了最终的结论，即“果利民，其行之”。同时，会上还作出了决策性的意见，“戊午诏从其请，始置益州交子务”。

将货币发行权收归国有的时刻终于来临了。

1024年2月，宋朝在成都设益州交子务，正式发行交子。人类历史上第一次由政府发行的法定纸币诞生了。

其实私交子被禁，除了有政治斗争的因素和交子铺户经营中的诚信问题，也许还有一个更为重要的原因，那就是对于一个对盐、铁、茶叶等重要商品必须实行国家专卖的中央王朝来说，对金融货币的掌控权力是绝对不能下放民间的。

由于特殊的历史原因所兴起的民间私交子虽然也曾盛行一时，然而，一旦交子铺户良莠不齐地遍地开花时，它的命运也就到头了……

北宋时期的成都，虽然经济发达，商业繁荣，但并非全国唯一。可与之媲美的还有开封、杭州、苏州等大都会。那么为什么标志着商业文明的世界第一张纸币偏偏诞生在成都呢？

如果说具有远见卓识的地方官员以及权倾一时的刘太后，使成都具备了发行交子的政治环境，而发达的商业又使成都具备了经济环境的话，在制造纸币的技术条件和物质保障方面，当时的成都是否也有一些独特的优势呢？

1944年，在成都市东门外望江楼附近的唐墓中出土了一份印刷品《陀罗尼经咒》，约一尺见方，上刻古梵文经咒，四周和中央印有小佛像，边上有一行汉字依稀可辨，为“成都府成都县龙池坊卞家印卖咒本”。

在唐代晚期的成都，雕版印刷术已经相当发达。迄今为止，仍然是已知的时间地点是全世界最早的印刷品。当然这也说明，当时雕版印刷术的发达。这个雕版印刷术发达的背景还有一个就是纸张，没有好的纸张不可能来做雕版印刷术的载体。

宋代的四川，造纸技术在唐朝和五代的基础上又有了长足的发展，是当时全国重要的造纸基地。特别是四川生产的麻纸和楮皮纸在全国享有盛誉。

这种纸拿来印纸币，当然很光洁、很柔韧。第一，安全。因为这个纸币有暗记，交子有暗记，有保密的性质，就相当于我们现在的人民币一样。第二，耐磨。它是多少人交换，不像从前的飞钱，只是两家商铺使用，面对社会所有的人都可以使用。我可以拿交子给你，你可以再拿给第三者，很耐磨。

11

楮，就是构树。楮纸的制作方法是将剥下的楮皮，在水池中沤，通过生物发酵的作用，除去果胶，再剥去青皮，用草木痰水蒸煮，再舂捣，漂洗成纸浆造纸 11 。当时，成都城南百花潭浣花溪，水清异常，造纸最佳，这一带从事造纸的达数十百家之多，是著名的造纸基地。

除了造纸基地，从唐末五代以来，四川还一直是全国的印刷中心之一，宋代四大书《开宝藏》、《太平御览》、《册府元龟》、《文苑英华》中的三部都在四川刊印，因而享有“蜀刻甲天下”的美誉。

北宋初年，宋太祖的时候，就知道成都的雕版印刷是很发达有基础的。于是，就命令在成都印刷一部由众多藏经汇集到一起的经书，相当于一个藏经总集。这部经书，因为是开宝时候印刷的，后代称为《开宝藏》。十三年的时间雕刻了十三万块木刻的经版，印刷出一部规模宏大的佛经的总集。

《大藏经》 12的雕刻，培养了大批雕印工人，积累了丰富的雕印经验，特别是它的雕印地——净众寺，也与交子的历史建立了不可分割的联系。

元代成都人费著的《楮币谱》13中的一段文字引起了交子研究者的注意:“……所用之纸，初自置场，以交子务兼领，后虑其有弊，以他官僮其事。隆兴元年，使特置官一员莅之，移寓城西净众寺。”

净众寺位于成都市金牛区万福桥附近，建于汉代，当时叫万福寺，唐代时改名为净众寺。当年的净众寺规模宏大，香火旺盛。一些研究者认为《楮币谱》明确记载了官交子的制造地就在成都城西的净众寺。然而，也有学者认为这只能说明纸币的造纸场地所在，而与交子的印制地无关。

12

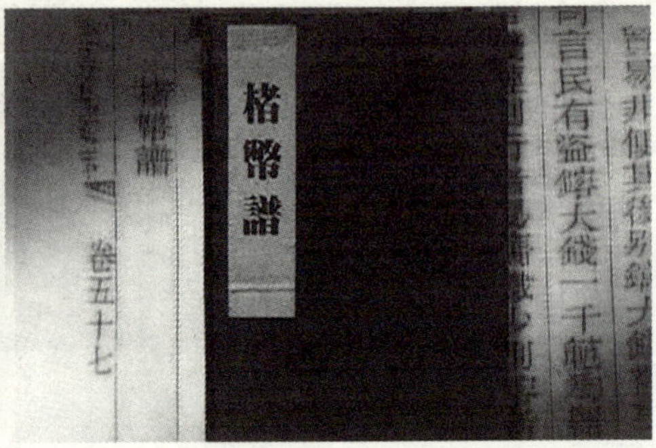

13

绍熙5年，益州官府就在净众寺旁边设置了一个专门制造交子用纸的钞纸厂，因此他们就认为净众寺只是为交子生产纸张的地方，而不是什么印制交子的地方，但这里面就有一些逻辑上的毛病了。首先我们刚才说的这个官员，他是管理交子用纸的官员，专职官员。他就只管理这个事的，为什么要到净众寺去办公，他管交子纸的可以在政府衙门里面工作。就隐隐约约告诉我们一个信息，交子它是在净众寺制造、生产。这个官员进驻净众寺以后，交子务要领取纸才方便。

如同考证椒子街的来历一样，净众寺 是否就是交子的印制地，还在进一步考证。然而，无可更改的是——它却是迄今为止在历史记载中，唯一的一个与交子具有直接关联的地名。

当年净众寺所在的区域位于成都市西北面，在交子诞生之前，这里已经是成都商品交易的聚集地，它的繁华与热闹一直延续到今天。如今，在这一带，成都市金牛区的城市开发已展示出新一轮现代化都市建设的勃勃生机，而在当年净众寺的中心地带——现今的通锦路，已树立起了一座纪念碑 14——永久纪念人类第一张纸币的诞生……

官方发行的交子被后来的人们称为官交子。作为国家法定货币，官交子的权威性和公信度大大高于私交子，其管理、印制都十分规范和考究。

不仅如此，当交子币值下降的时候，官府会用现钱回购纸币，从而，保证了交子币值的稳定，这项具备现代金融理念的做法叫“称提”，在宋代已逐渐成熟。

公元1044年和1045年，因西夏用兵，为筹集军费，宋朝廷从益州交子务提取九

14

十万贯交子。一直到后来，朝廷将交子向全国其他地方推行，如：陕西交子，山西的潞州交子，都受到益州交子发行成功的影响。

令人更为惊讶的是，官交子从公元1024年到1090年的近70年间，官交子的币值一直是超常的稳定。

公元1068年到1077年，成都府所属的彭州这个地方的交子每贯卖940文-960文。到了1090年，仍然卖900文以上。也就是在交子的发行运营这70多年时间内，政府始终把交子的贬值幅度控制在5%-9%之内，即使到今天它也是叹为观止的。

官交子的币值稳定也为朝廷带来了不菲的收入。官方每界所获取的“贯头钱”，即每贯收取的百分之三的息，以及“水火不到钱”，即界满未按时换新交子，旧交子作废的钱，就是一笔惊人的数字。

然而，对于本身缺乏有效自我约束机制的封建国家来讲，它与私人铺户的发行会有着本质的区别吗？它真的能摆脱发行失控的命运吗？

2008年，一本探索金融危机的畅销书籍《货币战争》中提到一个观点：这次美国次级债危机的本质就是，银行在产生按揭贷款的同时，“无中生有”地创造了货币，这其中也就是将未来的、还没有创造出来的劳动产品提前印成货币并进行了流通。

这种靠疯狂印钱保证自己总是有钱的游戏，在1000多年前的宋代就有了大致相同的演绎。它们从不同的角度共同说明了一个问题，那就是预支太多，没有了货

15

16

物的保障基础，于是引发了危机。

随着接管了交子的发行之后，朝廷渐渐发现，纸币实在是个好东西，不用什么本钱，只要在一张纸上印上几个字就可以当真金白银使用，实在是无本万利的好买卖。于是，要打仗了印纸币，要安抚百姓，也印纸币。朝廷要采办消费，还是印纸币，随之而来的自然就是恶性通货膨胀和丧失信用的纸币的消亡。

到了宋神宗15时期，外患加剧。宋朝廷又从成都提取交子10万贯，统一对边境百姓进行安抚，并且开拓荒地1200里。不仅如此，朝廷还下令在陕西、山西开设交子务，用以发行交子。

在多次发行交子之后，公元1101年，随着宋徽宗的即位，交子泛滥的洪峰终于来到了。

公元1102年，宋徽宗16即位第二年就增印交子200万贯，而在此之前发行的限额为188万贯；1104年增印1243万贯；1105年增印507万贯；1107年增印到了2694万贯，相当于当时国家发行保证金36万贯的74倍。

期间，宋徽宗还下令全国通行交子。由于空券交子的发行量远远大于流通量，逐渐造成了恶性通货膨胀，致使民不聊生。到了大观元年，一贯交子从最初的值一千文钱贬值到只值十几文。

公元1107年，宋徽宗采取了非常不正确的财政措施，他宣布，把已经发行的第41界到第43界，这几界交子全部作废，数量高达6000万贯，1贯就相当于1000个铜钱，是很大一个数量。当时有个官员，上奏朝廷，发行之前把旧钞就作废了，就给民间很多人带来了很严重的后果。他当时有个估计，由于宣布这几界交子作废，而整个造成损失的商家1000贯以上，有30万人，这是非常严重的一个情况。

在全国经济行将崩溃的局面下，公元1107年，当朝宰相张商英为了扭转交子发行的混乱局面，决定将交子改为钱引发行。

公元1258年，四川除重庆、万州、奉节以外，均被元军占领。在这种情形下，交子完全丧失了信用货币的作用，而被“视如粪土”，变得一文不值了。从此，发行了102界、历时259年的交子终于寿终正寝。

交子，历经了私交子到官交子再到钱引的三个阶段，也走过了从私人发行的辅助货币到政府发行的主要货币的路程，正是由于交子跌宕的命运，使人们更加关注于对它的研究和探寻。

北宋三司使沈括（三司使，它大体相当于我们现在国务院主管财政和经济的副总理），他就提出加速货币流通，促进经济发展的观点，换句话说钱利于流借。

到了南宋时期，有关治理通货膨胀的理论也浮出水面。

南宋的袁燮有这样的观点，他认为“盖楮之为物也，多则贱，少则贵。收之则少矣，贱则壅，贵则通，收之则通矣。”这句话什么意思呢？就是说，纸币的发行量跟商品的流通量大体一致才行。

一方面，有关交子的理论日益形成；另一方面，交子短短200多年的流通发行历程，也对后世及世界产生着持续的影响。

在《金史·食货志》中记载：“复钞引法，遂制交钞，与犹循交子之法。”

1298年，意大利旅行家马可·波罗来到中国后，发现了元代使用的纸币，在撰写的《马可波罗游记》中，详细介绍了中国纸币印制工艺和发行流通的情况，并对具有炼金术般的制造纸币的手段大加赞赏。从此，欧洲人了解了纸币。

无论从中国的宋、金、元、明行用纸币，还是到今天世界通行的支付手段，对于纸币来讲，信用价值是它存在的前提，而社会稳定则是它的根本保障。

今天，当饱受金融危机影响的人们在历经了财富缩水、货币贬值带来的震荡后，是否应当再次从一千年前的交子中寻找一些亘古的启示呢？

[4] 远古的声音

故事讲述人

原贾湖遗址考古队队员朱帜之子
朱振甫

中国科技大学教授
张居中

原贾湖遗址考古队队员
贾芬良

中国艺术研究院音乐研究所
萧兴华

一

这泓静谧的水域名叫贾湖，位于河南省舞阳县北舞渡镇西南1.5公里的地方。贾湖村的村民从明朝初年迁移至此，世代傍水而居、平静度日，如此繁衍生息了数百年，再未有所迁移，仿佛在无意间守护着被世人所遗忘的一个巨大秘密。

1975年8月，黄河中下游地区普降暴雨，流经舞阳县境内的数十条淮河上游支流水位暴涨，陆续超过警戒线，为了保护南北交通大动脉——京广铁路的运输安全，必须向位于贾湖东侧的泥河洼滞洪区泄洪，分流的洪水淹没了铁路干线以西的大面积地区，而贾湖村就在其中。

其实早在1955年京广线建成初期，距离铁路仅30公里的贾湖村就被纳入了滞洪区，一但河流炸堤泄洪，贾湖村就会遭受灭顶之灾，房屋和农田全都会被冲毁。为了一劳永逸地解决这个问题，村长召集大家商量，决定围绕着村庄修建一圈高约

3米的护村堤。贾湖村三面都是农田，只有东边是一片荒地，村民在这里规划了一条贯穿南北的取土沟，筑坝的土方全都从这里挖取。谁也无法预料的是，随着每一锹的挖掘，村民们正在逐步地接近一个巨大的秘密。就在他们几乎已经触碰到这个秘密的时候，村长通知大家，修筑堤坝所需的土量已经足够，所有人都停下了手头的工作。一个本应当在此时公诸于世的秘密，就这样在薄薄的土层之下继续着漫长的等待。

1962年夏天，舞阳县文化馆的文物专干朱帜被错划成右派，下放到贾湖村劳动。这一天，他正在村子的东边开荒，突然发现村边的凹地里零星散落着几块陶片 1，陶色暗红、质地古朴，不像是近现代的东西。强烈的职业敏感让朱帜意识到这可能是古代文物的碎片。过了几天，他在附近的土坡和壕沟里又陆续发现了少量的骨头碎块和类似红烧土的土块。所谓红烧土，就是被烧烤而陶化的土块 2，呈现砖红色，常见于原始部落的住房遗址中。

眼前的一切都在提醒着朱帜，这里很可能是一处原始村落的遗址所在地，鉴于手头的证据太少，也没有条件鉴定这些文物，朱帜难以肯定这个村落的规模有多大、属于哪一个文化时期、距今有多长时间。再加上自己的身份特殊，朱帜只能将贾湖村外的这个秘密深埋在心底，直到他离开村子，都未向任何人提及。但是，朱帜从未忘记过自己在贾湖村的所见，文物工作者的直觉告诉他，那片荒地之下很可能隐藏着一个不寻常的秘密。

贾湖村处于京广铁路上游的滞洪区，在此后的16年里已经有三十余次的泄洪，每一次泄洪贾湖村周围的地表形态多少都会发生一些变化。1975年的大洪水之后，为抵御洪水，国家又帮助村民于1978年在贾湖村的东边修起了一道更为坚固的护村堤。

1

2

3

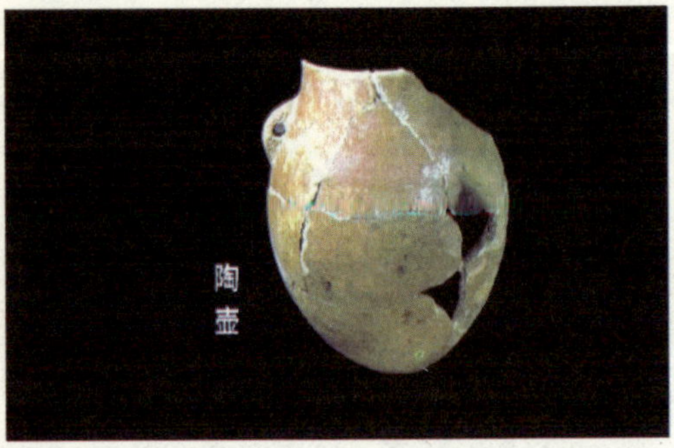

4

1978年冬的一天，天气晴好，贾湖小学教师贾建国带领学生到防洪堤外平整土地。几铲子下去，有个同学说碰到了硬邦邦的东西。贾建国刮开薄薄的土层，发现下面是一块长方形的石头，他注意到，这块石头的一侧被打磨成刀刃的形状，酷爱考古的他随即联想到了中原地区的原始部落常用的生产工具——石铲的头部 3，贾建国心头一震，他立刻指导学生们在周围展开挖掘。果然，一些石器的残件和破碎的陶片陆续出现，其中竟然有一个较为完整的陶壶 4。这些东西究竟是不是文物？应该如何处理？贾建国想到了自己的一位老乡在舞阳县博物馆当馆长，这位馆长不是别人，正是当年被下放到贾湖村的朱帜。

贾建国带来的这些物件，让朱帜激动不已，没想到自己魂牵梦萦的文物还有机会重见天日，当时的舞阳县博物馆条件简陋，在没有仪器设备的帮助下，经验丰富的朱帜也难以立刻断定这些文物的年代，但是他手中的陶壶，却能帮上一个大忙。

陶器是人类利用物理变化和化学反应制造出的第一种自然界不存在的新物质，它与古代先民的生活方式休戚相关，蕴涵了丰富的社会信息，在没有文字记载的新石器时代的考古研究中，陶器是判别古人类生活年代和社会发展情况的主要证据。

1965年，在贾湖村正北不到40公里的河南许昌市灵井镇发掘了距今1.5万年左右的旧石器时代遗址，出土了许多精美的打制石器和骨针，但是没有发现陶器，考古学家判定灵井遗址属于旧石器时代后期的范畴。而贾湖村出土的石铲属于磨制石器，并且伴有陶片出土，在考古学上，这是界定新旧石器时代的重要依据，因此，朱帜认为可以排除贾湖村地下是旧石器时代遗存的可能性。

作为具有多年实践经验的文物工作者，朱帜非常清楚，贾湖村处在一个敏感的位置。黄河的中下游地区，同时存在着多个新石器时代文化。距今四千年二里头文化时期人类活动的大概区域 5。距今四千多年的龙山文化的大概区域 6、和距今五六千年的仰韶文化的大概区域 7。而贾湖村则处在这三者的交汇地带 8。到1979 年为止，贾湖村周边地区已经发现了大量这三个时期的文化遗址，贾湖村应该属于哪一个时期呢？

1959年，河南省偃师市二里头村发现二里头文化遗址，二里头文化距今3800～3500年。这里被证实为中国历史上第一个王朝——夏朝的都城。二里头文化时期是新石器时代的末尾，青铜时代的开始。

这是二里头出土的陶器，这是在贾湖发现的陶器 9，区别很明显，二里头的陶器质地灰白，经过严谨构图的精美的纹饰遍布器物周身，而贾湖的陶器则呈现赭红色，纹路粗糙简陋。因此可以判断，贾湖遗存应当早于二里头文化。

1928年，山东省章丘市龙山镇发现龙山文化遗址，龙山文化距今4350～3950年。

龙山文化普遍分布于山东、河南等地，是以精美的磨光黑陶为显著特征的文化遗存，堪称中国陶制史上的顶峰时期。此时的陶器已经普遍采用接近于现代的快轮制作技术，所制黑陶器形奇特，而陶胎轻薄均匀，被称为“蛋壳陶”。与贾湖的器

5

6

7

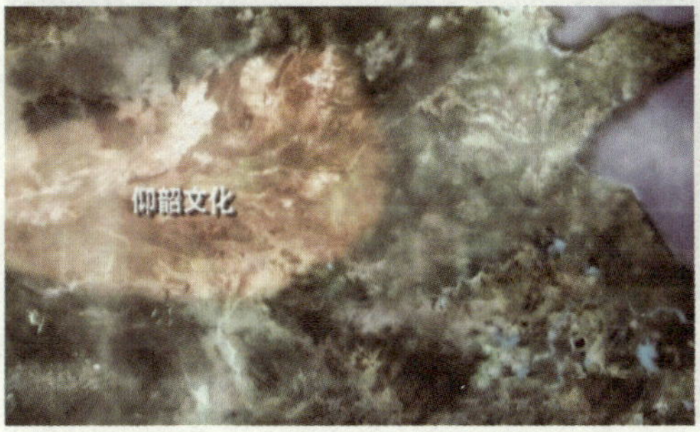

8

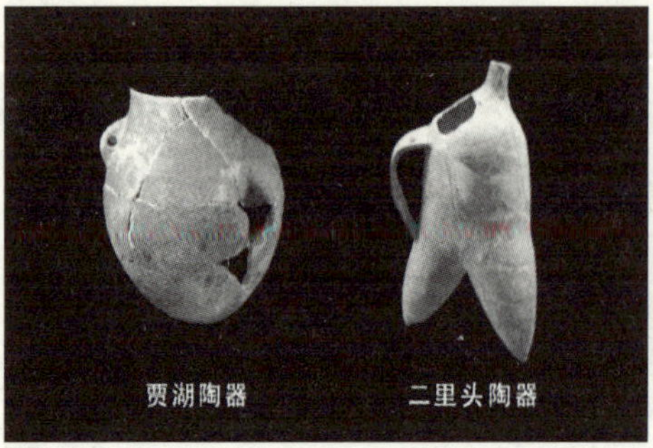

9

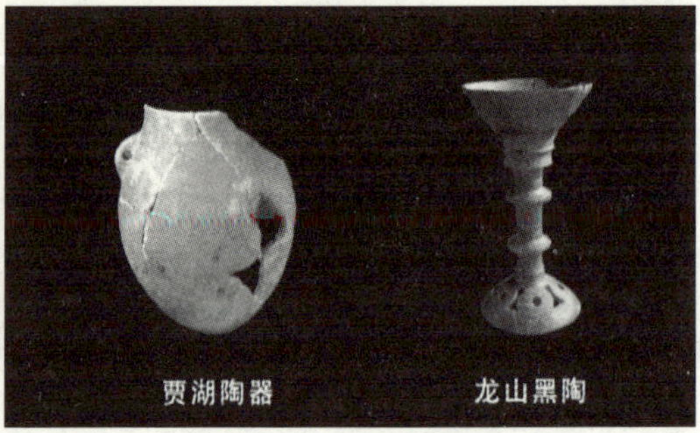

10

物相对比，技术手段与审美情趣上有着显著的优势 10。因此，贾湖文化遗存应该还早于龙山文化。

1921 年，河南省三门峡市渑池县仰韶村发现仰韶文化遗址，仰韶文化距今 7000～5000 年。

仰韶文化表现出龙山文化前身的形态，出土的陶器主要呈红色，以细泥红陶和夹砂红褐陶为主。陶器上常有彩绘的几何形图案或动物形花纹，这是仰韶文化最明显的特征，所以仰韶文化也称彩陶文化 11。贾湖的陶器上有灰黑的斑块，这是陶器烧制过程中由于火候太低氧化不充分形成的，而且贾湖的陶器没有彩绘、纹饰简单，说明贾湖的制陶技术未尽成熟。但是不难看出，仰韶早期陶器与贾湖陶器颜色非常相似，它们都是红色的夹砂陶，胎厚在 1～3 厘米，而且制作流程相同，都是先用泥条盘成器形，然后将器壁拍平再进行烧制的。无论在器形审美还是制作手法上都表现出了一种一脉相承的迹象，这一点引起了朱帜的注意。贾湖地下的文化遗

11

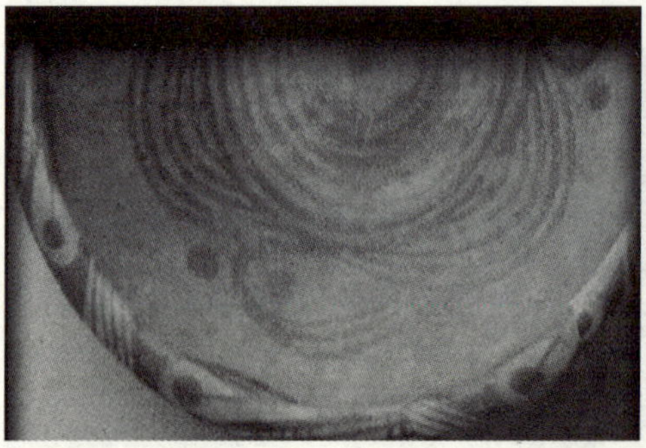

存似乎比仰韶文化还要早。贾湖与仰韶之间究竟存在什么样的关系？这让朱帜联想到一年前，那个令中国考古界为之震惊的大发现。

1977年，距离贾湖村正北70公里的河南省新郑裴李岗村，发现了距今8000～7000年的早期新石器时代遗址。裴李岗文化早于仰韶文化，表现出了仰韶文化前身的形态，它将中华文明的历史又往前推动了1000多年 12，对于中国考古界有着非同寻常的意义，被称为“中国考古学史上的重大突破”。

1921年，瑞典地质和考古学家安特生在河南渑池仰韶村发现了仰韶文化。遗址出土的彩陶显然并非处在制陶的起源阶段，而同时期的农业和建筑业发展也已经达到了新石器时代中期的水准 13。当时，在国内已经发现的北京郊区周口店遗址，属于距今1.5万～1万年之间的旧石器时代中晚期的遗存，当时的人类还不会制作陶器和种植粮食。那么仰韶文明已经发展到一定高度的制陶技术和农业生产技术从哪里来？中国的史前文明在这里出现了断层。

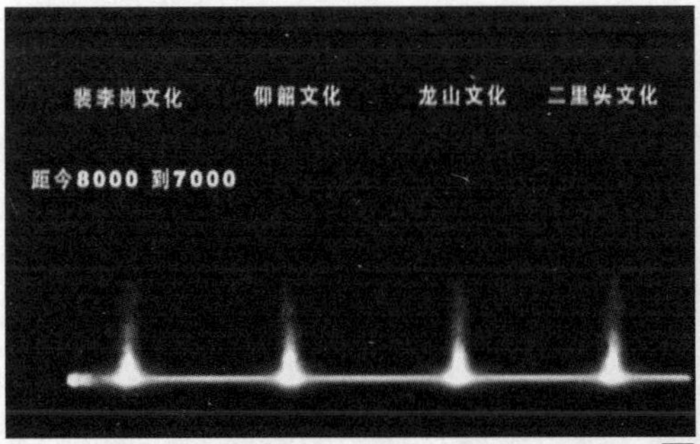

12

13

当时安特生依据这个空缺，提出了“中国文化西来说”。声称中国文明来源于古代中东的巴比伦地区，甚至希腊克里特地区。很多西方学者因此附会，认定中国文明起源于西方，也就是说，中国的史前文明从旧石器时代直接跨跃到新石器时代中期，是因为处在旧石器时代的中国先民通过某种途径学习到了西方的先进生产技术。

裴李岗遗址的发现，为中国史前的制造业、农牧业、建筑业的起源提供了有力的实物证据，填补了仰韶文化之前，也就是距今7000年以前的重要文化断层，有力驳斥了西来说，让国际学术界不得不对中国古代文化发展水平重新评估。

朱帜翻开裴李岗遗址的发掘报告，这是一个普遍使用红色的陶壶储存粮食、烧水烧饭的部落，他们所使用的陶器与自己手上的这件陶壶，居然惊人的相似。

朱帜把贾建国捡回来的陶壶和石铲与裴李岗出土的文物进行了对照，发现二者不管从制作手法还是使用的材质上都有着惊人的相似之处 14。那么贾湖村地下会不会是一处裴李岗文化性质的遗址呢？这十几年来，朱帜一直想揭开贾湖村外那个遗迹的秘密，他感觉时机或许已经到来。

我父亲认为这个东西很像看过的文物刊物上新发现的一些裴李岗时期的东西，他就把这个事情向上级文物部门进行了汇报。后来在一次全国文物大普查期间，省文物研究所派当时的文物专家周道、赵世纲他们来到实地进行了考察。考察以后认为这里确实就是一处裴李岗时期的文化遗址。

根据专家的意见，舞阳县政府立刻公布贾湖遗址为县级重点文物保护单位，将贾湖村东面圈了起来，明令禁止随意挖掘。虽然仅被列为县级保护单位，但遗址毕竟受到初步的保护，这让朱帜松了一口气，他的内心深处总有一种感觉，这片杂草丛生的荒芜土地之下，一定埋藏着更大的秘密。

1982年10月，在朱帜的热切期盼下，参与过裴李岗遗址发掘的中科院考古所的专家来到贾湖。在对现有的陶器、石器以及红烧土碎块进行分析测定之后，专家进一步确认了贾湖遗址的时间大约在仰韶文化之前的新石器时代前期。

就在专家们准备对遗址进行试探性发掘的时候，一个问题出现了。贾湖村的地势西高东低，而遗址正好处在东面的滞洪区，这里曾经是泥泞的沼泽，20世纪60年代以后才逐渐干涸，但地下水位一直保持在离地表2米左右的高位；在遗址3公

14

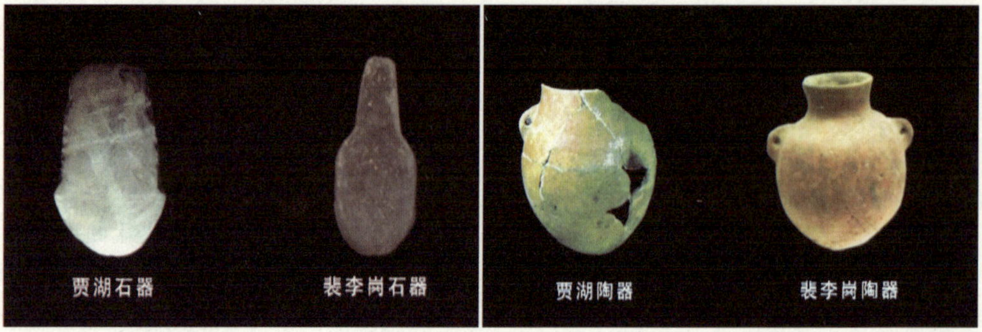

里范围内有3条河流经过，每年秋季，地下水位就会持续上涨，距离地面不到1.5米。专家判断，如果贸然进行试掘，透出的地下水势必会对文物造成毁灭性的伤害，为了保护遗址安全，专家决定放弃试掘，等待第二年春天再做考虑。

1983年初春，就在朱帜等待考古所的专家再次来到的时候，发生了一个令他意想不到的变故。由于人口扩张，贾湖村的村民强烈要求把遗址所在的村东的荒地规划成宅基地，建造新的住房。眼看20年来始终牵挂的文物和遗址将被毁于一旦，此时已经临近退休的朱帜再次向上级文物部门请求试掘。当年5月，河南省文物研究所派人来到了贾湖村，他们在遗址的中部规划了3个共50平方米左右的探沟。在一个半月的试掘中 15，发现窖穴11座、墓葬17座，陶器和石器以及龟甲等数十件遗物，正当朱帜看到一线曙光的时候，专家们却忽然决定终止试掘。

原来，就在贾湖遗址试掘的同时，考古工作者在河南省长葛市石固岗发现了一处包含有裴李岗文化、仰韶文化和龙山文化性质的文化遗址。石固岗遗址遗物丰富，在贾湖进行挖掘的专家根据手头已经出土的文物判定，贾湖遗址的文化内涵并未超过石固岗遗址，因而决定放弃。

不出朱帜所料，考古队一走，村民们再次提出了建房的要求。遗址上方一旦开挖房基，地层就会被彻底破坏，造成文物的永久性损失，再也无法挽回。1984年，朱帜最后一次申请试掘，他始终坚持着自己最初的想法，贾湖村的地下一定隐藏着一个将会震惊世人的秘密。

这一年夏天，省文物局应朱帜的申请又派人来到了贾湖村，他们决定在村民申请宅基地的区域内进行发掘，这一次发掘规划了4个探坑，面积扩展到100平方米。如果发掘结束后，专家的判定结果仍然与一年前一样，那么政府将同意村民的请

15

求，届时，整个遗址范围内将大规模地建设新房。

1984年夏天，河南省文物考古所的考古队和舞阳县文物馆的朱帜在贾湖村东面的四个探坑内进行试挖发掘。谁也没有想到的是，随着发掘的深入，大量的文物陆续出土，在房基的堆积物中，考古队员发现了鱼骨、獐子牙和果核。在灰坑中出土了罐形壶、方口盆、角把罐、敞口钵、深腹盆壶、斜肩壶、盆形鼎等陶器。

在第一号探坑的M11号墓中，男性尸骨的周围，摆放着一组打磨精美的骨箭头，箭头保存完好，两侧依然锋利。而在第三号探坑的M13号墓中，女性尸骨的大腿外侧整齐排列着成套的骨针，骨针的上方有精巧的钻孔，清晰可见。

墓葬中还大量出土了生产工具，打渔用的网坠，收割用的石镰，捕猎宰杀用的骨匕等，器物的丰富性令人惊叹 16。

在四个探坑中，考古队员共清理出14座墓葬，这些墓葬并不是有序排列的，而是上下叠压，相互打破。其中有大量的无头葬、缺肢葬、二次葬，还有一次葬与二次葬的合葬。墓葬多达6层，表明这块区域属于部落的集中墓葬区，并且经过数代人的反复使用，贾湖先民究竟在这片土地上生活了多久呢？

大量珍贵文物的出土以及贾湖遗址地层关系的复杂性逐渐引起了上级文物部门的重视，对遗址进行抢救性挖掘成了首要事项。经国家文物局批准后，河南省文物研究所重新组建贾湖遗址考古队，由时任第一研究室副主任的张居中带队，于1984年10月前往贾湖村。

张居中只收拾了简单的行囊，打算在贾湖村临时安营扎寨，可没想到这一扎，就是20年。

1986年5月12日，张居中和舞阳县考古队在贾湖遗址发掘现场工作着。随着此前两年多的挖掘，张居中发现，贾湖遗址的面貌与裴李岗遗址竟然有着显著差别。与裴李岗遗址的随葬品相比，贾湖墓葬的陶器较少，大多数墓主人只拥有一个陶壶。而贾湖墓葬中大量成套的骨器却是裴李岗遗址难以企及的，贾湖出土骨箭头的精美程度堪比商代的青铜箭头，上面的倒刺和血槽依旧寒光烁烁。

贾湖遗址究竟是不是裴李岗文化遗存？为什么二者之间有如此明显的差别呢？张居中心里埋下了疑问。

特别是T8和T10这两个探方出了好几十座墓，密密麻麻的非常多，这种埋葬习俗和裴李岗大不一样，而且截然相反。裴李岗遗址墓葬排列得很整齐，几乎没有打破

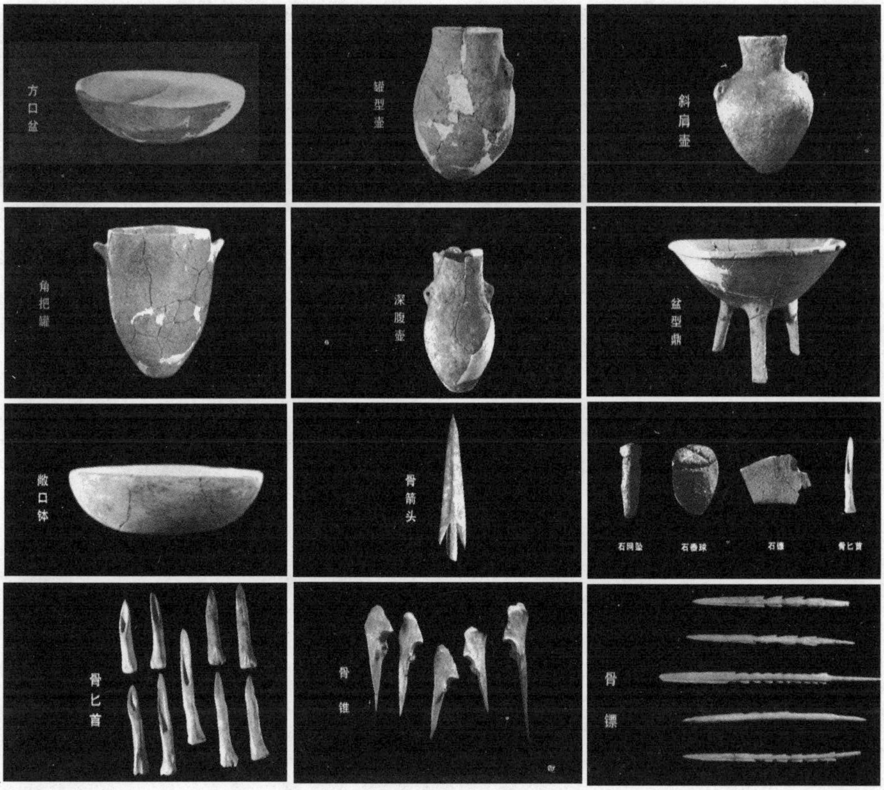

16

的现象。一个墓一个墓都是断开的，一个挨一个排得很整齐，没有什么打破现象。而贾湖呢，它是一层摞一层。剥了一层，下面再出来一层，剥了一层，下面再出来一层。那骨头密密麻麻的，这个埋葬习俗绝对不同，文化上也是截然不同的。裴李岗好多墓葬，女性墓成套的随葬石磨盘、石磨棒；男性墓成套的随葬石铲、石镰，而贾湖没有。贾湖成套的随葬就是打猎和捕鱼的工具，捕捞的工具非常多。这说明当时的经济形态是完全不同的。

这一天中午，舞阳县考古队队员贾芬良正在清理的是10号探方，此时他已经连续工作了5个多小时，刚刚清理完覆盖在M78号墓上方的M55号墓，这是一座杂乱的墓葬，墓中除去一架完整的人骨外，还有一具只剩下半边的人骨掺杂其间，周围散落着各种陶器制品。

这是两座具有相互打破关系的残墓。在为M55号墓主人挖掘墓穴的时候，M78号墓主人的墓穴连同他的右半身都被破坏，只剩下左半身残留墓中。贾芬良把周边散乱的随葬物编号完毕，便开始清理M78号墓那具残缺的骨架。

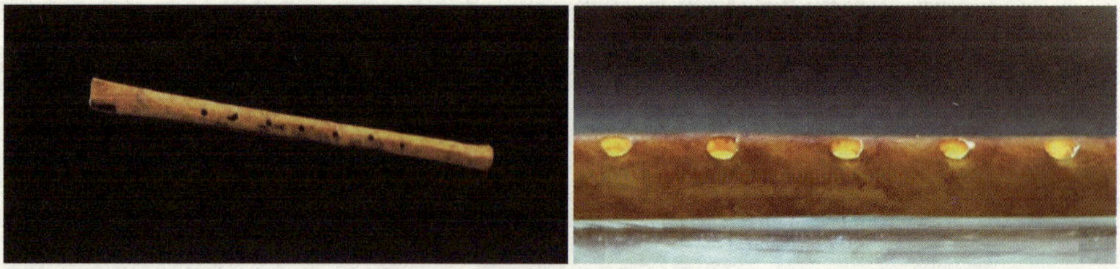

17

清理骨架时是从头部向下清理的，在清理到人的腿骨内侧的时候，发现了一截骨头。原来想着是人体的骨头，清理了之后发现不像是腿骨。

张居中惊奇的发现，这具骨架的左股骨内外两侧，各有一件管状器物 17，长约20厘米，一面排列着7个整齐的小圆孔。位于内侧的一只已经断成3截，而外侧的器物保存相对完好，贾芬良用竹签小心地刮去周围的泥土，将它取出来。这件器物看上去像是用动物的骨管做成的，通体呈土黄色，晶莹亮洁，有玉石一样的光泽。

在贾湖遗址发掘两年来，考古队还是头一次见到这种器物。张居中努力地回想裴李岗文化以及黄河流域其他时期的文化遗址的出土文物，都未曾见过类似形态的。这个神秘的管状物究竟是什么东西呢？他把这两件管状器物编上号，与其他的出土文物放在一起。但是，包括张居中本人在内，谁也没想到，正是这个不经意的发现，日后将会把全世界对中国的史前文明发达程度的评估，推升到一个前所未有的高度。而随着这只神秘骨管的出土，贾湖地下所隐藏的巨大秘密也将要逐步揭开。

二

1978年，一场大洪水让河南省舞阳县贾湖村的村民不经意的接近了一个巨大的秘密，一年后，村民们强烈要求在村东规划宅基地、建设新房，又险些将这个秘密彻底摧毁。在时任舞阳县文物馆馆长朱帜的极力争取下，上级文物部门的考古队来到贾湖村，对这片宅基地下的遗址进行试探性发掘，谁也没有想到的是，随着发掘的深入，复杂的地层关系和大量的新石器时代早期文物的出土让国内考古界对贾湖遗址另眼相看。然而这些都仅仅是冰山的一角，1986年夏天，真正震惊世界的秘密才刚刚开始露出端倪。

1986年5月12日，在M78号残墓的发掘过程中，出土了两个管状器物，分别摆放在墓主人的左股骨内外两侧，管身的一侧分别有七个小孔，像是用动物的骨管做成的，通体呈土黄色，晶莹透亮。贾湖遗址发掘两年来，张居中从来没有见过这种器物。它究竟是什么东西呢？考古队的众人认为，从外形上看骨管非常像是民族乐器——笛子。

笛子呢，有笛膜孔，有吹口。而这个东西就是有七个窟窿，既没有笛膜孔，也没有山口，也没有吹口。

这两支骨管 18 没有笛膜孔和吹孔，与现代的笛子不同。它有可能是乐器吗？它能不能吹出声音呢？此时有人提供给张居中一条信息，河南省郑州市正在举办十二平均律的发明者，明代大音乐家朱载育诞辰450周年的学术研讨会，全国的音乐史学家悉数到场，如果这只骨管真有可能是一种乐器的话，在这个研讨会上或许就有人能够从专业的角度识别骨管的身份。

我们到了他们开会的地方，想让他们看一看，给个鉴定，看是不是乐器。一位先生看了以后说，这个笛子音孔这么细、骨管也不算粗、音孔这么小，吹出来的音估计不成音列，可能顶多就是打猎用的哨子，不一定是乐器，这给我们浇了一盆凉水。

1973年，考古学家在距离浙江省宁波市20公里的河姆渡镇发现了长江流域的新石器时代早期文化遗址。遗址中出土了160多件骨哨，长约6~8厘米 19，在骨哨的前后各有一个小孔，用手指堵住两端对着小孔吹气，就会发出悦耳的声音。河姆渡猎人使用骨哨模拟鹿的鸣叫，引诱异性前来伺机猎杀。但是，贾湖遗址出土的这支骨管真的也是骨哨吗？在贾湖遗址出土的各类生产工具当中，用于狩猎的占49.5%，而且在遗址灰坑中，陆续发现了麋鹿、豹猫、野兔等各种野生动物的骨骼，

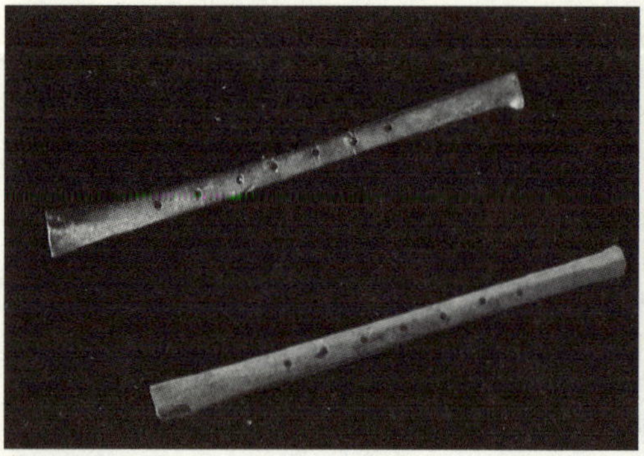

18

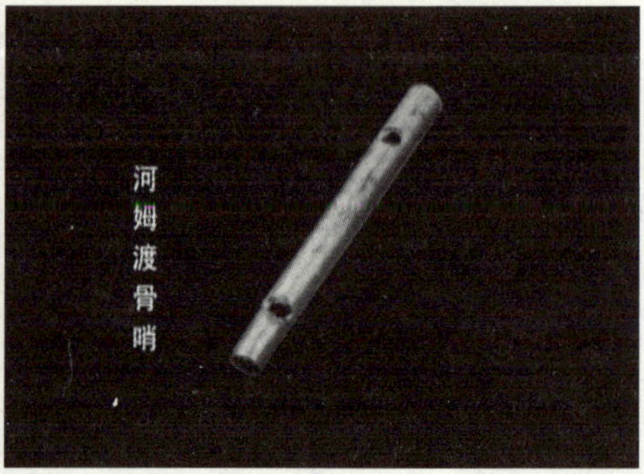

19

说明贾湖人擅长狩猎，也可能使用骨哨。但如果骨管是哨子，为什么又吹不响呢？这让张居中感到很疑惑。

然而张居中并不知道，就在那个宾馆的二楼，住着这次学术研讨会的秘书长萧兴华先生，萧先生正是日后揭开骨管之谜的关键人物。张居中的离开，让骨管背后所隐藏的巨大秘密又一次沉寂下来，而两人的会面却是在一年之后。

在两年的发掘过程中，有许多问题困惑着张居中，贾湖人本身就是个谜。

对已经发掘的人骨进行鉴定的结果，显示贾湖遗址是一个巨人部落，成年男性的身高在170～180厘米，而成年女性则高约165～170厘米。其中有多位男性墓主人身高达到了190厘米以上，身材匀称健壮。比贾湖稍晚一些的西安半坡仰韶遗址的半坡人男性平均身高为168～169厘米。对比同时期黄河流域中原人，贾湖人可谓鹤立鸡群。难道他们不是中原人，而是从别处迁徙而来的？

在之后的整理研究工作中，人类学专家选取了贾湖人颅骨宽度、鼻翼宽度、上齿槽弓特征和牙齿大小四个基本指标进行测量，结果是贾湖人的每一项指标都吻合黄河和长江流域新石器时代人类特征。也就是说从相貌上看，贾湖人与同时期长江以南地区和长城以北地区的人种有明显区别，而更为接近中原人。

此外，贾湖人的颅骨呈卵圆形，上方出现矢状突起，颅骨壁呈圆弧形，这些特征在1943年被魏敦瑞以及随后的人类学家定义为蒙古人种的颅骨特征，因此贾湖先民的确是现在中原人的祖先。那么，贾湖人为什么在同时期同种族的部落中具有如此明显的身高优势呢？张居中期待在随后的发掘中能找到答案。

1986年秋天，遗址的发掘范围逐渐向北延伸，在西北面的T101号探坑中，考古队员又发现了层层叠叠的墓葬群。张居中在探方正中间的M233号墓内挖掘，这位墓主人比M78号墓主人幸运，他的墓葬虽然也被从上方打破，但是尸骨保存完好。用刷子轻轻拂去泥土，在墓主人修长的大腿股骨右侧，两件管状物又一次悄然出现了。

张居中在T101号探坑中清理M233号墓，他用刷子轻轻拂去尸骨上的泥土，在墓主人的大腿股骨右侧，出现了两件似曾相识的管状物 20。下方的这一支已经破碎，依稀可以看出管身原有7个小孔，两头都保留着部分骨关节；而上面这支呈浅棕色，大约长22厘米，保存完整，与M78号墓出土的两件骨管属于同一种器物。不同的是，用于钻孔的一侧被人为的磨平了，七个小孔处于同一平面的同一直线上，没有丝毫差池。

在考古发掘中，器物只出现一次或许是偶然，再次出现则代表了某种意义，张居中深谙其中的道理。河姆渡遗址出土的骨哨仅限于在狩猎时模拟动物，加工手法很粗糙，而贾湖的这些骨管精美异常，很难想象它仅仅是用来吸引野兽的工具，其中一定有着什么不寻常的秘密。

张居中试图在保存完好的M233号墓中寻找线索。墓主人头部两侧都放置有随葬品，左边的一组龟甲引起了他的注意。龟甲总共有6只，内部装满了大小不一的圆形石子，呈黑白两种颜色，龟甲的边缘有人为磨锉的痕迹，表面十分光滑，显然经过长期使用，可能是墓主人生前常用的物品 21。

在龟甲的腹部，张居中发现了三个利器画刻的标记，这对于他来说并不陌生，在早先清理的M94号墓中，也有一只龟甲带有刻痕的，这种刻痕究竟是具有含义的符号，还是无意的刻画，不得而知。张居中心想，这位墓主人的陪葬品如此与众不同，假如知道了他的身份，也许可以推测出骨管的用途。而在众多的陪葬品中，

20

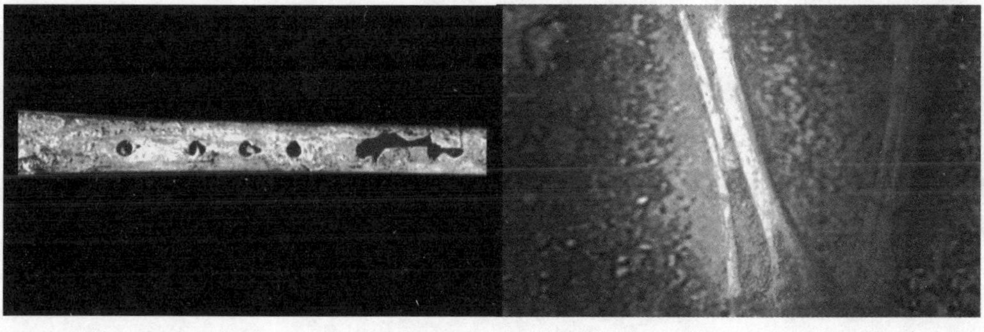

21

龟甲是首要的突破口。

宋代司马光的《资治通鉴》中记载“周武王不豫，周公卜三龟”。讲述的是周公用龟甲为周武王占卜疾病是否可以痊愈的故事。贾湖遗址出土的龟甲会不会也是占卜的用具呢？

《大戴礼记》中记载：“介虫三百六十，龟为首。”古代先民认为，在所有的动物中，龟最善解人意，又最长寿，是具有灵性的动物。河图洛书的传说中，大禹治水得益于神龟献图方能成功。从研究人类认识领域发展的发生学角度来说，这种崇拜源于食龟的风俗。北美的印第安人在猎杀凶猛动物之后，会取食它们的肝脏，为的是获得超凡的能力。贾湖遗址周围的大片湖沼，是龟科动物理想的栖息地。从遗址的灰坑中发现的大量龟甲碎片和墓葬中丰富的渔猎工具可知，贾湖先民有捕龟食龟的习俗。

明朝医学家李时珍，在《本草纲目》第45卷中提到，龟的肉血和皮都能入药，能祛风热、利肠胃、治疗外伤，还能解毒。长期食用可以强身健体。贾湖先民对长寿和健康的追求有可能是龟灵崇拜产生的基础。与此同时，自然现象对原始农牧业生产的影响十分重大，包括贾湖先民在内的原始人往往将这种不可抗力视为神灵的操纵，宗教于是应运而生，巫师使用各种器具来引导祭祀仪式或占卜未来，而龟自然被视为最好的灵媒。

过去我们知道殷墟的甲骨文，后来发现大汶口文化有大量的用龟现象。这个用龟现象应该说是龟灵崇拜的一个象征。龟灵崇拜是最早的崇拜形式之一，是一种精灵崇拜，它在原始人的意识形态里面有非常重要的地位。因为我们知道龟灵崇拜现象对后来的中华民族的文化影响还是很大的。到汉代以后形成的四神、四灵，其中一个就是龟。

看来，这位拥有6只龟甲的M233号墓主人，可能是一位专司占卜的部落巫师，龟甲是他占卜的用具，那么带孔的骨管，会不会也是一种祭祀通神的法器呢？

古代先民对于法器的选择，是非常慎重的。如果骨管真是祭祀的用具，那么它是用什么材料制成的呢？一份来自古脊椎动物研究所的报告交到了张居中手里，鸟类专家侯连海先生亲自鉴定，确认这些骨管是丹顶鹤的尺骨所制 22。

张居中这才想起，在遗址西北区刚开始发掘的时候，曾经挖出过一个汉代墓葬，表现墓主人登天情景的墓门上刻有神龟昂首、仙鹤翱翔的雕饰。看来在这一地区，对于龟和鹤的崇拜由来已久 23。张居中越发觉得骨管与原始的神秘崇拜有着某种联系。

但是，这些证据并不能从根本上解释骨管的身份，它如何使用，上面的小孔代表了什么含义，这一切仍然迷雾重重。晚上，在贾湖村小学的临时宿舍里，张居中几乎翻遍了手头所有最新出土的新石器时代遗址的挖掘报告，希望能够得到一些线索或者提示，但始终没有找到。

进入深秋，贾湖村的地下水位正在快速上升，为了赶在水位上涨到工作面之前结束现有灰坑墓葬的挖掘和清理，张居中和同事们加紧了进度，M253号墓传来了惊人的消息。张居中赶到时，立刻发现了静静躺在墓主人身边的那两支骨管，唯一不同的是，其中一支骨管竟然有八个孔 24。

M253号墓虽然已经残破，但是这支很特别的骨管却幸运的保存了下来。

这是张居中第一次见到8个孔的骨管，管身长约22.7厘米，通体光滑圆润，颜色鲜艳。在骨管的头部和第一孔之间，有一个刻符 25，不像是随意的涂鸦，而像是意义不明的符号。将骨管清理干净之后，在每个小孔的一侧，都能看见一道深浅不一的刻痕，像是在刻意标注设计好的打孔位置。小孔之间的距离两两都不相同，

22

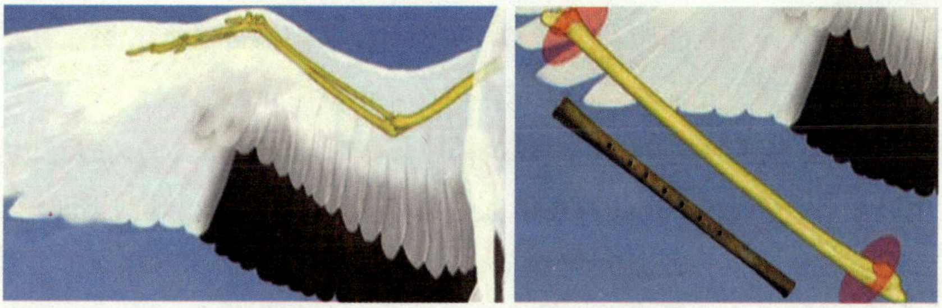

23

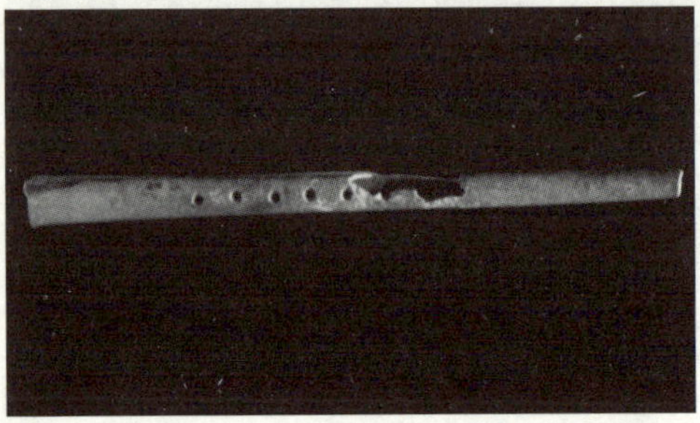

24

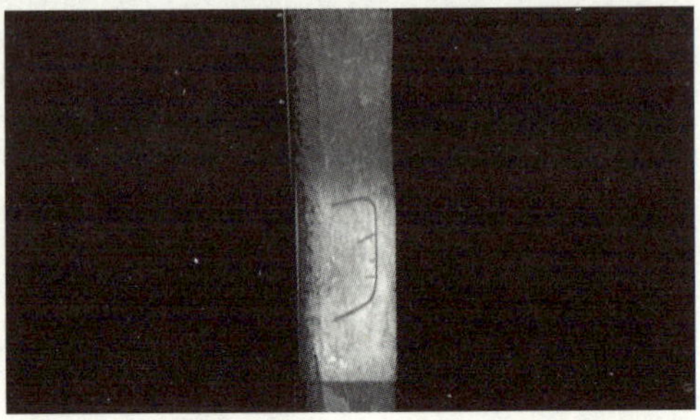

25

这让张居中异常困惑，按道理说还处在原始社会阶段的贾湖人，尚未掌握度量衡的知识，不可能进行测量定位，而这些刻痕是他们随意为之还是另有目的呢？

张居中还没来得及细想，猛涨的地下水就打断了考古队的工作。辛苦了一年之后，队员们各自收拾行装回家，然而张居中却一点也不轻松，神秘的骨管和那些未解的疑问让他坐立难安，他企盼着来年春天水位回落，能够尽快回到贾湖遗址，去寻找这一切问题的答案。

仿佛响应着张居中的急切。第二年，在T102号探坑的M344号墓中，张居中又看到了熟悉的情景——一组龟甲和两支骨管，在清理墓主人肩部放置的两支骨管时，张居中发现，在这两支深棕色的七孔骨管的小孔周围，可以清晰地看到与M253号墓中骨管一样的刻痕，但仔细看又有所不同。左侧这支骨管上方的小孔一侧有三条刻痕，之间分别相距约1毫米，像是有过两次精密的修正 26，究竟是什么样的需求会让贾湖先民连这近乎1毫米的误差也不能容忍呢？

M344号墓的这位墓主人的头部在下葬时已经不知去向，在肩部以上是一个用龟甲堆砌的象征头，这几片龟甲上也画有刻符，与之前出现的不同，它的形象非常鲜明。就像一只眼睛 27。同样是篆刻在龟甲和器物上，这种刻符会不会与殷商时期的甲骨文有着某种联系呢？

它是一种原始文字，换句话说就是具有文字性质的符号，或者是叫原始文字。它既不是成熟的文字，也不是简单的记号。当然，文字本身也是记录语言的符号。那么这些文字，是不是可以记录语言？当时是不是已经有了语言？这个东西现在谁也说不清楚，这就是考古学的局限性。但是，寄托了人们的一定的含义，这个应该是可以肯定的。

在M344号墓中，出土了30多件随葬品，囊括生产生活用的骨器、陶器、石器等，显示这位壮年男性墓主人身份特殊。在太平洋岛屿上的土著居民，有着砍下地位崇高的先人头颅进行膜拜的传统，而位于新几内亚东北部的多雷港地区的居民，则把部族中已故首领的头取下安装在木制身躯上继续膜拜。

M344号墓，这座在贾湖遗址中非常罕见的无头墓的主人，很有可能就是贾湖部落的首领。他掌握着这个部族最丰富的知识，身兼数职，平日带领族民们打猎耕种，担负着族民的医疗和教育，重要日子里他主持祭祀，为部族的命运卜卦问天，祈求神灵。在这中间的某一个环节里，这位首领一定使用着这种骨管。

1986年底，在贾湖遗址的下层墓葬中出土了带足石磨盘，与之搭配的还有石磨棒。带足石磨盘是裴里岗文化的代表器物，古代先民将谷物颗粒放在磨盘上，用磨棒碾压就能够起到脱粒作用，是用于农业生产的器具。贾湖遗址与裴里岗遗址所出土的带足石磨盘从形状和材质上来看近乎相同，他们之间是否存在着某种相互学习或者交流的关系呢？但是相比之下，贾湖的农用工具数量明显较少，而渔猎工具的数量则远超过裴里岗遗址，符合新石器时代早期，渔猎为主的汲取经济向农耕经

26

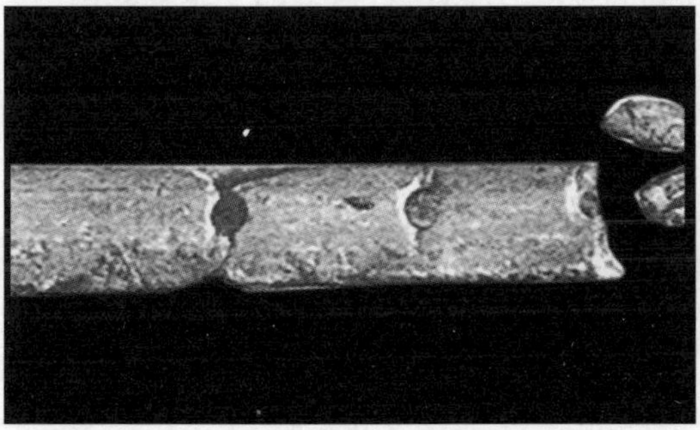

27

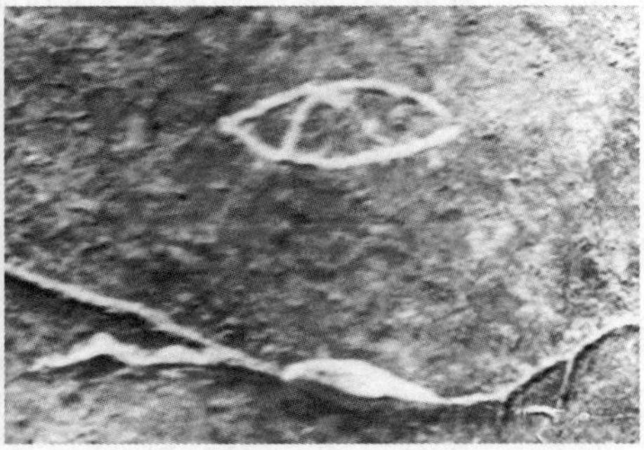

济发展的趋势，张居中感觉到，贾湖遗址的文化形态可能比裴里岗文化还早，甚至是它的前身。裴里岗先民的农业生产规模和生产力已经发展到了一个比较高的水平，已经普遍开始种植小米，而贾湖先民种植的又是哪一种作物呢？

1987年，贾湖遗址的发掘已经扩大到了东、中、西、西北四大区域，从遗址分布状况来看贾湖人已经为生死订立了比较明确的界限，他们的墓穴很少与住房重叠在一起。

遗址中出土的房基显示，贾湖部落的房屋大部分是独立的，可容纳4～5人居住，有些房屋内有做饭用的灶台，这很可能是供由父母和子女组成的小型家庭使用的。有一些房基底部伴有大量的红烧土，这可能是贾湖先民采取的防潮手段。令人感到意外的是，在这些不起眼的红烧土块中，又有了重大发现。

在一次对出土物品进行室内整理的过程中，考古队员无意间在残碎的红烧土上发现了凹凸的印痕，一种大小很像水稻的颗粒。根据遗址中发掘出土的动植遗骸和土壤微形态分析可知，贾湖地区当时的气候环境与现在的长江中下游地区相似，气候温暖而湿润，非常适合水稻的生长。考古队随即把这块印痕送到了中国科学院植物研究所进行鉴定，确认了这是人工栽培的古代水稻 28，并从中浮选出了碳化的水稻颗粒，这些古代水稻颗粒有的接近现代北方人食用的粳米，也有的类似南方人食用的灿米。这是黄河流域发现的最早稻作农业起源的证据。

除了水稻之外，贾湖人的食物还有哪些呢？张居中在清理灰坑堆积物的时候，发现了野生果核，鱼类和鹿的骨头，甚至还有扬子鳄的下颌骨。体现出贾湖人饮食结构的丰富性，他们荤素搭配合宜，还食用水果。但是贾湖先民并没有因此而满足，为了保持肉食的稳定，他们可能开始试着蓄养家畜。在居住遗迹中，发现了许多残碎的猪骨骼，其中大部分是家猪，证明猪的饲养已经成为当时人们日常生活的一部分和主要的食物来源之一。

与散乱残碎的猪骨胳不同，在T101和T102号探坑大量层叠的人类墓穴中，出土了多个狗的专用墓穴。

狗和猪都应该是家养动物，贾湖发现十多个埋狗坑 29。在中国，狗是人类的朋友。帮人打猎、给人看家护院；死了，还埋在墓地里面，门口埋的也有、墓地里埋的也有，而且在墓地的周围地带。埋在墓地的周围是不是也意味着，狗死了埋在墓地里继续给人看墓地呢？现在看来这是中国最早的埋狗现象。

28

29

30

1987年初夏，在M344号那座无头墓周围的墓穴里，又发现了纺织用的陶纺锤和装饰用的绿松石 30。显然，贾湖人早已满足了温饱的基本需要，他们有着更高的追求。贾湖地区不是绿松石的产地，但是在遗址的墓穴中，墓主人佩戴的绿松石项链、绿松石腰佩时有出现，很可能是贾湖人出于审美需要从别的部落交易得来的。而在一只陶罐的内部，张居中还发现了一层不明结晶物。二十年后，在美国宾夕法尼亚大学的实验室里，人们对这种结晶物质进行了化学分析，发现它是一种水果和谷物种子酿造的美酒蒸发后留下的残留物，美国的一家酒厂参考这种配方生产出了名叫“贾湖城”的啤酒，畅销一时。

3年的发掘过程，太多颠覆常识的发现，让贾湖遗址赢得了世界的关注。在北京大学考古系，中国地震局地壳应力研究所和国家文物局三个实验室共同努力下，遗址的碳14测年结果公布于世，贾湖遗址属于新石器时代早期，早于裴李岗遗址，它的年代跨度为距今9000～7800年。

贾湖遗址无论从年代还是所呈现的文化形态远非裴李岗文化所能涵盖，因此考古学界为之定名——贾湖文化。围绕着贾湖文化争论的浪潮、质疑的声音、赞叹的目光接踵而至。张居中并不在意，他养成了一个习惯，一有休息的时间，就会拿上那支M78号墓出土的骨管，坐在湖边的一个小土丘上眺望整个贾湖遗址，9000年前贾湖先民的生活仿佛出现在他的面前，随着每一件文物的出土，这些画面一点点地丰富鲜活起来 31。

在距今9000年前，淮河中上游地区广袤的平原上，有一片美丽的沼泽。那里生活着一个富足的部落。部落附近的岗丘和山坡上，有着稀疏的栎、胡桃、榛等植物组成的落叶、阔叶林，林中酸枣点点，成为人们生活中的调剂。在大片房屋之外

31

有广阔的农田，贾湖人在田间耕作，微风拂过稻香四溢。农田附近的湖沼旁边，贾胡先民在捕捉龟和鱼，时有丹顶鹤、野天鹅在其间婆娑起舞。一天的劳作后他们各自回家支起三足钵烧水煮饭，吃饭时还饮些自家酿造的米酒。傍晚在部落中心的空地上人们穿戴整齐生起篝火，在酋长的带领下膜拜神灵，听取预言 。

这一张张温馨和谐的画面常常让张居中沉浸其间，但在内心深处，他仍然感到有所缺憾。张居中始终惦记着那些骨管，心里久久无法平静，究竟缺少了些什么呢？

三

1962年，河南省舞阳县文物专干朱帜在贾湖村东面的荒地上发现了史前文物，20多年后，河南省考古所的研究员张居中与贾湖遗址考古队在这里开始了发掘。随着发掘的深入，9000年前贾湖先民的生活逐渐呈现在眼前，贾湖遗址的意义已经被世界考古学界所公认，并定名为贾湖文化，它为中国历史上新旧石器时代之间的断点又搭上了一座至关重要的桥梁。但是在舞阳县贾湖村考古发掘现场不断出现的带孔骨管的身份仍然是个谜。到1987年，带孔骨管在贾湖遗址已经出土了二十余支，这些带孔骨管的长短、粗细、孔数都不尽相同，它们的真实用途究竟是什么呢？

1986年5月，M78号墓中第一次出现了带孔骨管。此后，不断有类似的器物出土。还有一些在出土时已经非常残破难以修复。甚至还有来不及钻孔的半成品。

带孔骨管究竟是什么，成了张居中内心最大的谜题，然而冥冥中仿佛有所安排，就在距发现第一支带孔骨管一年后的几乎同一天，张居中向着谜底又迈近了一步。

1987年5月，在T101号探坑的西南部，出现了一个与众不同的墓穴——M282号墓。不可思议的是，墓穴中的随葬品，几乎囊括了所有石制、骨制、牙质的工具类型，在墓主人头部右侧还放有一组龟甲，随葬品总计61件之多，在三年半的挖掘过程中，这无疑是最豪华的墓葬。在这座墓葬中又出土了两支带孔骨管。

M282:21号骨管断成三截，在第二孔断裂处，有三组缀合孔，第四孔断裂处有四组缀合孔，可能是墓主人生前将它摔断了不舍得丢弃，又缀合在一起继续使用。缀合孔直径在1毫米左右，在没有先进工具的年代，贾湖人是如何进行这样精密的钻孔的呢？

而M282:20号骨管毫不夸张的说，是一件近乎完美的艺术品，通体呈浅棕色，光滑油亮，是所有出土的骨管中保存最好的一支，在地下埋藏了几千年竟然日久弥新，好像至今还带着主人的体温。

一年来，张居中已经见证了十余支带孔骨管的出土[32]，而每一次骨管出现，都会带来新的难题。他有种感觉，一定有一个能把这些带孔骨管联系起来的关键证据，只是他还没有找到，但随着这些带孔骨管的不断出现他正在逐步接近问题的答案。让张居中没有预计到的是，这支M282：20号骨管，正是日后打开谜底大门的一把钥匙。

贾湖遗址发掘进度比较缓慢，其中重要的原因就是复杂的地层关系，贾湖人在这片地区定居近千年，提供了中原地区原始人类从旧石器时代发展到新石器时代的宏图蓝本。根据碳14测年数据和出土陶器的制作水准综合分析，贾湖遗址可以大致分为三个阶段。越靠近地表的地层，器物越丰富、形制也越精美。相反越往深挖，墓葬残破越严重，随葬品也越单调。

遗址东南侧T114号探坑，正处于第一期发掘阶段，探坑西南侧的M341号墓的墓主人的头骨碎裂，胯骨移位、右侧肋骨丢失，大部分随葬品都破碎到难以辨认，但是他所携带的至关重要的信息却奇迹般的完整保留，墓主人右脚背上侧有一组龟甲，手臂的肱骨和尺骨内侧各有两支带孔骨管。这两支骨管看上去很短，张居中隐约觉得有些不对劲，凑近一看才发现，一支只有六个小孔，而另一支只有五个，5、6、7、8这个数字排列让张居中的脑中突然灵光一闪。

显然随着时间的推进，骨管上的孔数呈现递增的趋势[33]。张居中猛然间想到，这些带孔骨管存在从5孔到7孔的递进，与中国古代音律从五音到七音的发展过程不谋而合。5、6、7、8这个数字排列让张居中的脑中突然灵光一闪。

第一期，距今9000～8600年左右，M341，五孔，六孔[34]，

第二期，距今8600～8200年左右，M78，M282，七孔[35]，

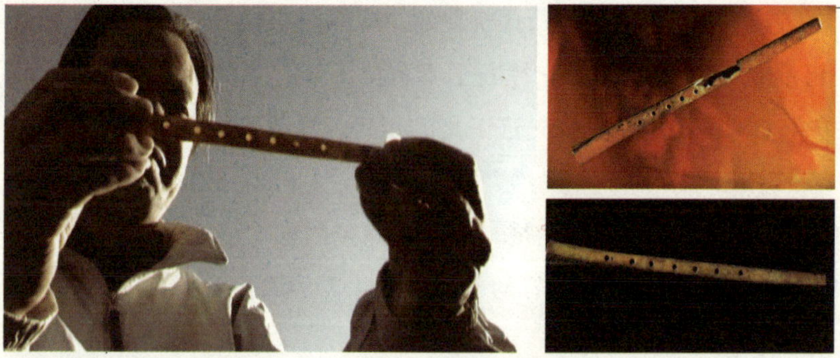

32

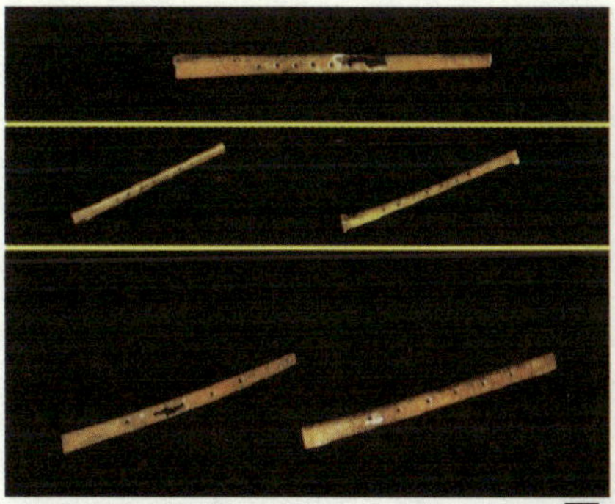
33

34

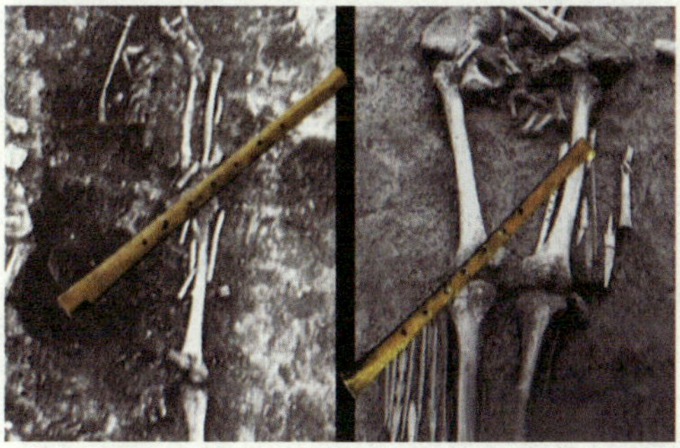
35

36

第三期，距今8200～7800年左右，M253，八孔36。

早在远古时期，先民就有了“以乐通神”的观念，《易·豫卦》的象辞中说“先王以乐作崇德，殷荐之上帝，以配祖考。”《史记·孝武帝本纪》记载：““古者祀天地皆有乐，而神祇可得而礼。”描述远古时期，人们用音乐和神灵沟通的情景，这说明音乐的起源和宗教关系非常密切，音乐、舞蹈、诗歌等各种艺术形式的产生都缘于宗教仪式的需求。然而伴随这些骨器出土的，总有龟甲，很可能说明了这些骨管和原始宗教有关，它会不会是贾湖人用来通神的乐器呢？

连张居中自己也很难相信，贾湖遗址毕竟存在于传说中伏羲创八卦和女娲补天的洪荒时代，莫非那时，贾湖先民已经通晓乐理、精于演奏了吗？

贾湖遗址所处的地区靠近传说中夏代的夏台，周代雅乐《大夏》就产生于此。而这个地区在春秋时期，则是孕育民间歌谣“郑卫之声”的郑国所在地，古代贾湖地区音乐比较发达，这并不是偶然。从社会发展的角度来说，音乐这种隶属于上层建筑范畴的人类娱乐活动，必然要建立在一定的经济基础之上。毫不夸张的说，贾湖的先民享有了同时期部族聚落中最优越的生活环境，如此发达的原始文明，孕育出音乐并不是不可能。

但是，稍晚于贾湖骨管出现的河姆渡骨哨只能吹出单音或者两个音，晚于贾湖文化2000年左右的西安半坡出土的陶哨只有一个孔，仅能发出“吱”的声音，这种陶哨又经过1000多年的发展，才演变成能吹出三个音的古埙。然而，贾湖骨管却有5～8个孔，它有可能发出五个音甚至八个音吗？有专家认为，中国古代有关七音的记载最早出现于周武王伐纣的时候，也就是公元前1066年，此时，贾湖文化已经消失了近6000年。

骨管有没有可能是一种原始的乐器呢？两年的发掘过程中陆续出土的这种带孔骨管，让张居中逐渐感觉到骨管背后所隐藏的秘密，这些骨管上每个细微的特征都印证着张居中的推测，带孔骨管极有可能是一种乐器。如果这些来自于9000年前的神秘带孔骨管真是乐器，并且能吹出音列，那么它将成为世界上迄今为止发现最古老的乐器，它在考古学和音乐史学上的价值都将无法估量。然而摆在张居中面前最根本的问题就是，怎样才能让这些带孔骨管发出声音呢？

1987年秋天，适逢河南省文物考古研究所裴明相和陈嘉祥两位先生到贾湖检查工作，裴明相先生看见M282：20号骨管时兴奋异常，他拿起骨管便按吹箫的方式吹了起来，可惜还是没能吹出声音。

这些带孔骨管真的是来自远古的乐器吗？假如这骨管真是乐器，那么它们在远古时代的主人也必然需要经过学习和演练才能吹奏它，或许直到今天，也只有深谙乐理的音乐家们，才能引起这远古的共鸣。紧握着晶莹剔透的骨管，张居中甚至能清晰地感觉到这先祖遗物依然充满了生命力，好像一直酣睡着，正等待着谁来将它们唤醒。张居中向领导请示之后，打算去北京找音乐方面的专家求教。

1987年秋，张居中和河南省文物考古所郝本性所长、裴明相先生、郑州大学考古系的郑予秦四人带着贾湖出土的带孔骨管来到北京。他们经过多方寻找，联系了许多音乐方面的专家进行鉴定，都没能得到确切的结果。焦急之下张居中想到了一个人，中国艺术研究院音乐研究所的萧兴华先生，那是1983年自己大学刚毕业的时候，在一次艺术博览会上偶然认识的。

萧兴华先生拿到这个东西一看，非常兴奋。他认为这就是乐器。他比画了一下，当时没吹出来音。他说咱们找演奏家吹吹试试，他就和当时的中央民族乐团的团长刘

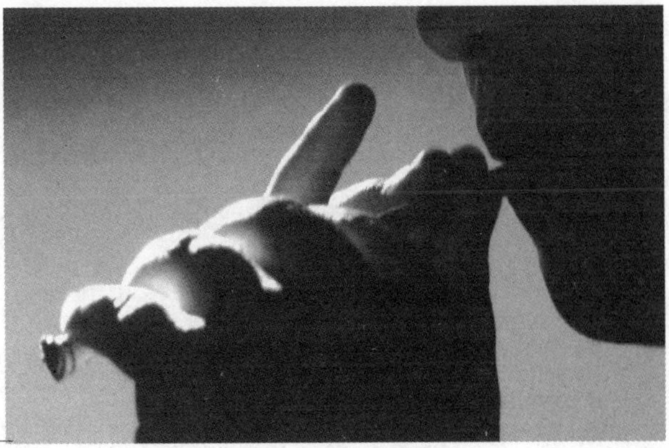

37

文金先生联系了。刘文金先生当时正好带着笛子部的一帮子演奏家们在排练。我们去的时候人家排练还没休息，我们就在外面等，一直等到他们中间休息的时候，刘文金团长带着大概七八个人出来了，出来后就拿着笛子试着吹。

随着试奏的进行，张居中的心情逐渐低落了下来，这支骨管连专业的民族管乐器演奏家都无法吹响，难道它根本就不是乐器？正当在场的所有人都表现出了失望情绪的时候，宁保生先生接过了骨管，他做了一个出乎意料的动作，把骨管竖起倾斜成一个角度放在嘴边，随着他一运气息，骨管竟然发出了声音 37。

他是利用一个管子上边那个口，用舌头或牙齿，制造成一个斜的吹口，形成一定夹角的一个吹口，才能够比较顺畅地演奏。

在等待了两年之后骨管终于吹响了，萧兴华心里明白，贾湖骨管能够发出声音还远不足以证明它就是乐器，如果发出的声音不能形成音阶，那么顶多只能称做骨哨，与乐器相差甚远。对于这个问题，在场所有的音乐家都心照不宣，他们再次将目光投向了宁保生。

宁保生略微调整了嘴形，换了一口气，又尝试着吹了几个小孔，像是找到了门路，随后他逐个放开按压在小孔上的手指，一个近乎完美的七声音阶呈现了出来。在场所有人都呆住了，一阵寂静过后，音乐家们爆发出激动的欢呼，这是我们现代人第一次听到的来自9000年前的声音，而这个声音竟然是一个完美的七声音阶。

为什么音乐家们对骨管能发出七声音阶感到如此不可思议呢？

音阶，是构成音乐的基本要素之一，没有音阶也就没有音乐。中国古代的五声音阶：宫、商、角、徵、羽，分别代表了五个特定的音高 38，也就是现在的1、2、3、5、6，这种叫法最早出现在商代。中国古代认为五声与金、木、水、火、土的五行；东、南、西、北、中的五方；春、夏、秋、冬的四时密切相关。在《汉书·律历志》中就把宫、商、角、徵、羽与五行、五方、四时联系起来。五声音阶从中国古代人的生产生活经验中来，反映了中国人最根本的审美情趣。

而七声音阶又是从五声音阶演变发展而来，指的是1、2、3、4、5、6、7七个音，中国古人惯于以五声为主、七音为辅。自古以来，在中国民间音乐里都可以发现五声音阶的广泛使用，直到今天仍拥有着不可动摇的地位。但是，五声音阶又起源于何时呢？

几千年以前曾经出现过这类的音阶状态，但是怎么出现的，所有的音乐理论家，都是含含糊糊的说这问题，都没有讲清楚。唯有贾湖骨笛，尤其是341骨笛2号出现之后，这种记录，确确实实的在9000年以前已经有了这种音阶状态。使我们在场的人都大吃一惊，兴奋的不得了。

从贾湖遗址已经出土的骨管来看。这很有可能代表了一个从五音到七音的发展过程，那么贾湖骨管有没有可能是中国五声音阶的起源呢？但是，按照常理来说贾湖遗址出土的带孔骨管年代实在太早了，难道在9000年前，我们的祖先就已经了解并开始使用五声或七声音阶了吗？

在现代，人们想要准确的在笛子上打出音孔，需要经过十二平均律的周密计算。十二平均律是明代音乐家朱载堉在中国古代十二律的基础上发明的科学律制，直到现在全世界的人们仍然在使用这种音律标准。十二平均律几乎运用于世界上所有与音乐有关的工作，从制作乐器到调音测音、从作曲编曲到演奏演唱都是建立在以十二平均律为奠基的音乐理论上。这种计算方法在距今400年前的明代，才由朱载堉发明，并公布于世。

令萧兴华困惑的是，在已知的任何一部数学史当中都没有涉及中国9000年前的数学问题。权威著作《中国古代数学的萌芽》一书中也只是说到：仰韶文化时期出土的陶器，上面已有表示1、2、3、4的符号。但是仰韶文化比贾湖文化晚了2000

38

39

多年，这条线索并不能用以推测贾湖人的数学水平。

深知乐理的萧兴华明白，制作吹管乐器是一个非常复杂的数学计算过程，同时需要综合乐器的材质、尺寸等诸多不确定因素加以考虑。贾湖骨管使用的是仙鹤的尺骨，每一根尺骨的大小、粗细都不一致，同时尺骨本身也存在两头粗、中间细的构造 39，这些因素都会影响到音孔钻孔位置的计算。能在这样的异型管上找到发出准确音阶的位置对于现代的笛子制作大师来说都是一个很困难的事情。那么贾湖先民在制作乐器的过程中，是在试探打孔时偶然获得了七声音阶，还是通过了事先的设计和计算呢？

M282：20号骨管吹奏的音阶，就算让普通人听也能分辨出12356这六个音。但是，如果用十二平均律来横量，它们的音高和音准是否能够达到乐器的标准呢？萧兴华认为，必须要对骨管进行测音，对贾湖带孔骨管的身份与地位进行最后的确认。

1987年11月3日，萧兴华偕同当时中国音乐研究所所长黄翔鹏先生、武汉音乐学院院长童忠良教授、工程师顾伯宝先生等一行人来到郑州与张居中会合。他们要对保存最完整的M282:20号骨管测音。这一次在场的专家们做出了一个让人意想不到的决定。

为了确保测音过程的准确、公正。在场的专家们做出了一个令人意想不到的决定，他们让不是管乐器专业的萧兴华来吹奏骨管。

我不是学吹管乐的，但是我知道发音原理、音孔。所以，用不会吹的这种状态来吹这个东西，把它吹成曲调，这样是最可靠的。会吹的呢，害怕以自己的意念来控制它的音高。我没有这个问题，我完全是用乐器本身的音高。

对乐器进行测音是一个科学而严谨的过程，丝毫偏差都会在现代仪器测音频谱仪的监控下反映出来。随着工程师顾伯宝打开仪器，萧兴华慎重地吹出了筒音，然后从下到上逐个放开压在小孔上的手指。M282:20号骨笛发出了清亮的声音。

测音频谱仪上显示的结果又一次让在场的专家瞠目结舌。

M282:20第一孔1与第二孔2为一个全音，间隔200音分，第二孔2与第三孔3为一个全音间隔200音分，第三孔3与第四孔5为一个全音加一个半音间隔300音分。全世界最精湛的乐器工匠在没有仪器设备的条件下也不可能达到这样精准的水平，这是巧合还是奇迹呢 40？

萧兴华发现，贾湖遗址出土的骨管上大部分有两种刻痕，一种是用利器刻画在小孔一侧，而另一种则是用钻头在管身上钻一个圆形痕迹，有的打穿了，有的没有。

在M282:20号骨管的第七孔上4.4毫米的地方有一个直径不足1毫米的小孔 41，萧兴华堵住它再次吹奏的时候，仪器显示第七孔的这个音变得高了一些。除了这个具有调音作用的小孔之外，管身上还有未打穿的小洞，分别位于第二孔与第三孔上方1毫米左右，可能是打孔时，在预先计算的开孔点上做了适当的调整，使这两孔比原本计算开孔的位置都向下移动了1毫米。M282:20号骨管经过调整后的音孔吹出的音之间的高低关系，才精确的吻合了十二平均律，萧兴华认为这不是巧合。

在对M341:2号六孔骨管测音时发现，筒音与第二孔之间间隔为准确的1200音分，第六孔与第一孔之间相差1205音分。第一个八度完全吻合十二平均律，而第二个仅相差5音分。5音分的误差在音乐领域是一个什么样的概念呢？

弦乐演奏家有着最敏感的耳朵，经过后天长期的训练，世界上最好的小提琴家也只能够分辨7音分的差别，而低于7音分的误差只能通过现代科学仪器来检测，不在人类的听觉可以分辨的范围之内。

我们用的这种频谱测音器是相当准确的，一音分都骗不过它的，差五个音分，这不是任何律制能够约束到它的。所以，我们现在只能说这个现象是极其神奇的。我们不能用我们现在已知道的科学的或者是不完全科学的一些律制去套它。它是怎么制造出来的呢？至今对我们来说，还是一个谜。

在随后的测音过程中，萧兴华发现，贾湖部落不仅具有高度的音乐素养，并且完成了一个几乎不可能的飞跃。

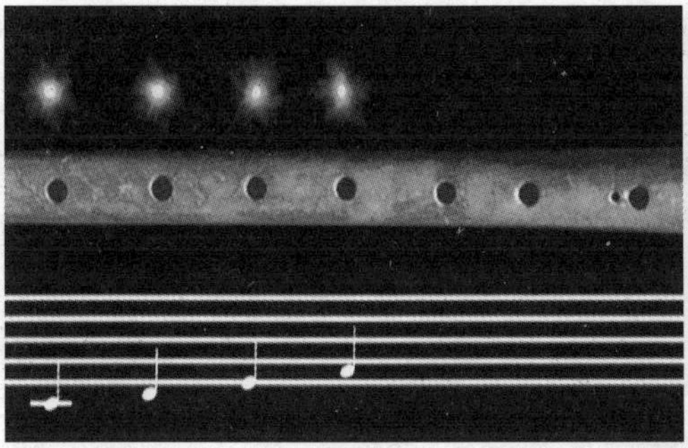

40

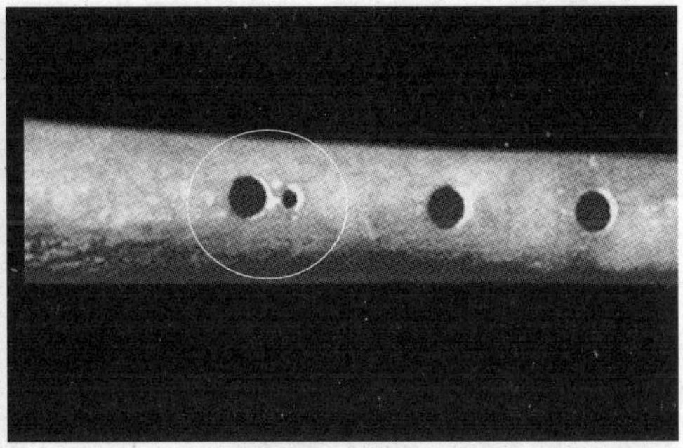

41

M341:1 号五孔骨管：能吹出 1356 四声音阶。

M341:2 号六孔骨管：能吹出 12356 五声音阶。

M282:20 号七孔骨管：能吹出 123567 六声音阶。

M253:4 号八孔骨管：能够完整吹出 1234567 七声音阶。

贾湖如果按流传1200年计算，按400年为一个时期，早期、中期和晚期，它都在不断的发展着。而且每一个发展的阶段都是在大踏步的前进着。由四声音阶到五声音阶、六声音阶、七声音阶、带变化音的七声音阶。中国的音乐发展是从粗犷型逐渐向细腻型发展。那就是说，人们的音乐思维要表述和传达的很多情绪和感情越来越细密了。想想1200年，中国的音乐发展的速度这么快。我们的老祖宗，这些音乐智人是多聪明啊！

9000 年前，仍旧处在人类社会幼年阶段的贾湖人，在那个打磨、钻孔技术刚刚兴起、文字与数学处于萌芽状态的年代，贾湖人是如何完成这样的飞跃的呢？随着研究的深入，萧兴华发现，虽然贾湖骨笛只是一种乐器，但是它其中蕴涵的社会信息远比人们想象的要复杂得多。

骨管的音孔普遍在 3 毫米左右，在 M282:20 号骨管上发现的调音孔甚至仅有 1 毫米，钻孔首先要使用钻头，而钻 1 毫米的孔所使用的钻头直径应该小于 1 毫米，贾湖人不具备磨制如此微小钻头的工艺，萧兴华认为，他们使用的应该是硬度在 7 级以上的天然宝石。张居中与萧兴华以贾湖遗址为圆心，50 公里为半径画了一个圆，他们要在这个范围内寻找可能用来作为钻头的材料，结果竟然在一处隐秘的山洞里找到了天然水晶矿脉 42。

42

原来是用水晶做钻头，打的孔是0.28厘米的水晶簇，然后用它来复钻。最后打成了所有的孔都是0.3厘米。多聪明啊！因为水晶的硬度是摩式7度。

贾湖出土的带孔骨管传达给我们一种信息。早在距今9000年前，中国人的祖先很可能已经通过某种方法，明白了现代人所使用的十二平均律的原理，并且熟练运用于乐器的制作。而他们制作出来的这种带孔骨管，彻底颠覆了中国乃至世界对于音乐起源的固有看法，证明了我们的祖先早在新石器时代早期就已经创造了高度发达的音乐文明，这是世界上任何一个古代文明所难以企及的。在参与贾湖骨管挖掘和研究工作的考古学家和音乐学家的共同商讨下，贾湖遗址所出土的这种带孔骨管将以贾湖骨笛的名称载入史册。而对于萧兴华来说，将骨管作为乐器来研究的工作，才刚刚开始，有更多的未解之谜等待着他去揭开。

萧兴华在《舞阳贾湖》一书，骨笛研究的篇章中写道：根据我们目前所掌握的材料得知，贾湖骨笛是世界上出土年代最早、保存最完整、出土个数最多、现在还能用以演奏的乐器实物。

1987年11月3日，萧兴华使用M282:20号骨笛吹出了河北民歌小白菜，9000年前，贾湖人用骨笛吹奏什么样的音乐我们无从知晓。虽然乐曲有所不同，但这是9000年来，作为后人的我们，第一次听到来自远古祖先的声音。

第二部分

古城探秘

[5] 凤林古城发现记

故事讲述人

双鸭山市文物管理局局长
王学良

考古学家
许永杰

黑龙江省文博专家组副组长
殷德明

黑龙江省考古研究所副所长
赵永军

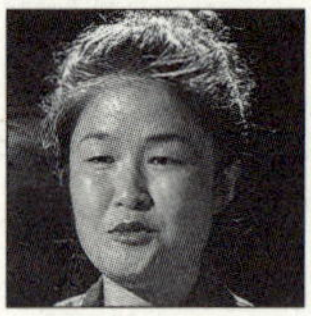
考古队员
刘宝珠

黑龙江省考古研究所副所长
张　伟

黑龙江省友谊县文物管理所所长
黄星坤

黑龙江省社科院研究员
魏国忠

一

在黑龙江省友谊县成富乡凤林村西面，约三百米处的七星河北岸 [1]，有一座被当地百姓叫做对面城的废弃古城。古城由何人所建？落成于什么年代？城里有过怎样的辉煌与不幸？没有人能说得清楚。

时光追溯到了1984年，随着一位探访者的到来，古城的神秘面纱才被逐渐揭开。

来人的名字叫王学良，现任黑龙江省双鸭山市文物管理局局长。自从1984年第一次来到古城后，他就和古城结下了不解之缘，二十多年来，不知道多少次到过这个地方。

1

1954年，王学良出生在友谊县。还在很小的时候，就听说了凤林古城，并留下了深刻印象，但那时他并没有与古城谋面。

促使王学良萌发走进凤林古城的想法，始于1983年。

这一年，29岁的友谊县中学教师王学良，来到省城哈尔滨教育学院历史科进修。

没有想到，老师的一番话，使他立下了雄心壮志。

讲到黑龙江的历史，我们有个吴德坤老师，他在上课的时候就谈到了，黑龙江由于文献记载少，考古发掘材料少，空白很多。这对我是一个激励，我说要体现人生价值要干啥，就得填补空白，尤其一谈到古城的空白多，我就想起我曾祖给我讲的那个对面城的故事。

王学良记得，1984年8月，立志要填补历史空白的他，趁暑假期间回到友谊县，决心到古城探访。

他没想到，这个举动，对于他和古城，都有特殊的意义。

在王学良的人生履历中，1984年8月17日是个值得记住的日子。这一天一大早，他伴着凉爽的秋风，坐着弟弟的摩托车来到了凤林村，向村民打听通往古城的道路并了解相关情况。

听说王学良要去古城，凤林村的村民们，给他讲了许多有关古城的故事。

一位叫李兴泽 2 的老人讲：他童年时有一次路过古城，恍惚间，看见古人在城里用石磨棒磨米。

他接着又绘声绘色地描述道:有人在一个夜深人静的晚上，清晰地听到了从古城里传来的厮杀声以及妇女儿童绝望的哭喊。

于是，古城成了人们谈之色变、望而生畏之地。这位老人还记得过去村民曾经用这样的语言吓唬调皮的孩子：再不听话，就把你扔到古城里去！

村民杨永祥 3 还给王学良讲了这样一件怪事：1979 年，发家致富的欲望，驱使凤林村村民在古城建起了砖厂。可是，不知道是什么原因，砖窑里的火总是烧不旺，导致生产的砖不合格。不久，砖厂就关闭了。

事情虽然过去了许多年，一提起这事，曾在砖厂工作过的杨永祥，仍然感到一头雾水、莫名其妙。

神奇的传说，更加激发了王学良到实地勘察的愿望。在村民的指点下，他终于见到了耳闻已久、隐藏在树林中的古城遗址。

经过王学良初步估算，凤林古城城墙基址周长约有 490 米，高度约 4～8 米。并有角楼和马面。城墙下面是深约 3 米，宽 15 米的城壕 4。

在古城内，王学良还捡到了不少古人遗留的陶片。

事后王学良才知道，自己当时发现的，只是凤林古城的七城区，可谓冰山之一角。

置身在饱经沧桑、杂草丛生的古城，王学良的脑海里，随之浮现出一座方形城池的图形。同时，他回忆起吴德坤老师在课堂上讲过的话，想到自己有可能要填补黑龙江历史上的一段空白，心情也随之激动起来。

2

3

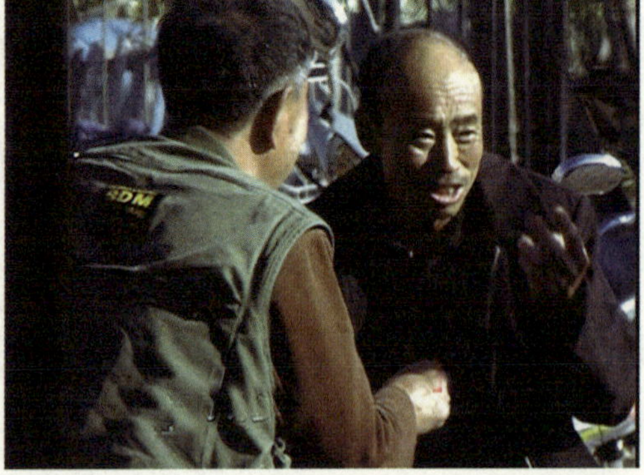

令王学良痛心不已的是，因为凤林村建砖窑毁坏了城区东边的一段土墙 5，形成了一个50米长的大豁口。直到今天，每当来到这里，王学良还会常常自责，如果自己在1979年之前爱上考古并到古城走访，毁城建砖厂的事情就可能会避免。

1984年的暑假很快结束了，王学良带着在凤林古城的收获，兴冲冲地回到哈尔滨教育学院，向历史科主任王祺老师做了展示和汇报。

1985年1月，经过王祺老师穿针引线和热心推荐，王学良在省博物馆见到了仰慕已久的省考古队副队长杨志军。

杨队长一看这些标本，就觉得这个事很重要，对我给予了一番激励。激起我的信心了，有专家认可了，我要从事这项工作的积极性就更高了。

1985年3月，王学良在省城两年的进修学习画上了圆满的句号。

回到家乡的他，成为了友谊县委党校的一名教员。

然而，王学良并没有忘记隐藏在树林中的凤林古城和自己所向往的考古事业。

王学良记得，当年10月，他带着成立友谊县文物普查小组的美好设想，走进了县政协副主席王治田的办公室。

当时，王治田对此极为关注，也非常热心。他说："现在咱们政协要本着拾遗补缺的精神，进行这项工作。那时候人们不知道这文物归哪儿管，更不知道是文化局

4

5

管。我们想先把这个事干起来。我们政协组织文物普查小组，学良就由你带队，你说上哪儿去就上哪儿去。这个事一定要重视起来。”

于是，县文物普查小组成立了。随后，便马不停蹄地开始了调查工作。

自然，凤林古城是一个重点，去那里之前，一位老猎人给王学良透露了这样的信息。

他就说对面那个城老大了，好几圈呢！年轻时我就在那旮旯打猎。

受到提醒的王学良，果然在方形城池周围的树丛中，又发现了不少古人挖掘的城壕。但由于多年的风雨冲刷，遗址已经变得模糊不清。当时，王学良主观地认为，凤林古城是由小西城和大东城两个城区组成的。

接下来，他和同伴们借来一个小平板测量仪，起早贪黑地用了五天时间测量大东城和小西城，得出的结果是，两个城区的周长为1800多米。

这次文物普查，还找到了另外七处古代遗址，在县里引起了轰动。

1988年，机遇再一次向王学良招手，这一年的2月，友谊县文物管理所正式成立，他成为这个所的负责人。

此时，王学良首先想到的，是把凤林古城申报为省里的文物保护单位。觉得有必要请专业人员对古城再重新做一次测量。

为此，他拿着1985年用小平板测量的图纸，来到县土地局寻求帮助。

时为友谊县土地局测绘员徐洪伟说，我们这几个专业的调查员一看，他这个图很不专业，只是很普通的一个古城的平面草图。

紧接着，徐洪伟和他的同事们找出了土地局资料室保存的、飞机从空中拍摄的凤林古城照片。

一看到那个飞机航拍片我就傻了，懵了，我们原先认为这凤林古城是1800多米，由小西城和大东城两个城区组成，结果一看凤林古城是连成一体的，因为我们踏查了多少遍了，知道当时有九圈城墙。

时为友谊县土地局测绘员徐洪伟说，因为从航拍片上看，是俯视整个凤林古城的地貌、地形。比去现场调查的时候要全面、要清晰。

在接下来的日子里，土地局派出专业人员，对凤林古城遗址进行了全面测量，

6

其结果让王学良大吃一惊。

这是一个颇具规模的古城 6，城址周长为 6330 米，面积竟然达到 114 万平方米。

古城中，共有大小不等的九个城区。城区与城区之间，由一条条壕沟来分隔。大部分城区有相互连接的道路和城门 7。

王学良分析，如此多的城区，是人口众多、繁衍兴旺的见证 8。他认为，在当时，凤林古城应该是一座王城。

那么，当年的凤林古城，有多少居民呢？

曾经多次到古城里调查、勘测的友谊县文物管理所所长黄星坤，经过缜密的计算之后，得出了这样的结论。

凤林城的总面积是113万多平方米，经过我们多年的实地勘察和测绘，推断这

7

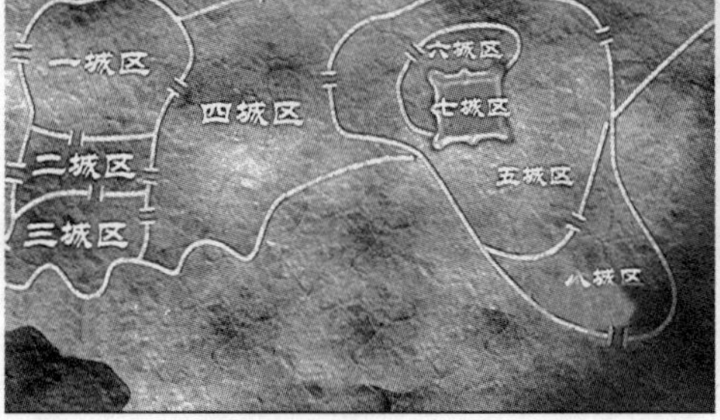

8

些面积里面，共有半地穴房址816处。假设每一处房子里面居住10口人的话，那么凤林城址里面的居住人口，应该是8160人。

在凤林古城的九个城区中，编号为七城区的城池特别引人注目。王学良发现，它位居古城中心，城池为正方形。

经实地检测，发现七城区的方向是真子午线，也就是正南正北的。证明建造这座城池时，古人已经掌握了天文测绘法。

不过，让王学良百思不得其解的是，在1979年之前的航空照片上，他居然找不到七城区通往外部的城门。

王学良通过调查并与百姓交谈后了解到，现在七城区南面城墙上的这条小路，是后人开挖的。

那么，七城区的城门，会不会设在凤林村建砖厂时毁掉的东面城墙上呢？

为此，他专门找到当地的百姓询问，回答是东面墙上当时也没有城门的痕迹。

为了寻找七城区通向外部的通道，王学良经常在古城徘徊。功夫不负有心人，他终于在北面城墙上发现了奥秘。

王学良观察到，七城区北面城墙的角楼比较大，更为奇特的是，城墙中间的马面特别长，而对面的壕沟也没有形成相应的弯曲状。

他推测，当年这里应该有一座吊桥，供人们出入 9。

我们就考虑这是不是当时人们为了加强城池的防御功能，在这里修了一架吊桥，放吊桥出入的那种城门。

9

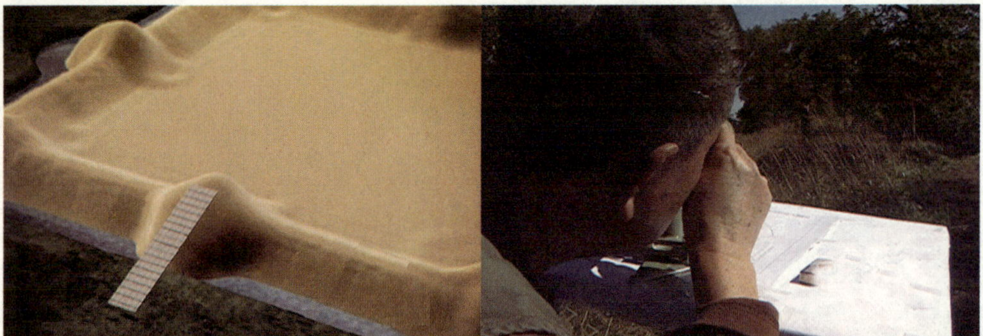

曾担任黑龙江省文管会文博处长、省文物考古研究所所长、研究员等职务的殷德明，也多次到凤林古城调研，七城区那高高的城墙和壕沟，同样引起了他的兴趣和关注。

它是把很深很宽的壕，很高的墙，四个角的角楼，再加上四面的马面，四个因素结合起来，构成了一个综合的、完备的防御体系。两千年前的防御体系，如果有人进攻的话，站在角楼可以往侧面射箭，站在马面也可以往这边射箭。

七城区为什么壁垒森严？凤林城的居民生活在哪个时代？古城下面又埋藏着什么秘密？这一切都强烈地吸引着人们。

1998年，黑龙江省《七星河流域汉魏遗址群聚落考古计划》正式启动，这个项目的负责人就是考古学家许永杰。自然，凤林古城受到了他的特别重视。

许永杰，曾供职于黑龙江省文物考古研究所、甘肃省博物馆、吉林大学考古学系、黑龙江省地方志办公室、中山大学人类学系。

当时黑龙江文管会（现在是文物局）高度重视，1994年做了一个试掘，在试掘的基础上，黑龙江文管会特别想对这一地区开展大规模的考古工作。他们把计划报到国家文物局，当时国家文物局说，现在条件、时机都已经比较成熟了，可以开展工作。

来到凤林古城后，许永杰和他的团队把目标锁定在了七城区。

为什么要挖七城区呢？首先，七城区位于整个凤林城的最中心部位上，其次，七城区是一个方城。其他几个城区都是不规则形的。还有，七城区有很成形的防御设施，可以说成是深壕高墙。

此后的几年间，考古工作者先后三次对七城区进行发掘，共揭露出半地穴式房址和灰坑七十多处。

出土了陶器、铁器、铜器、骨器、石器、玉器等各种文物1500多件[10]。

经中国社会科学院考古研究所对文物标本进行碳14检测，得出的结果是，凤林古城出现的最早年代为公元215年，与中原地区的汉魏时期相对应。

10

另外，我们在年代学上还有一个支持，就是在三江平原，文化面貌接近的考古遗存里边，发现了有东汉时期的五铢钱。这样的话，我们就可以把三江平原这一时期的这样大规模的考古遗址的年代，都锁定在汉魏时期。

古代的中国东北，是少数民族生活的区域。当年凤林城里的居民，属于哪个民族呢？

许永杰认为，他们是北沃沮人。

关于族属的问题，我认为是北沃沮人，为什么这么说呢？我主要是根据考古发现和历史文献记载，相对比进行研究得出的结论。

而许多专家学者，则从历史地理上着眼，认为黑龙江省友谊县这一地带是汉魏时期挹娄人活动的中心，凤林古城的早期主人应该是挹娄人。

据《后汉书》记载："挹娄，古肃慎之国也。在夫余东北千余里，东滨大海，南与北沃沮接，不知其北所及……土气极寒，常为穴居，以深为贵。"

挹娄，是见于文献记载的东北地区最早先民之一 11。此后，在不同历史时期，挹娄民族又被称为勿吉、靺鞨、女真和满族。

公元1644年10月，顺治皇帝入主北京紫禁城，满族建立了统治中国的大清王朝。

凤林古城的发掘工作有条不紊地进行着，其中，陶猪的出现，印证了史料中“挹娄人好养猪，食其肉，衣其皮，冬以猪油涂身，以御风寒”的记录。

而不少文物的出土，都伴随着意外和惊喜。这串玛瑙的发现，就是一个传奇。

刘宝珠，当年参加考古发掘时，还是一个26岁的大姑娘。

当时考古队员刘宝珠第一次参加考古工作，没有经验，同事们都很关心她，都过来帮助她。发现玛瑙石的那天，刘宝珠在清理烟道的时候，把土放在了炭坑边上，等着民工来，把它清理掉。

此时，一个叫于欣刚的考古队员跑了过来，他说烟灰里可能有文物，要仔细清理。他顺手在烟道的烟灰里抓了一把，感觉有一个小硬东西，他就拿起来在手里一撮、一吹，结果吹出了一个红色的珠子。

他拿给我看，他说赵老师你看，这是什么东西？我一看，是几颗用玛瑙做的小珠子，珠子磨得挺圆滑的，每个珠子都有一个圆孔。他当时给我看的有几颗，我想这可能是当时的一个项链或者一个饰物。我说你再去找找，看看烟筒的位置还有没有。

11

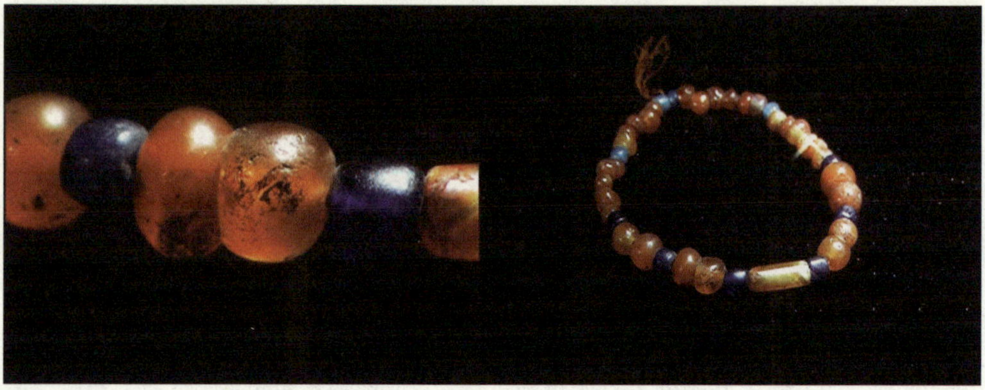

12

最后，在烟道里一共发现了42颗玛瑙。

回到驻地凤林村，刘宝珠用细绳子把清洗干净的玛瑙穿了起来 12，情不自禁地戴在了手上。

玛瑙手链戴在手上很漂亮，我很兴奋、很高兴，一时就忘记了考古的原则，考古的纪律。吃饭的时候我很想向大家显示一下，就戴在手腕上，到吃饭的驻地去了。

领队许永杰看见了这一幕，马上把刘宝珠喊了过来。

我当时想，考古队员怎么能够随便把重要的出土文物，拿离现场，戴在自己的手上呢？于是我就把宝珠喊了过来，让她把手上的美丽的玛瑙链给我看看。

许队长拿起来看了看，（说）挺好的一串玛瑙石珠子，来，放我这儿，让我收起来吧。他说这个话的时候，我忽然意识到，我违反纪律了，犯错误了，哎呀，就不好意思。

为了不让刘宝珠感到难堪，许永杰开玩笑地说道：宝珠啊，等你结婚的时候，我特别批准，这串玛瑙链给你戴上三天。

不久，刘宝珠又发掘到了一个骨制的掏耳勺。

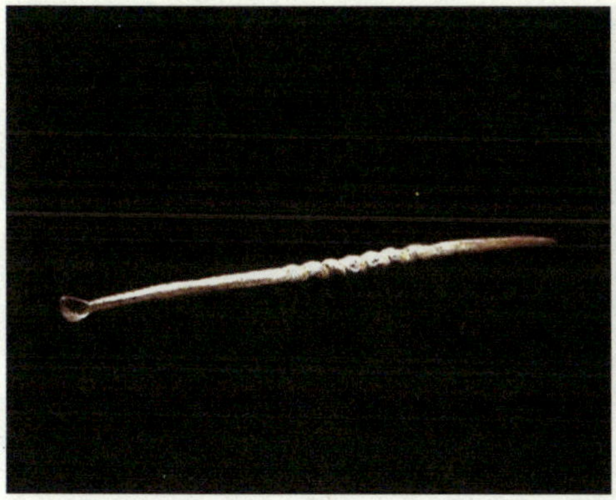

13

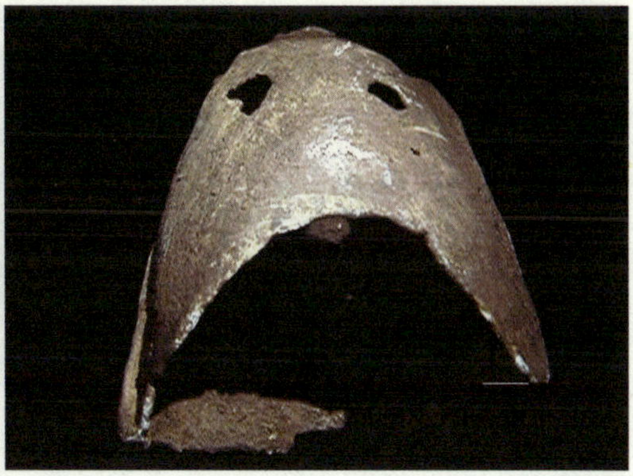

14

这是个很漂亮的东西，他们开玩笑说我这名没白叫，宝珠嘛，出的都是宝贝。

掏耳勺做工精细、长度约有10厘米。而令人称奇的是，掏耳勺的另一端，却呈尖形 13。

这个骨器是两用的，尖状的这头是作为束发用的发笄，别在头上的，平时这件东西，应该是束发或者别头发用的。这件集两种功能于一身的、距今有1000多年的复合用具，在我的知识里边，不但在黑龙江，在整个中国，都应该是首次发现的。

在另外一处房址的烟道里，考古人员发现了隐藏在里面的铜铃 14。它是做什么用的呢？

有人推测，东北地区的古代民族大多信奉萨满教，铜铃，是萨满祭祀时佩戴的饰物。有人猜想，除了萨满，铜铃也是古城普通居民的装饰品。不过，王学良对此表示怀疑。

挂在身上的可能性好像是不大，尤其这里的民族当时看也有狩猎活动，弄个铃铛挂在身上，哐啷哐啷响，野兽早就吓跑了。

也有人以为，铜铃只不过是当时系在牲畜脖子下面的物件而已，并没有什么特

15

殊意义。

随后，考古人员又从一座房址里，出土了一打锈迹斑斑的铠甲 15。

令人称奇的是，其中的一片铠甲上，竟然还有主人打的补丁。这块奇特的铠甲片，使人生发出许多联想。

许永杰透过这片精心修补过的铠甲，推测当年这里极不平静，发生过残酷的战争。

这说明当时一定是有战争的，还说明，凤林城是和军事行为有着密切关系的。能够说明我这种看法的还有一个证据，就是我们在城内发现了残断的铁刀，铁刀是属于进攻类的兵器。

从修补过的铠甲到折断的铁刀，再联系到七城区的深壕高墙，许永杰得出了这样的结论：当时的社会军事行为应该是比较频繁的，凤林城的主人和他的邻居们的关系，应当是比较紧张的。

凤林古城的考古发掘还在进行中，接下来的发现，将让世人对黑龙江的古代文明史刮目相看。

二

自1998年《七星河流域汉魏遗址群聚落考古计划》正式启动以来，此后的几年间，黑龙江省文物考古研究所，先后三次对友谊县凤林古城遗址进行发掘，出土了大量文物。

尽管收获颇丰，但一直坚持凤林古城是“三江平原挹娄王城”之说的王学良并不满意。

东西没少出。在这个偏远地区，出了这么多东西，大家也觉得都很珍贵。但是以前一直认为这里是王城，可是却没有出土一件证明这是王城的东西。

王学良认为凤林古城是王城并不是空穴来风。此前他在调查时得到过这样的信息：凤林村一个叫闯少奇的村民，曾经在古城里捡到过一方带有兽头的铜印。

对于闯少奇捡到一方带有兽头的铜印这件事村民都知道。问到闯少奇，人家也直言不讳，说自己确实捡到了这颗印。就是后期由于搬家，这个印就遗失了，不知丢哪儿去了。这种带兽头的印，是汉代有的。是不是中原的皇帝对这面的国王有什么分封啊？是什么国的一颗印？

忐忑不安的王学良，最终还是盼来了好消息。

2000 年 10 月，在七城区，一座半地穴式大房子遗址，即将显露在考古工作者面前。

开始并没有意识到这是一个大房址，只是以为这是一个很平常的，跟其他已经揭露出来的房址一样，可能是居住用的一座小房子，但是往南发掘的时候，发现它的居住面一直没有到头。

几乎找遍了还是找不到，我们觉得很奇怪，这底下是不是有更大的遗迹？

带着悬念的考古队员们，整整用了十多天时间，才把大房子遗址清理完毕。

此前，发现的半地穴式房子只有 20 多平方米。而这座半地穴式大房址的面积竟然达到 670 平方米！它坐西向东，南北长约 29 米，东西长约 23 米。经过烧烤的黄砂土地面平坦而又坚硬。

16

继续清理之后，最后在这个范围内，清理出了二十个柱洞，最小的柱洞直径也有七八十公分，大的是一米多。一米多的底下，发现坑里底部还有垫的石块，有的还垫的陶片。我觉得很奇怪。

专家分析，柱洞底部的石块和陶片是古人为防止柱子下沉而采取的措施。

大房址的出现惊动了友谊县，县领导专门派来了大吊车，让人在吊车上拍下了这张图片 16。

我们真是眼睛为之一亮。目前，在咱们国家，半地穴式房址，还没听说出土有清理出这么大的。

那么，古人不惜花费时间和气力，建造起如此大的房子，是做什么用的呢？

这么大规模的建筑不是日常生活用的，是肯定的。房内我们没有发现晚期房址的那些灶、火炕，没有那些大量的、平时人们日常生活用的陶器。这个大房子如果推测无误的话，应当是整个七星河流域早期的一个中心聚落。

有人推测，这就是凤林古城的宫殿，也是当年挹娄王召集各聚落首领议事和宴会的场所。

这是目前国内发现最大的半地穴式房址，它的出现，不但表明古代建筑技术的发展程度 17，也说明这里在汉魏时期就出现了强权政治，奠定了凤林古城的王者地位。

可是，随着大房址的出现，疑问也在考古人员的脑海中产生了。

早在原始社会，中国先民就按照坐北朝南的方向修建村落房屋，考古发现的绝大多数古代房屋都是大门朝南。而这座大房子却与众不同，它唯一的大门，却是朝向东方的。这让许多人感到迷惑不解。

为什么大房址的门朝东方开设呢？有的学者推测，这源于古人对太阳的崇拜。

持这种观点的学者认为，生活在寒冷地域的东北先民，之所以对太阳格外依恋和崇拜，是因为太阳不仅能给他们带来光明和温暖，通过观测日影，还能知道时节变化，指导生产。

与凤林古城隔着七星河相望的，是黑龙江省宝清县境内的炮台山城址 18。

炮台山城址周长为4500米，面积48万平方米。城内分布有37处古人的居住址。王学良在炮台山下捡到过古人打磨过的、用来防御的石头。

17

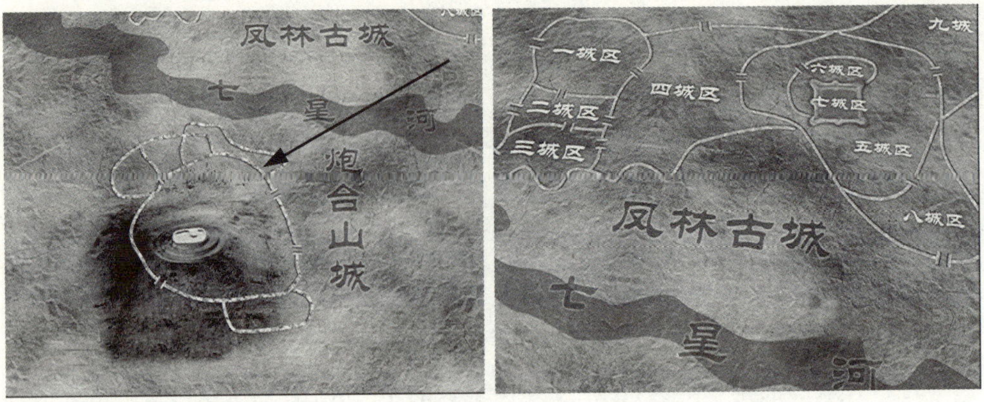

18

他也曾经登上炮台山城垣内，到海拔高度为119.6米的圆丘勘察。

圆丘椭圆形的顶部又称为山顶城，周长大约200米。仔细观察就会发现，城内有八处长满了杂草的“山顶坑”，每个“山顶坑”直径6~8米，深约半米。另外还有一个圆角高台。

至于山顶坑隐藏着什么玄机，王学良并没有做深入研究。

1984年以后，文物工作者对炮台山城址的调研工作全面展开。考古发现证明，它与凤林古城同属汉魏时期的文化遗存。

然而，炮台山隐藏的重大秘密直到2000年才被发现。

2000年6月，为申报全国重点“文保”单位，黑龙江省文博专家组组长干志耿、副组长殷德明应邀从省城哈尔滨来到宝清县，参与炮台山城址申报材料和保护利用规划的编制。

做事认真严谨的殷德明决定在动笔之前，再去炮台山进行一次调查。

临走之前，干志耿先生嘱咐我，到山上一定要再看一看，再查一查，天坑究竟是几个，是七个还是八个。

6月20日，殷德明登上了炮台山城址山顶，他沿着城边走了一圈后，又下到城内一一清点山顶坑的数量，最终确定为八个 19。

就在殷德明准备下山时，恰巧碰上了王学良正带人测量炮台山城址的地形与平

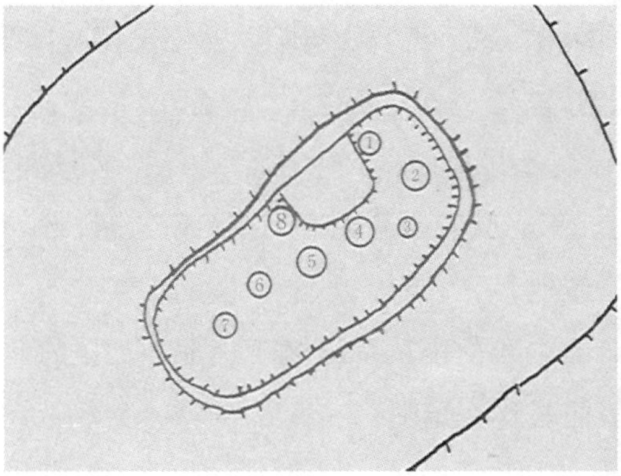

19

20

面图。此时的王学良，已经于1997年4月，调到双鸭山市文物管理站任站长。

殷先生登上古城一看我们测绘的图纸。他说学良你们测的图纸准吗？我说这是用大平板仪测量的，误差也超不过几公分，这个图纸应该是准确的，没什么问题。

我就走到那个大平板的南边，看那个图，我又查是七个还是八个。一二三四五六七，查到第七个时，脑瓜子蓦然反应出来，这不是北斗七星吗？然后我就喊了，这不是北斗七星吗？

为了形象地展示“北斗七星”，得到消息的宝清县马上把消防车开到山顶旁，让七个山顶坑内各自站立一人，请摄影师登上消防车云梯，从东南方位拍下了相片。

回到县城，心情激动的殷德明立即向组长干志耿汇报情况。

我跟干志耿讲，哎呀，发现北斗七星了，(他说)哎呀，这是个可遇不可求的事情，很难得。

殷德明还欣喜地发现，除了炮台山下的七星河 20，附近还有诸多以“七星”命名的乡镇和地名。它们为“七星祭坛”的存在提供了佐证。

现在还有什么七星镇、七星矿，这样的名字，这个名字归根溯源，也得追到山上的北斗七星现象。所以我们就给县委县政府写了一份发现北斗七星祭坛的报告。

为了引起更多专家学者的关注与研究，干志耿和殷德明专门撰写了文章，发表在《中国文物报》2000年9月27日第一版上。

不过，很快就有人提出了疑问：为什么炮台山山顶祭坛 21上、北斗七星的北侧多出一个坑呢？这第八个山顶坑，代表的是什么星呢？

最初我们认为，虽然这个和自然的北极星的方位不完全一样，但是还是认为它是北极星的一个象征。

2001年7月，著名天文考古学家伊世同，来炮台山考察时给出了明确答案：用天文学岁差推演核校，这第八个山顶坑代表的，就是后世所称的“太一”或“天一”星，即当时的北极星。

这个北极星在不同的年代是有变化的，在那个年代，这个星是北极星，在另外一个年代，就换另一个星是北极星了，这里的北极星在这个位置说明什么呢？正好说明这是4000年到6000年前的，北极星和北斗七星二者之间的关系。

伊世同先生 22认为，遗址中的北斗七星方位标识是非常明确、毋庸置疑的。

21

22

23

炮台山城址虽然建筑于汉魏时期，但北极星的星位标识，却反映的是距今4500年左右的星系状况 23，显示了汉魏时期东北居民对其先人天文知识的传承关系。

关于祭坛里的圆角高台，伊世同先生认为，它属于古人祭天时用的灵台。

炮台山北斗七星祭坛是我国首次发现的、在同类祭坛中规模最大、年代最早的祭坛。那么，它与凤林古城是怎样的关系呢？

伊世同先生指出：凤林古城与炮台山七星祭坛是同一座古城被七星河分为南北两个部分；王宫居北，祀天位南，是不可分割的整体。

这种布局犹如北京的紫禁城和天坛。主理政务的皇宫位于北边，而祭天的天坛则在皇宫的南面。

伊世同先生认为，北斗七星祭坛的位置与规模证实，凤林古城是一座王城。那么，这座王城的最高统治者又是谁呢？

20世纪30年代，中国著名民族史专家凌纯声先生 24曾经深入松花江一带考察，在他所著的《松花江下游的赫哲族》一书中，记载了赫哲族流传的一个传说25：

神女那丹格格和六位姐姐游黑龙江时与木尔哈勤汗王相遇，两人一见倾心，结为夫妻，生下了儿子木竹林。木竹林长大了以后，又娶了四位德斗，这个四位德斗是赫哲族人，翻译过来就是四位夫人。

木竹林神通广大，武艺高强，他在四位夫人的协助下，骑着大鳇鱼沿着七星河进入黑龙江流域一路征战，所向披靡。

最后，木竹林与众将士凯旋回到“巴如古苏霍通”，并将沿岸征服的民众迁移到这里居住。

24

25

据黄星坤考证，赫哲族与挹娄有着血缘关系。在赫哲族的语言里，“巴如古苏”为对面，“霍通”的含义是城，合起来就是对面城。

挹娄王城的王是谁呢？通过凌纯声先生所写的传说，我们找到了蛛丝马迹，挹娄王城的王，就是木竹林，此前是他的父亲木尔哈勤。

学者们认为，这样的传说，虽然不能作为信史来看待，但是，它对于黑龙江的早期历史，对于生活在这块土地上的古代民族社会状况，也提供了一些可供思考的线索和征兆。

那么，在历史的长河中，在正史里面，有没有留下名字的挹娄王呢？

《晋书》记载了这样的事情：大约在公元264年前后，挹娄使者千里迢迢来到魏国首都洛阳朝贡，皇帝曹奂赐给其王

我就觉得有理由断言，这个傉鸡就是当时挹娄这个群体当中的领袖，他的君长的名字。

傉鸡，是挹娄族群在正史中唯一留下名字的人物。

2001年，国务院批准公布凤林古城与炮台山城址为全国重点文物保护单位。这是迄今为止，黑龙江省三江平原地区面积最大、规格最高、结构最复杂的城址。

那么，当时的人们为什么会选择在这里建造王城呢？

学者们分析，凤林古城、炮台山城址所处的地区背靠完达山脉、面向开阔的三江平原，依山傍水，林草茂盛。

“棒打狍子瓢舀鱼，野鸡飞到饭锅里”，当地流传的这个谚语说明，这里自古以来就是人们良好的生存栖息之地。

凤林城位于七星河的中游北岸，水北为阳，七星河的北岸也是最适合人类居住的地方。

这里除了冷，其他的从自然条件、生态环境来看，应该说是很不错的，要什么有什么，堪称富庶之地，天上飞的，地下跑的，动物植物要什么有什么。

经过文物工作者的多年考察和辛勤努力，在双鸭山地区发现的汉魏时期文化历史遗存多达千余处，这在我国考古史，特别是在边疆少数民族考古史上是罕见的。

其中，凤林古城和炮台山七星祭坛遗址，更是重要的发现。

专家学者们对凤林古城高度关注。1995年，国家文物局专家组成员张忠培先生风尘仆仆地来到这里考察。

我们是从外城墙，领着张先生先看九城区，然后再看五城区，到六城区，到七城区，张先生是越看越兴奋。

王学良记得，当张忠培先生踏上七城区的城墙时，这位著名的考古学家禁不住连声赞叹，并感慨地说道：“真是出乎意料！没有想到在东北，还有这么完整的汉魏时期古城。我在全国各地看过不少古遗址，在其他地方，我还没有见到2000年左右的、保存得这么完好的城址，简直是不可思议。”

张先生在对我们的工作肯定的同时，最后对三江平原汉魏文明的社会发展阶段做出了推断，张老师后来在友谊县，为凤林城址七星河流域这样的一些遗址做了八个字的题词，叫做“七星聚落，文明之光”。

张忠培先生指出，七星河流域汉魏时期古城群立，已处在社会演变阶段，对它们的深入研究，不仅能认识到这些城址所处时代的社会性质，更能认识到它是揭开其他考古学文化遗存群体奥秘的一把钥匙。

2008年9月，60多名专家学者兴致勃勃地聚集到黑龙江省双鸭山市，参加在这里举行的挹娄文化研讨会。

与会的学者们普遍认为：三江平原汉魏时期遗址群的大量发现，表明这个地区在2000年前，已经进入城邦林立的初级国家阶段，在黑龙江省具有划时代的意义。并对凤林古城的地位给予了充分肯定。

我们黑龙江和国内史学界的众多的学者，对凤林古城这个地位，在挹娄人挹娄氏的繁衍中，这样一个中心位置，应该说是出现了国家，或者至少是国家的雏形，这点已成定论。

长期以来，在许多人的印象里，黑龙江省三江平原地区，自古以来就是一块蛮荒之地。只是到了晚清，山东、河北民众闯关东[26]到此之后，才有了人烟。

在人们思想意识中，这个地方就是亘古荒原，没有人的地方。所以来这里进行垦荒种地的人，都有以第一代开荒人姿态自居。认为自己是第一代开发者。

凤林古城以及汉魏时期遗址群的发现告诉人们，在遥远的古代，先民们就在这块富庶之地繁衍生息，燃起了文明之火。纠正了北大荒自古荒无人烟的传说，改写了黑龙江的古代文明史。

当时的人在这里曾经有过辉煌，他们才是真正的第一代开发者。我们只不过是步他们的后尘，又创造了另一次辉煌而已。

26

考古发现证明，有着悠久历史的黑龙江古代民族，同生活在祖国各地的兄弟民族一样，在中华文明的史册上，写下了灿烂的篇章。

然而，历经千年风雨的凤林古城，也给后人留下了许多未解之谜。

发现了北斗七星祭坛的殷德明，望着长满杂草的山顶坑，在思索这样的问题。

现在咱们感觉挺奇怪的，2000年前的人们建的北斗七星祭坛，为什么不建当时的北斗七星和北极星之间的关系？现在咱们还需要进一步研究。

这块出土的陶砖上布满了道道条纹 27，它们是古人随意而为，还是独具匠心之作这些条纹象征什么，又有什么含义？

考古工作者对凤林古城出土的造型类似秤砣、上面留有小孔的陶器做何用途一直感到迷惑不解。

27

28

根据检测报告分析，从公元251年至公元441年，在这里生活了近200年后，居住在风林城里的人们，突然消失得无影无踪。

从发掘现场来看，几乎每座房址内，都遗留了一些不容易拿走的陶质用具 28，而少见便于携带的铜、铁、石、骨质的武器和生产工具。

他们为什么舍弃了自己的家园？是瘟疫的流行？是洪水的泛滥？还是一次精心策划的转移？

过了一段时间，又有一些人迁来凤林古城居住。

可是，好景不长，大约在公元640年，城里的居民再一次被迫离去。

考古发现证实：凤林古城晚期文化遗存房址内，遗留了大量的生活用具来不及带走，并有被大火烧过的痕迹。

有的学者认为，他们的匆忙离开，是因为躲避即将到来的战火。

假如是战争，那么，敌人来自何方？离开凤林城的人们，是否保全了性命？当他们告别这里的时候，又会是怎样的悲伤？

王学良也被这些问题苦苦地困扰着。

为此，他一次次走进这座改变他人生轨迹的古城，试图从中得到灵感并寻找到答案。

而每当来到这里，他的脑海中，总会浮现出那串漂亮的玛瑙手链。

学者们猜测，那是玛瑙手链的主人在临走之前，把它悄悄藏在隐秘的烟道里。

因为她舍不得离开这块土地。她坚信：短暂离别不久，还会回到这里生活。可是，没有料到，从此会一去不返。

王学良明白，那一颗颗玛瑙，就像是凤林古城的一个个谜团，要解开它，还需要付出不懈的努力。

[6] 淹城探秘

故事讲述人

淹城管委会副研究员 王岳群

常州市文化广电新闻出版局副局长 张戬炜

南京博物院考古研究所研究员 邹厚本

南京博物院研究员 纪仲庆

历史学者 徐作生

文化学者 肖　飞

一

1935年5月的一天，在江苏省常州武进区郊外的一处河岸上，两位学者模样的人，急匆匆地来到了岸边，他们雇了一条渔家的小船，径直向小河的深处划去。

这里岸柳翠绿，曲水环围，犹如一个世外桃源。只见他们不时地对河坝的周围指指点点，仿佛在议论着什么。

就在这时，小船顺着水流似乎很自然地进入到另一处河坝，而河坝内的景色竟然与外面河坝的景色不分上下，这使他们感到疑惑，他们决定弃船上岸，一探究竟，他们并不知道，在这个叫淹城的地方，等待他们的，将是一次足以留名青史的发现。

常州，位于江苏省的南部，春秋时期被称作延陵，西汉初期改延陵为毗陵，并设置毗陵县。

相传伯牙与子期的《高山流水》的故事就发生在这里。

北宋文学家苏东坡曾多次来到毗陵，并给自己取了个雅号叫“毗陵先生”。而淹城，就位于常州市武进区湖塘镇的淹城自然村。

这两位学者模样的人，一位是武进第七区的区长江上悟，另一位是文史教员陈松茂。两人私交甚好，之所以来到淹城是为了要解开一个谜团。

早在1934年，江南大旱，众多河道干涸，唯独淹城里的水清澈如常，乡间百姓就靠这里的水度过了大旱之年。

这一奇特的现象引起了他们的注意，两个人一直听同乡的老人们说起，武进的湖塘镇有个古城，叫淹城，很古老，可究竟是个什么样子，却没有人能确切地说出来。

既然是守在身边的古迹，他们决定仔细探求究竟。

沿着土坝，小渔船找了一处较为平坦的地方停了下来，没费多大劲，两人便上了岸。

土城墙不是很高，虽然布满了树木和杂草，但依稀还能辨认出大致的轮廓。这难道就是传说中的淹城吗？

在攀爬的过程中，江上悟和陈松茂几乎同时惊呼起来，他们在土城墙的土层表面发现了大量的陶片，而陶片上还刻有花纹，二人连忙俯身，兴奋地捡了起来，越来越多的瓷片如同引路的向导，不知不觉间，他们已经来到了土城墙的顶端。

就在这时，他们忽然有了更为惊人的发现：土城的另一端还有一条较宽的小河，视线越过小河，这条小河还包围了一道土城墙。

他们来不及细想，便慌忙穿越小河与城墙，往更深处走去。经历如同复制一般，出现在眼前的，又是一条河流包围的土城墙。

当夕阳西下，江上悟和陈松茂几乎走遍了所有的土城墙，此时，他们才惊奇地发现淹城竟然有三条护城河与三道土城墙。

它会是谁的城？怎么会如此布局？这座土城又是用来做什么的呢？

诸多的疑问萦绕在两人的心头无法解释，毕竟，他们不是考古专家。

他们相信自己一定是发现了一座前所未见的古城。

回到住所，江上悟将捡来的陶片仔细地观察，他发现陶片上几何印纹众多，似乎年代很久远，那么，这些陶片到底是哪个时期的呢？

古城池及古陶片所渗透出来的古文化气息，使他感觉淹城背后一定隐藏着一个鲜为人知的未解之谜，由于当时对考古学并不了解，为了尽快解开心中的疑惑，江

1

上悟决定邀请著名考古学家来淹城作访古旅行，希望以此推动对淹城的研究。

1935年5月底，著名考古学家卫聚贤和陈志良等应邀来到淹城进行考古调查。

卫聚贤南京大学历史系教授，南京古物保存所所长，擅长于田野考古。曾参与主持发掘了南京明故宫遗址。

在他的著作中，最具影响的是中国第一部关于考古学方面的《中国考古学史》，他的《中国考古小史》也是中国现代考古学的奠基之一。

卫聚贤、陈志良，以及史学家吕思勉等，先后三次对淹城进行考古研究，发掘了一批出土文物。这些出土文物是：陶片、陶球，以及一些宋元明清瓷器的碎片。

在一户村民家他们还找到了一个完整的陶罐。

陈志良在《淹城访古记》1中对这三次考古作了结论："常州淹城的古陶，是汉代江南人的遗物。"

考古调查结束后，卫聚贤和陈志良将研究的成果写成了《淹城访古记》。在书中卫聚贤对淹城进行了较为细致的分析。

淹城古遗址 2，东西长近900米，南北宽不到800米，占地近1平方公里。

淹城形制奇特，当地的民谣曾对淹城有这样的描述："里罗城、外罗城，中间方形紫罗城，三套环河四套城。"

卫聚贤和陈志良经过初步勘察测量后认为，淹城确实由子城、子城河；内城、内城河；外城、外城河组成，呈三城三河套状。

子城呈方形，周长1里；内城近似方形，周长3里；外城为椭圆形，周长5里；另有外城廓，周长7里，这恰与《孟子》一书中提到的"三里之城、七里之廓"相符。

2

淹城古城墙最高达20米，全由泥土堆筑而成。

淹城的三道城墙均呈梯形，三城均有护城河 3，河宽30～50米，水深平均4米左右，河水清澈，常年不涸。

据村民说，出入淹城时，只有一条水道相通，必须乘船才能入城，如同一座森严壁垒。三座城、三条护城河环环相套，宛若迷宫一般。

淹城遗址除了三城三河之外是一个特别的地方，另外还有一个特殊的现象，就是淹城的外城高于城外，淹城的内城高于外城，子城高于内城，也就是最高的地方，那么为什么会这样安排，据专家分析，第一个是防御这方面功能，淹城的三套城河，又宽又深，城墙又高又大，那么在冷兵器时代，一般来讲这个是很不容易攻破的，主要是考虑到防御。第二个，就是一种等级观念。也就是说，子城是最高的地方，

3

4

也就是国王，我们当地说的叫淹君。淹君住的地方。内城也就是官吏，城外是百姓或者士兵住的地方。

不仅如此，在淹城外城内还有3个较大的土墩 4，城外2公里范围内，散立着大小不等的200多座土墩。那么，这些土墩又是做什么的呢?

更为重要的是，三城三河这种建筑形制，在中国乃至世界的建筑史上都是独一无二的。

中国古代城市形制的形成是一个漫长的历史过程。

从原始社会末期到夏初，城的作用主要表现为军事及其他防御功能， 这种乡村式的城堡，在中国古代历史文献中多称作“城”或“城邑”，当时城的主要功能体现在防御方面，因此，它必须首先具备防御的设施——城墙和护城河。

在人们看来，只要有了城墙，城才有了防御的屏障，其防御功能才能得到体现。当城中居民遭遇人为或自然灾害时，才能充当其城堡的作用。

20世纪50年代，考古工作者在河南郑州城区内发现了郑州商城遗址，它是商代早中期的都城遗址，商城遗址约25平方公里，分宫城、内城、外城三部分，内城城垣周长7公里。内城的东北部为宫殿区，其内有蓄水池、排水沟以及城市供水管道，内城以外还有护城河相围。

从西周开始至春秋时期，由于城邑规模、区域及人口构成等的变化，已明显地反映出当时城与市合一的趋势，而到了春秋战国之际，具有真正意义的城市才逐渐诞生。

然而，在目前发现的众多古城遗址中，古城的形制大多都是一城一河，那么，淹城为何要建成三城三河的形制呢?

20世纪90年代的一场洪水，首先解开了这个谜团。

淹城为什么是三城三河的原因之一，就是它具有很重要的防洪和蓄水的功能。比如说，在1991年淹城发掘的时候，当地发生了非常大的洪灾，淹城外面所有的农田，村庄都淹没了。但是唯独淹城没有被淹，我觉得这跟淹城三城三河这种防洪的能力是有关系的。

对淹城的第一次考古结束后，卫聚贤从陶片上的纹路初步判断，淹城应建于春秋时期。

春秋晚期出土的东西特点很简单。第一，几何印纹陶比较盛行，第二，现在叫原始青瓷，也有叫早期青瓷，比较发达，而这些器形的特点、纹色的花样、制造的工艺，都是春秋时期的东西，所以考古学上从类型学可以肯定它的年代。

那么，淹城的主人又会是谁呢？在查阅了大量史籍后，一个人物逐渐浮出水面，他就是被千秋圣贤孔子所推崇的人物——季札。

在中国所有的城市中间有明显的建城日期的城市很少，没有哪一个城市能够准确的说出建于哪一年。常州是个例外，它有准备的见趁日期，公元前547年。这就是常州历史的开端，为什么敢把这一年定为常州的开始，就是开城日期，这跟季札有关，

季札，春秋时吴国人，吴王寿梦的儿子。寿梦继承吴国王位后，他的四个儿子当中，以四子季札最有仁德，所以寿梦一直有意要传位给他。

四个儿子中，他最喜欢寿梦（季札），（季札）既能干又贤惠，知书达礼，办事能力也很强，所以他想把王位传给（季札）。当然（季札）他很贤良，按道理的话，你应该传给长子，所以他拒绝了。拒绝了以后，他就把王位传给他大儿子诸樊，诸樊就把这个（季札）封到了延陵。

季札的厚德感动了吴国人，他们如同众星拱月般，一心想要拥戴季札为王 。

不得已之下，季札退隐于山水之间，整日躬耕劳作，以表明他坚定的志节，才彻底打消了吴人的这个念头。

后来，季札三让王位，一直被后人称颂赞许 5。

当时吴国的都城是在河里城，离常州这儿不远，乐凯都城以后，他的大哥要以

国君之称呼为他建个城，你是楚君，随时可以回来当国王的，你一声说当，我必须要让给你。所以说为他建城，这个封地他叫淹陵，就把常州分给他了，那么现在我们已经找不到常州城最早的地址，像他这种人不可能住在一个荒野的草棚子里面，楚君应该有自己一座城，理论上讲，他离开都城之日，大哥就要为他建城，所以我们把公元前547年季札离开河里城，就是离开当时的吴国的过渡的那个城，作为常州城的开始。

作为一个连孔子都无比推崇的人，季札的地位在后人的心中可谓崇高，那么，考古学家们又是如何判定淹城与季札的关系呢?

卫聚贤在查证史籍时发现，最早认为淹城是季札封地的，是东汉学者袁康、吴平。

他俩在共同编写的《越绝书·吴地传》6一书中这样写道:“毗陵，古为延陵，吴季子所居。”意思是说，延陵这个地方是吴王寿梦的儿子季札的封地。

为什么叫陵呢?常州四周全是山，到无锡有山，甚至到正桥有山，到丹阳有山，到巫山桥二十几公里之外，独独这是一块平地，所以它是灵柩市三陵的（延伸）部分就叫淹陵。三陵延伸部分就是平地了，所来它又改了个名字叫毗陵，毗陵的意思也就是靠着山，它靠山，毗就是邻居。

当时专家们认为淹城是季札在居住期间筑造的可能性最大。

常州及所辖的武进地区在春秋吴国时称延陵，延陵虽然是季札的封地，但他在淹城建城很可能与一个人有关，那就是吴王阖闾。

阖闾，吴王诸樊之子，又称“公子光”。公元前515年，因王位继承问题，公子光以庆贺吴王僚伐楚班师设宴招待。勇士专诸将剑藏在鱼腹中，趁上菜之机刺杀

5

6

了吴王僚，这就是历史上著名的“专诸刺王僚”的故事，公子光夺得吴国王位，史称“吴王阖闾”。

季札因不满阖闾刺杀王僚篡位，立誓“终身不入吴”，遂在自己的封地延陵掘河筑城。用今天的话来说，就是建立起了一个“独立王国”。

季札封地被发现，让处于战火动荡的中国感受到了文明的延续。一时间，淹城声名鹊起，成为了国人争相去往的地方。淹城古文化遗址的发现，也在当时学术界引起了不小的轰动。

就在淹城古遗址发现一年后，江苏、浙江、上海等城市决定于1936年8月30日在上海正式成立“吴越史地研究会”，在江、浙、沪形成一股不小的吴越古文化研究热潮。

但很快，抗日战争的烽火波及了这片宁静的土地。让大家始料不及的是这一沉寂就是二十多年。

最初考察的碎瓷片就是淹城的全部内容，这个判断很快就在1958年被打破。

1958年夏天，淹城村的村民在淹城的护城河挖泥聚肥，然而，就在村民将护城河内的水草清理干净时，村民们忽然发现河底的水草里竟然缠着一条船型一样的东西，村民感觉事关重大，立刻通知了淹城考古工作者。经过细致的发掘考证，发现这是一条古代的独木舟 。随后，考古工作者在淹城内城河中，又先后挖出了三轮盘、鼎、剑等一批青铜器、陶器等文物 7。

这个淹城出土的东西都可以用轻巧、秀丽、纤细来形容，它们不属于那些重器，是日常生活戴的装饰品。像瓷文尊、三足盘，这些东西看起来好像观赏性更多。

有学者根据淹城古遗址的格局和发掘出的冷兵器认为，淹城很可能是一座军事城堡。

经过对独木舟的碳14测定，考古工作者最后认定这些文物应属于西周晚期到春秋早期的文物，时间大约在公元前955前后，距今2900年左右。

季札封于延陵是在公元前547年，这期间相差了400多年。

结合淹城的考古发现，有关专家经对于“淹城是季札的封地说”提出了质疑。

如果他的内城就是季札封地的话，以春秋时期王族的去以（想象），由于它的地位最高，外城和内城比它的地位低，假设它的内里的那个就是紫禁城，它是季札的封

7

地的话，我以为太小了，不符合王的规范，所以我对这一说法也抱怀疑态度，至少在事迹中我找不到，文物中也找不到。季札是王储，他出门不可能没有车，这边全挖了河，没有道路相通，要他乘船进出，从礼节上讲也不对，他是王储，他随时可以回去接班，他应该有车。

从出土的一批青铜器来看，其纹饰精细，具有浓厚的地方色彩，其铸造技术已完全进入具有地方风格的成熟时期，其年代为西周后期至春秋早期。

出土的青铜器精美绝伦，非一般人所能拥有，说明在春秋早期之前，就有地位显赫的人物居住淹城。

淹城至今没有发现与季札相关的历史文化遗存，也没发现与季札相关的文物，甚至连与季札相关的民间传说也没有。

季札是春秋晚期公认的一个不羡千乘王位，视富贵如秋风的贤士，其三让王位之美德一直被后人称颂，他还是一位闻名列国的政治外交家，曾为吴国几度出使过诸侯国并留下许多佳话。像如此有影响的人物，不可能未留下一点相关的历史文化遗迹。

早在东汉时期，《越绝书》中有“毗陵上湖中冢者，延陵季子冢也”之说，据

根据文化遗存模拟复原的淹城

考证季札死后葬于江苏的江阴申港。

春秋时期，江阴申港和丹阳均属于延陵辖区，至今这里还保存有与季札相关的历史文化遗迹及民间传说。

从考古出土的文物中人们发现，淹城的历史至少要早于季札500年，淹城的主人不可能是季札。可见季札并非开发常州第一人，常州的建城史也不是2500年，至少还可再上推500年。

那么，淹城的主人既然不是季札，那又会是谁呢？这座古城究竟是谁建造的呢？

二

1965年夏天，淹城村的村民在淹城的护城河清理河底的淤泥，然而，就在村民将护城河内的水抽干时，一件意想不到的事情发生了，村民们发现河底的泥里似乎有一个大家伙，结果拉出来一看，竟然是一条船型一样的东西，村民感觉事关重大，于是，立刻通知了淹城考古工作队。

这条船保存得还可以，当时发现的时候把淤泥清掉了以后，在这个船的中间，还有个葫芦瓢。葫芦瓢还有点发黄，现在葫芦那种颜色，但是有一点变形了，之后在葫芦瓢的下边呢，有席子的痕迹，铺的席子。那么这个船长呢大概7米多，这个船的后尾呢，有明显的像是一块木板倒在里面的痕迹，但是这个已经烂了，那么当时发现这个以后，我们就感觉想办法要把它取出来，当时我们就请了那个筑匠，因为它有点没帮了，这个船帮啊、船头啊都有点锈，我们怕一取出，散架了，我们就想办法把它用这个毛竹编上穿起来，中间竖起来，也就是相当于做了一个筐子，把这个船放到这个筐子里边。

考古工作队经过细致的发掘，发现这是一条早期的独木舟 8。早在1958年，淹城村的村民们在护城河内挖泥聚肥时，就发现了一条春秋时期的独木舟，与上次发掘独木舟不同的是，这条独木舟体积略小，就在考古工作者对它的年代进行判断时，忽然，从淹城内城河的不远处传来村民的呼喊声，原来，他们在护城河的中间位置又发掘出了一条独木舟。

这条船在中间，内城河的中央。第三条船是内城河的边上，大概这么个情况。它是这样的，挖泥以后它一段一段取，一段一段取，那取泥过程中就是发现船、发现好多陶片啊、发现铜剑头啊、铜矛都有，在河塘里面。也就是说我们从这里得到一个类似信息，也就是淹城这个地方，在护城河里面发现过青铜器、木船、铜器、大量陶片，说明这个城在这个时期人活动的还是比较频繁的。

护城河为何频繁出现独木舟？独木舟的出现是否是解开淹城古遗址谜团的关键？

8

考古人员准备先把独木舟运送回南京博物院，然后再进行考古论证，由于淹城古遗址距离常州火车站并不太远，他们决定将独木舟托运到南京。

发现的这三条独木舟中，最大的一条长达11米，宽近1米。独木舟由整段楠木挖空而成，内壁有焦炭和斧凿的痕迹，证明当时的独木舟是用火烤以后所造，与《易经》中“刳（读“枯”音，挖开的意思）木为舟”的文字记载相印证。

独木舟始于原始社会，是继筏之后新出现的一种水上交通运载工具，它也是现代各类船的鼻祖。

由于独木舟具有坚实牢固、不易漏水和制作工艺简便等优点，因此独木舟的沿用历史很长，直至今日，在我国的西南少数民族地区独木舟仍还在使用。

我国古代的独木舟形状大多是尖头尖尾，或者是头部尖而微翘起，尾部呈方形，尾部处留有未挖通的挡水墙。

然而，与这些独木舟不同的是，1965年淹城内城河出土的这两条独木舟尾部是敞口的 9，而且敞口处底板及两侧帮板十分光滑，看不出嵌有挡水板的痕迹。这两条独木舟头部两侧帮板上部均打有孔眼。

很显然，这样的设计并不能作为水上交通运载工具来使用。那它又是用来做什么的呢？

考古学者经过考证后认为，这是一种在沼泽和泥泞的地方使用的交通工具，全名叫独木泥橇。

我国最早使用独木泥橇的时代是在夏代。

《史记·夏本纪》在记述大禹治水时，曾有这样的记载：陆行乘车，水行乘船，泥行乘橇，山行乘檋。这里的橇指的就是独木泥橇。

9

我国古代独木泥橇的形状类型，一般在头部坞打有一大孔眼，为的是系绳作牵拉之用。而两侧帮板上对称的小孔眼，则是为独木泥橇的乘坐者作扶手用的。

这两条独木泥橇出于内城河，肯定与开挖淹城内城河有关。那么，淹城又是如何筑造的呢？

1986年5月，由南京博物院、常州市博物馆、武进县博物馆等单位联合组成的“江苏省淹城遗址考古发掘队”，开始对淹城遗址进行考古发掘。

由于子城河的河水接近枯竭，部分河道已经被当地的居民种上了水稻，考古发掘队只好先对子城河东北处的外城墙和内城墙进行发掘。

发掘结果显示，子城河的外城墙淤泥积层厚约4米，淤泥层中夹杂有大量的碎陶片。

考古工作者在发掘过程中还发现了一个奇特的现象，当在北子城河向下挖至约3.5米深处的时候，竟然发现了许多呈原始状态的大树根桩，而河道的中间还有一条约4米宽的自然小溪。

也就是说，最初在筑淹城时的地面，应该在子城河下方约3.5米深处。

对三道城墙的发掘结果显示，城墙内土层堆积厚薄不均，层面不平，考古工作者推断，当初在筑建城墙时并不是采用挖基槽和夯打的方法，而是利用挖河的土堆筑而成 10。

这个工程量还真不小，护城河是在平地上挖出来的，挖出来的土变成城，城外面就是护城河。南方的这个城，不像北方那样，完全夯筑，南方的土都是黏土，干了以后它就黏得很厉害，上面是黏土，底下是青泥，它的透射力就比较低了，它黏在一块，尽管有点水土流失但不会塌。

10

11

12

有专家认为，淹城古遗址分为三阶段筑造而成 11，最早建的是子城，其次是内城和外城 12 。南京博物馆经过5次考古发掘，一举推翻了这个说法，专家们认定：从三座土城墙发现的文物和土质分析，整个淹城应该是一次性堆土筑成的。

当淹城内城河挖至一定的深度时，就会出现软泥层，在无特制工具的情况下，要想将河底中间的软泥运送到城墙边是极其困难的。所以挖内城河的人就想到了用独木泥橇作为运载软泥的办法。方法是从平地起筑，一层一层向上堆建成三道梯形的城墙。

如今，经历了数千年风吹雨打，淹城古城墙遗址高仅剩3～5米，墙基宽30～40米。

那么发现的这几条独木舟和独木泥橇会是哪个年代的呢？

经碳14测定，独木舟距今已有近3000年的历史。似乎与西周淹国时代有关。

如果认定独木舟属于西周晚期或春秋时期，那么，淹城古遗址就很有可能是在那个时期建成的。那谁又是淹城的城主呢？

20世纪30年代，考古学者卫聚贤和陈志良在《淹城访古记》中曾记载：“今常州城南二十里许有淹城遗址，亦作‘淹城’”。他们认为淹城是古淹国的领地。

据《越绝书》记载：“毗陵县南城，故古奄君地也。”意思是说，毗陵县的南城是古代淹国的国君居住的地方。

奄，是商代后期的一个古国名，在今天的山东省曲阜旧城东。

相传奄君在周成王时期与商代后人武庚勾结，发动叛乱，被周所灭，据史籍记载，淹国在周公东征时其国都曲阜被灭，奄君也被周公所杀。周公不但杀了奄君，而且还将奄宫毁掉，并在原基地上挖掘成一个池塘，由此可见破奄的不易和恨奄的至深。

淹国被灭后，奄的一部分人做了鲁国的奴隶，奄的贵族和一部分民众为求生存，南迁到淮夷旁，也就是今天的淮河下游一带，重新建都定居，经奄新君的苦心经营，国力大增，再次联合两个小国反周。此时，周成王正式执政，并且亲自征讨淹国，淹国再次被灭。

战败的淹国，越过长江迁至江南定居 13。而目前江南发现的春秋之前的古城池遗址中，与奄有关的只有淹城遗址。淹城出土独木舟的年代，与奄南迁定居时间相吻合。

如果证明淹城古遗址就是淹国的领地，考古工作者还要寻找更多的证据。

淹城内外，散布着上百个土墩，其中有三座土墩最大，民间传说，这三个土墩分别叫头墩、肚墩和脚墩，它们是淹君女儿的墓，考古工作者首先对“头墩”进行

13

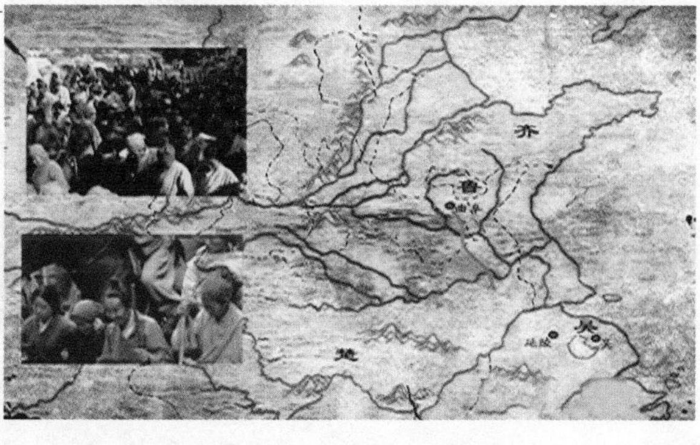

了考古发掘 14，发掘结果显示，“头墩”是一座东西长 20 米，南北宽 6 米的大型积炭墓，墓中棺椁葬具均已朽尽，唯有朱红漆皮依稀可辨。

在墓的东头我们发现了大量的朱红漆皮，根据现场分析，我们认为这个墓里可能使用了棺木一类的葬具，只是因为年代久远，棺木已经腐烂掉了，仅剩下了这个漆皮，另外，在整个墓的底部，发现了大量的积炭。积炭的厚度达到五十公分左右。

木炭的主要作用是防潮和防虫，那么头墩墓的出土表明，我们这个墩子的性质是墓葬，同时这座墓葬出土文物之多，规模之大，是我们目前所发现的墓葬中间所没有的。

随葬器物集中在墓室的西端，共出土原始青瓷器和几何印纹陶器等近300件。这是同时期同类型墓葬中规模最大的一座，而从淹城挖掘的珍贵文物中还有七套编钟、三轮铜盘等大量青铜器皿，这足以证明主人身份的非同凡响。

通过考古发掘，我们从墓里出土了五六十个陶纺轮，一般来说，纺轮出土于女性墓的可能性最大，这次出土的陶纺轮有五六十个，说明这个墓主人是女性的可能性最大。

发掘出的文物似乎与传说相吻合。然而，随着考古工作的延伸，专家们对墓葬不禁产生了疑惑。

为什么这么讲呢，如果说山东的淹城南迁的话，肯定不是一个人、两个人，肯定是一批人，迁移的时候肯定要带一批器物，或者有关的一些书，另外，他过来的时候

14

15

肯定会把他当地的一些风俗习惯，一些制作器物的技术带过来，但是我们从整个的考古材料里面，没有找到任何与山东淹国有关的东西。

不仅如此，考古工作者共清理出墓葬4座，出土的文物大多是原始青瓷器和几何印纹陶器 15。

到目前为止，整个淹城所有的文物里面没有发现一件跟货币有关系的或者我们称之为钱币的东西，那么，当时淹城是用什么办法来进行交换呢？到目前为止我们还不是很清楚，还是一个谜。不仅是淹国，包括吴国，到目前为止也没有发现货币。因为淹城地区，或者说长江下游这个地区，当时的蚕丝业比较发达，从考古材料来看，两种文化，也就是从距今4500年左右开始，这一地区，蚕桑业就比较发达，有人推测，当时有可能使用了纺织品作为等价交换物，作为货币。

依据器物造型和纹饰判断，头墩大墓的时代，考古工作者将其定在春秋中、晚期。而淹国属于西周晚期，据此可确定淹城头墩大墓的墓主不是淹国人。

在发掘的墓葬中有一座属于西周时期的墓室，也就是说，在春秋以前，淹城就有人在此生活和居住。考古工作者从护城河里发掘的众多有价值的文物推测，战败的淹国很可能只是在淹城生活了很短的时间，由于某种突然的变故于春秋中期迁出了淹城。

1959年，镇江丹徒县大港烟墩山发现宜侯矢墓，出土了一批西周早期的青铜器，其中一件青铜器“宜侯矢簋”有铭文120余字 16，众多专家对铭文考证后均

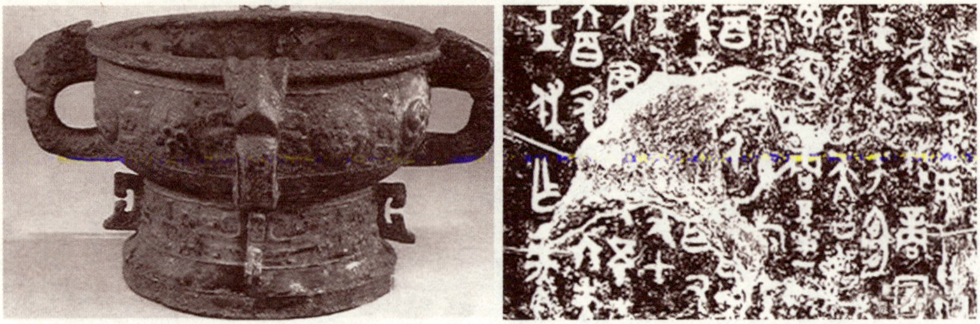

16

认为，周初在镇江丹徒一带曾存在一个周的诸侯国宜国。

当年，周成王东征伐淹，淹国越过长江，短期内不可能对周形成威胁，因而周成王未穷追不舍，而是留下一路人马，设立一个名为“宜国”的新国。其目的是对南逃后的淹族进行监视，并伺机彻底消灭淹国。

1981年，镇江市博物馆对武进大茅山和四项山的墓室进行考古发掘，证明淹国在春秋中期偏晚时被宜国所灭。淹国在历史的长河中由此画上了句号。

因为青铜器是不可能当垃圾扔掉的，所以肯定是有个临时变故。而且青铜器的发现绝对不是很普通的东西，或是随便的东西，肯定是贵族的东西，有一定身份的人的东西。而且这个青铜器有江南的特点，跟北方完全不一样的，跟中原的礼器也是不一样的。但是它的套路是按照礼器的套路，有针、勾调、玺印、三轮盘，这些都是很有特点的，都是按照礼器的编制来的，说明有贵族在这里生活。

史书记载，春秋晚期，也就是公元前547年，吴国设延陵邑时，对淹城进行了利用，将延陵邑治设在淹城。而发掘出来的造型精美的青铜器大多属于这个时期。

就在淹城的独木舟发掘不久，淹城的考古发掘工作引起了考古学家夏鼐先生的关注。

夏鼐先生曾主持并参加了河南辉县商代遗址、北京明定陵、长沙马王堆汉墓的挖掘工作。

夏鼐先生认为，武进淹城护城河中出土的独木舟，根据同层出土遗物和文献记载，应该是春秋晚期至战国年代的文物。

但是夏鼐先生认为，独木舟测定结果定在公元前1055年左右，不能采用。他指出，碳14断代法有一定的局限性。因此，经C14测定，距今3055年的说法是不严谨的。

淹城出土的众多文物大多被最终锁定为春秋晚期，然而，有关淹城的形制与规模仍是争论的焦点。

淹城遗址东西长850米，南北宽750米，总面积65万平方米。因此，有的学者认为，淹城符合孟子所说“三里之城、七里之廓”的王城建筑规模，所以是奄王之城。

然而，问题是，孟子在这里谈的不是城市形制与规模。

孟子的这一段话讲的是治国的道理，他在讲这个道理的时候，举了一个例子，就是说如果你有天时，有地利，但是你不占人和，哪怕是巴掌大的一个小城你都打不下来，这个例子不具备城市的形制跟规模的历史。

据考古材料提供的数据，东周时，超过10平方公里的城市有十多座。其中最大的燕下都达32平方公里，其建制已超过天子之城方九里的规模。至于3平方公里以下的小城市，其考古发现的数目更是不胜枚举。

淹城只有不到1平方公里的面积，绝对不是王城的规模，它既不能作为王国城市形制的定规，也不能证明是诸侯造城的范本。那么，淹城这种独特的三河三城的形制究竟是用来做什么的呢？

三

从20世纪80年代中期到90年代初，考古工作者对淹城进行了为时6年的考古发掘，出土了青铜器、原始青瓷器、陶器等数以千计的珍贵文物。虽然这些文物有一定的考古价值，但出土的文物中并没有明确的铭文来记录淹城的历史，对考古工作者来说，淹城依旧显得扑朔迷离。

令人没想到的是，2005年，一位历史学者在淹城走访的过程中，偶然发现了一部祖传的宗谱，而这部宗谱里却隐藏着一个有关淹城历史的惊人秘密。

在淹城护城河的堤岸上，曾经有几座小村庄，村里居住着近百户居民，20世纪90年代中期，为了更好地保护淹城遗迹，武进区政府专门成立了保护管理机构，搬迁了淹城内的农屋，并且重新规划了淹城的保护范围。

许多村民从那时起就搬迁到了外城河畔的新村。也正是这些新村引起了一位历史学者的注意。徐作生，原上海某报社的编辑，早在十几年前，淹城的种种谜团就引起他浓厚的兴趣，由此开始了对淹城的研究。

徐作生认为，一些学者对淹城的考证及推断并不能让人信服，于是，他决定到实地考察，希望在民间的走访中能寻找到答案。

2005年的一天，当他在新村庄走访期间，发现了一个有趣的现象，村庄中的原住居民大多都姓窦。村民们说，他们窦姓的家族世世代代都居住在淹城，已经有很多年了。

窦氏家族的出现使徐作生顿生疑问。

窦氏家族在淹城究竟有多少年的历史？窦氏家族和淹城又有着怎样的联系？

为了解开心中的疑惑，徐作生在村中继续走访，就在这时，一位村民告诉他，窦氏家族有一部宗谱，而宗谱由一位名叫窦义生的老人保存着。

我找到窦义生老人的时候，他已经83岁了，但他身体非常健朗。他跟我谈起了窦氏和淹城的渊源，然后他又从阁楼上拿出一个用报纸包住的包裹，小心翼翼地打开。我一看，这是一本族谱，《淹城窦氏宗谱》**17**。

据窦义生老人**18**介绍，《淹城窦氏宗谱》初修于明朝，后来在道光、光绪、民国年间又经过了三次续修。

17

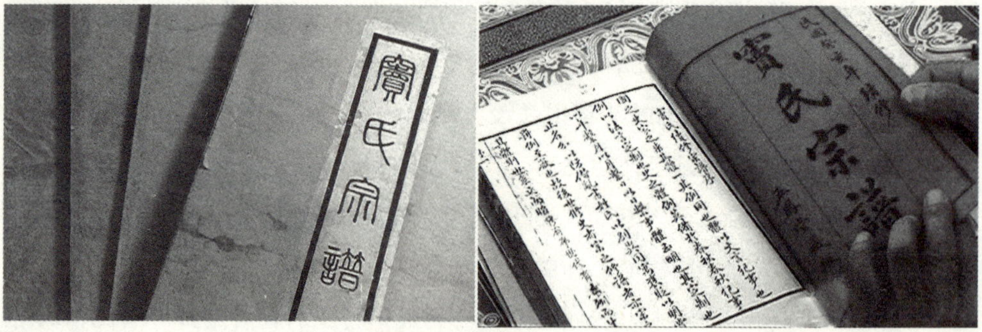

18

这部《淹城窦氏宗谱》修纂于民国癸亥年，宗谱中记载了淹城窦氏的源流，最早的一支为隋朝燕山窦公的后裔；明清以来，窦氏就是淹城人数最多的一个家族。

按照老辈传下的规矩，凡窦氏家族的成员，不允许与外界通婚，这种规矩一直沿续到20世纪90年代，才逐渐被一些新潮的年轻人打破。

民国时的癸亥年是1923年，距离现在已有90多年，中间经历过战争烽火，也有过时代变迁，《淹城窦氏宗谱》是如何被完好保存下来的呢？

据窦老说，20世纪50年代的时候，有一次，他听他本房里面的一个人讲，有一个窦氏保存了一部民国癸亥年间编纂的窦氏族谱，窦老有一种文化保护意识，他就用25元人民币把它买下来了，当时的25元是非常值钱的。文化大革命时候，因为高场村是封闭的，它本身的淹城是由三道楼城形成的，由河流通到外面的，而只有一条坝是道路可走。所以当时的红卫兵没有冲进到这里面来，也使得这份古老的族谱能够很完整地保存下来。

窦义生老人没想到是，自己无意间买下来的《淹城窦氏宗谱》，从此让他担当起了续写淹城窦氏家族历史的重任。

窦义生老人介绍说，他的祖居最早是在淹城的内城，那时的村名叫高场村。听老辈人说，高场村在古代是淹城办事机构所在地，而且这里还建有一座窦氏宗祠，这是淹城内唯一的一座宗族祠堂。

1969年淹城村生产队将这座祠堂改作织布厂，后毁于火灾。

徐作生认为，窦氏这一古姓，很有可能是淹城早期的居民！当他仔细地翻阅《淹城窦氏宗谱》时，忽然，在宗谱卷一的“淹城记”中，发现了一则颇有价值的信息。

《淹城窦氏宗谱》有这样一段记载，“吴越争霸，越子为质于吴，被拘于斯，不得还国”。

文中的“越子”，指的是勾践和范蠡的通称。

关于“越子”这个名词，我在网上曾经看到有一个网友发来一个帖子，他认为“越子”就是越王的儿子。实际上这是一个大笑话，因为在中国的古代，这个子实际上是一个爵位，《礼记》上面把中国的王位分成五等，这个子就是第四等，所以这里的越子，就是指越王勾践这批俘虏。越国的俘虏到吴国来了以后，吴王就把他们以子为封，越子的来历就源于此。

这句话的意思是说，吴越争霸，越国败降，越王勾践俯首称臣，吴王夫差把越王勾践作为人质监禁在淹城。

也就是说淹城是一座庞大的监狱，淹城是关押越王勾践的地方。

公元前494年，吴王夫差为完成称霸的大业，在夫椒与越国决战，结果越军大败，越王勾践被困于会稽山上，此时越王勾践所拥有的将士仅存数千。

越王勾践眼看大势已去，无奈之下只好向吴王求和，被迫成为了吴国的人质。

居住在淹城的窦氏家族，是从先祖的口口相传中，知道了这座古城的大概历史。

不仅如此，在《淹城窦氏宗谱》里，还对淹城的形制进行了更为详尽的描述：“城周围三重，壕堑深阔，天险绝越，四面巨墙，隆绕于上。”

据考证，淹城是三重水门，过往全靠船只摆渡，如此封闭，绝不会是都城建筑的形制。

《淹城窦氏宗谱》里记载淹城是关押范蠡和勾践的地方，根据我的考证有三点依据。第一，淹城是由三道罗城所组成的，还有水道，只有一条路是向外的，而且每条水路都有守卫在那里，所以一般的人是逃不出去的。第二，考古发掘证明，独木舟，还有吴国特制的纺锤以及青铜器，都是吴国特制的东西，所以说明淹城是吴国的一个建筑。第三，淹城它不处在军事要塞，而且也不处在吴越交界的地方，在这样的地方会建立一座如此规模宏大的，带有水城特征的建筑，肯定是与关押犯人有关的，所以我认为窦氏家族里透露的这个信息是非常重要的，而且是很有说服力的。

在淹城流传着这样一首古老民歌：“里罗城外罗城，中间方形子罗城，三套环河四套城。”

这个罗城是个什么意思呢？我当时一直在考虑这个问题，因为我们中国在广西、四川、浙江等地都有罗城，这个罗城当时都是军事要塞，可是罗城在《说文解字》里又含着另外一个意思。上面是一个四，也就是一个网，下面是一个围，就是网住鸟的意思，所以这个罗城实际上就是当时扣押犯人的一个代称。

吴越争霸时期，淹城的地势既不险要，也不处于吴越交界的边境之地，更没有陆地城门。由此徐作生推断：淹城不是单纯意义上的军事城池或水寨，它应该是一座守备森严的吴国监狱。

中国的监狱最早起源于夏代的丛棘，棘，亦称“酸枣树”，酸枣树茎上的尖刺坚硬锐利。为了惩罚战俘和奴隶，奴隶主就到山上砍来酸枣树，编成围墙，将囚犯困入丛棘之中。

而周代的监狱多称作“圜土”，也叫作囹圄，意思是让囚犯闭门思过，改恶为善。

到了春秋战国时代，将监狱称之为“狴犴”。“狴”、“犴”是两种传说中的兽名，因在牢门上常画它们的形状，故将监狱称之为“狴犴”19。“狴犴”是牢狱的

19

20

一种，并且大多为石室。

然而，史书记载，吴王夫差拘押勾践和范蠡的地方是一座石室，传说这座石室就在苏州灵岩山的馆娃宫下 20，当徐作生特意来到石室考证时，不禁有些失望。

在当地一个黑衣老和尚的带领下，在临安山的半山腰，找到一个传说中的石室。那个黑衣老和尚对我说，这就是当年关押勾践和范蠡的地方，我在石室当中用步丈量了一下，宽四步，径深六步，总面积算起来也不过是20余平方米。我想作为一个越国的国君怎么可能被关押在如此狭小的石室之中呢？

20世纪80年代初，江苏、浙江的考古工作者在吴越边界的山脉上，发现了数以千计的石室土墩遗迹，从中发掘出了大量的陶罐以及原始瓷器，从出土的遗物分析，石室土墩大多是防御敌国攻击的烽燧墩，主要是供驻兵瞭望警戒之用。

史书中并没有指出拘押勾践和范蠡的确切位置，如果真如《淹城窦氏宗谱》所说，淹城是关押勾践的牢狱，那么，淹城周围或许还有相关的文物没有被发现。

在淹城的村民当中，曾经流传着这样一个传说。

在距离淹城的不远处，有一座留城。留王觊觎淹城已久，他知道凭武力无法攻下淹城，便用计取得了淹君的信任。后来，留王的儿子炎被淹君招为东床驸马。

没过多久，公子炎给淹君献计，在淹城的外城墙上遍种狗蒺藜，可以加强城防，成为淹城的天然屏障。

淹君依计而行。但是，一到冬天，土城墙上长满锐刺的狗蒺藜都已枯萎，留王认为时机已到，即发兵攻城。

留王的军队在淹城外用火箭射向城墙上的狗蒺藜，顿时整个淹城燃成一片火海，留王乘机攻下了淹城。淹君败走后，不久搬重兵杀回淹城，一举歼灭了留王父子。

当然，这只是一个传说，那么真正的历史事实真是如此吗？

考古工作者经过勘察发现，在淹城的东北方向，确实有一座留城村。

据《武阳志余载》："留城在淹城东5里处，大小如淹城之内城。"留城还有另外一个土名"何留墅"。

实际上留墅原名叫留城，也叫留管，大概是在明清的时候，有一个何氏家族在留城这里居住了下来，所以这个地方就改名为留墅。这个留字是什么意思呢？实际上我国古代的监狱，又叫稽留，所以稽留的留应该是留城。

村民们说，留城过去原有一圈完整的土城垣，城垣由未经夯的打泥土所筑，形状为方形，周长大概500米左右。城的南面还有一条小河 21。

1978年冬，为改造河道，当地农民将留城土岗上的土，填倒旧河里用以造田，留城逐渐被废，成为了稻田。由于种种原因，考古工作者并没有对留城遗址进行考古发掘。

令考古工作者感到奇怪的是，凡记述留城的地方志，基本上都把留城列在淹城的条目内一起记述，说明淹城和留城有一定的关系。

淹城和留城很可能是同时建筑的，似乎在表示同一个目的。

但是，如果再推敲留城的别名"何留墅"，它的作用可能又是另外一种性质。

21

留城村口曾立有一块巨大的写有“何留墅”的石牌坊。可惜这座石牌坊在几年前被人推掉了。当地村民并不知道“何留墅”作何解。

徐作生从古汉语以及《晋书》中找到了答案。他认为何留墅最早很可能是吴国君王的行宫别馆。而何留墅这座行宫距吴国的都城——阖闾城并不太远。

据史书记载，阖闾城，在（武进县）雪堰乡和无锡县的交界处。分东城和西城。东城较小，在今天的无锡县境内；西城较大，跨今武进、无锡两县边境。两城互相连为一体，合起来形状颇似一只古人的鞋履。

2004年4月5日，由南京博物院考古研究所陆健方研究员、武进区淹城博物馆研究员、江阴余城遗址联合考古队钻探组一行，对常锡交界处的阖闾城遗址 22 进行了为期11天的调查钻探。初步认定，这一带有可能就是当年的吴国阖闾大城。

那么，吴王阖闾为什么要在苏州和武进这两个不同的地方，同时建造两座阖闾城呢？

徐作生推测，阖闾争霸天下，除了在战场上杀了无数的兵卒，还在邻国俘获了许多人质。这些人质，多为战败国的王公贵戚，而且其中女眷也甚多。

阖闾还国后，要把这么多的人质或俘虏囚禁起来，这就必须要有一座庞大而坚固的监狱才行。

这就是他之所以要造阖闾城、何留墅（留城）和淹城的原因所在！这三座城池，阖闾城、何留墅可以推断为吴王阖闾的行宫别馆，只有淹城才是真正意义上的监狱。而从这三座城池的规模来看，淹城当属最大。

那么阖闾为什么要在同一个地方建筑三座城呢？

徐作生说，这三者的关系是这样的，就是吴王夫差在阖闾城办公，要提审战犯

22

的时候，就随时提到阖闾来审问。留城又有什么关系呢？通过考古发掘，在淹城附近，也就是靠近留城这一段，也曾经发现过一些纺锤，这些纺锤是女眷所使用的，从这一点信息可以断定，当时留墅实际上是一种行馆，因为宿古代就是行馆，留也是关押犯人的地方，是女犯居住的地方。如果当时吴国的一些贵族，为了要享乐，可以从留城里面提取一些越国的女眷，供他们享乐，这也就是淹城、留城和阖闾城三城紧密相连的一种关系。

虽然《淹城窦氏宗谱》提到淹城就是关押越王勾践的地方，但是，一些专家学者也提出了疑问，《淹城窦氏宗谱》只是从隋朝年间才有了宗谱的记载，隋朝距春秋相隔近千年，那么，在此之前，是谁对淹城的用途进行了考证呢？

《淹城窦氏宗谱》最早的修撰者，很可能参阅了东汉年间袁康写的《越绝书》。

常州属于南蛮这个区域，所以记载南蛮的资料很少很少。《越绝书》就显得格外珍贵。我们现在所知的有关吴国跟越国的一些故事，原则上就是从这而来的，由于它的史料的稀缺性，所以要研究这一代的历史，离不开这一本书。但是这本书里面有很多矛盾的地方，大家就认为这本书是不是有问题，学界就这个问题也搞了很多研究，但是现在我们学界一般认为，排除各种意义，把它作为一个考虑历史发展的一个脉络的基准，一般认为是汉代袁康所著，袁康的儿子是从他文章后面的一个签名注，像猜谜语一样猜出来的。它所记载的吴帝跟越帝的一些东西，在研究吴越文化的时候，你不能不从其中作为依据把它找过来。

《越绝书》有关淹城的记载或许只是一个孤证。梁启超在《清代学术概论》中曾提出："孤证不为定说"。

从"孤证不为定说"这个学理出发来考据淹城，可以发现，现在能看到的关于淹城的所有记载、推断、考据、论点，包括众说纷纭的与古代淹族迁徙相关的判词，其原始依据，均来自一条孤证——《越绝书·吴地传》，也就是均出自《越绝书》的作者袁康一人之手。

《越绝书》为孤证的依据是，目前，除《越绝书》外，汉代以前相关的经史子集类著作中，没有"淹城"一说，更没有提到淹城是关押越王勾践的牢狱。

淹城为三道城墙三条城河形制，根据淹城的实际建筑规模，就古时来讲，也可算是工程浩大，单就开挖外城河一道也需人工约数万。

越王勾践被吴王夫差所囚也只有三年的时间，吴国没有必要花那么大的人力和财力，专门筑一个三城三河的囚室作为囚禁越王的地方。

据史籍记载，吴王夫差对越王勾践所采用“教而赦之”的方法，就是让越王勾践替自己驾车养马。

既然是驾车养马，那越王勾践被吴所囚禁的地方，也就必然是在吴国都城内，即现在的苏州城。

从《吴越春秋》所记载的吴王夫差及越王勾践一些活动事件中也可找到一些佐证。

如《吴越春秋》就有这样的记载：“吴王登远台，望见越王及夫人、范蠡坐于马粪之旁，君臣之礼存，夫妇之仪具。”远台，即瞭望台，是吴国都城内所建的军事设施。从这里也可看出，越王勾践是被囚在吴国都城内的。

如果淹城古遗址不是囚禁越王的地方，那它又会是谁的领地？

考古工作者从淹城周围的土墩墓和常州城区及其周围的墓葬推断，淹城周围的土墩墓一般为西周、春秋、战国时期的墓葬，也有少数西汉初期的墓葬，而常州城区及其周围的墓葬一般为西汉中期以后的墓葬，这就进一步说明现在的常州地区在春秋、战国及西汉初期的政治、经济的中心是淹城。

现在我们似乎只能回到那个被称为“孤证”的《越绝书》，也许书中留下的只言片语正是解开淹城之谜的密码所在。

根据《越绝书》记载：毗陵县南城，古淹君地也，东南大冢，淹君子女冢也，去县十八里，吴所葬。

这句话的意思是说淹城为淹君之地。这个淹君是谁？他会不会就是“誓不入吴”隐居山野的季札？淹君与淹城的建筑又有着怎样的关系？

淹城众多的疑问，让考古工作者和历史学家仍在不断的探索，他们希望在淹城的考古领域能有更多新的发现。

今天，淹城的工作者依旧在默默地守护着这座千年古城，或许有一天，隐藏在淹城里的未解之谜，会在人们的期盼中逐一解开。

[7]
浦城的发现

故事讲述人

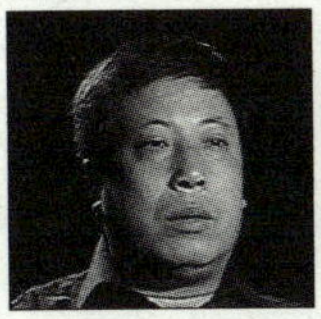

福建省浦城县博物馆馆长
陈寅龙

福建博物院院长
杨　琮

南平市博物馆副研究员
张文鋈

福建博物院考古研究所副所长
郑　辉

一

在福建北部的浦城县有一个古朴而又宁静的小村庄，叫管九村 1。

村外的山坡上，那些疑似古墓的土墩子 2，千百年来一直像谜一样存在于人们的传说中。

2005年，一支由福建博物院和福建闽越王城博物馆组成的考古队，正式对这些土墩子进行了抢救性发掘。很快，存在于人们内心的谜团被一一解开。

那么，这片曾引起了外界高度关注的土地上到底隐藏着哪些鲜为人知的历史呢？

早在2004年的5月，在浦城至南平的高速公路开工建设前夕，考古人员就已经开始着手对沿线展开了细致的调查。

经过几个月的艰苦努力，考古人员发现了一个庞大的遗址群，在所勘察的区域

1

2

内分布着大小七十多处墓葬。经过考古人员的仔细甄选，最终确定了十九个重点的区域，其中管九村外这些神秘的土墩子，越发成为这次考古发掘工作的重中之重。因为，这里的土墩不但分布密集，在地表考古人员还发现了大量的陶片。

看得出这里的土墩子基本上是就近取土堆筑，没有明显的夯筑迹象。现存高度一般在2米左右，高者达3米多，个别的还不足1米。裸露的红褐土昭示出它久远的年代。在场的考古人员坚信，随着挖掘工作的层层深入，他们极有可能让一处重要的历史文明遗迹重见天日。

浦城位于福建省的最北部，与浙江、江西交界，是个群山环绕的小城。历史上的闽北包括武夷山一带曾经是闽越文化发展的中心。作为20世纪80年代中国的重大考古发现之一，闽越王城的发现无疑证明了福建在汉代已经有了高度的文明。然而，史学界对这里从西周到战国的历史描述却始终存有不同的观点。早先一直被认为是蛮夷之地的闽越在那段时间里，是如何把自身的文明传承下来的呢？

曾主持和负责过闽越王城发掘工作的杨琮，如今已是福建省博物院的院长，同时作为福建省文物局的副局长，他负责全省的考古工作。一直以来，他总是希望能有一次重要的考古发现来填补福建那段重要的历史空白。

这时，在浦城的管九村主持考古挖掘工作的陈寅龙接到了一个令他十分震惊的电话。

我接到了管九村的文物保护员给我打的电话，他说那个山上可能有一座墓葬被盗。因为他也确切不了到底是不是墓葬，当时，我接到这个电话以后，就赶到现场去。赶到现场一看，那边有一个一米见方的盗洞。

3

事发现场位于大王塝山 3 上。大王塝山是当地百姓的叫法，相传这座山上埋葬着一个大王，所以叫做大王塝山。对于这个沿袭了千百年的叫法，在场的考古人员充满了猜测。起初，陈寅龙认为这里是一座汉代的烽火台遗址，但随后他和队员们根据现场所搜集到的相关信息，很快确定这里应该是一座年代更为久远的古代墓葬。

如果这里真的是一座墓葬，里面是否真像传说中的那样埋葬着一个大王呢？为了得到证实，考古人员决定先对这座墓葬进行试探性发掘。尽管陈寅龙对墓被盗早已有过思想准备，但当他面对眼前这个盗洞时，还是感到很意外。

这天杨琮和往常一样来到办公室，刚坐下他就接到了陈寅龙打来的电话。电话里，陈寅龙向杨琮汇报了遗址被盗的情况。虽然这时他能确定这是一座墓葬，但至于这是一座什么样的墓葬，陈寅龙一时还拿不定主意，于是他请杨琮尽快派人下来。

杨琮对陈寅龙汇报的情况非常重视，亲自从福州来到了大王塝山上被盗的墓葬现场，在了解了详细的情况后，决定对这座墓葬进行彻底的发掘。

墓的外形被人动过，外形是个长形的土墩。实际上，我们福建的考古工作者对这个土堆墓的认识还不是很到位。当时还有浙江的一个考古所的的同志，现在是副所长王海明，他跟我是同学。他到福建来考察考古，也认为这是一个土墩墓。

早在西周至春秋时期，土墩墓作为中国古代的墓葬形式之一便开始流行于长江中下游地区。分布形式大致可分为两种，一种为无规律密集式分布；一种为顺山脊一字形分布。它的特点是不挖墓穴，只在平地堆土起坟。

浙江考古同行的加盟给了杨琮和考古队莫大的支持。几天后，他们最终确定，这座墓葬和其他三十多个分布在管九村周边的土墩子是一个庞大的土墩墓群。

这个带有突破性的发现无疑印证了当时作为中国最古老的墓葬形式之一，土墩墓已经在这里开始出现，并随着数量的增多而日趋成为这里墓葬文化的显著特征之一。

可是，就在大王塝墓葬的挖掘快要接近底部时，陈寅龙开始怀疑墓葬中的文物可能已被盗空，为此他和杨琮院长打起了赌。

还剩下大概二三十公分厚度的淤泥的时候，杨院长就问我，他说：“寅龙啊，你说这个墓有没有东西？”因为我在那边注意看了一下。在西面那边，有一个两米见方的盗洞。我当时说：“肯定没东西。”院长说：“那我们打赌吧。”我说：“赌就赌啊。”

当工作人员小心翼翼地清理完最后一层土时，果不出陈寅龙所料，墓葬已经被盗得一干二净。虽然猜测得到证实，但作为一个考古人员，陈寅龙心中仍免不了有些失落。

虽然墓葬中的随葬品全部被盗，但是最后发现的一样东西还是给失望中的考古人员带来了一个小小的惊喜，他们在墓葬底部的泥土中发现了一具人的骨架 4。可惜的是由于岁月的侵蚀，这具骨架几乎完全腐化。即使如此，考古人员还是意外地从泥土中清理出了几颗牙齿。

在对这具骨架和牙齿进行碳14的测定后，神秘墓主人生活的年代被初步确定，大致是在西周到春秋时期，距今至少2400年以上。

阶段性挖掘所取得的成果让杨琮和陈寅龙他们欣喜若狂。于是，他们在继续清

4

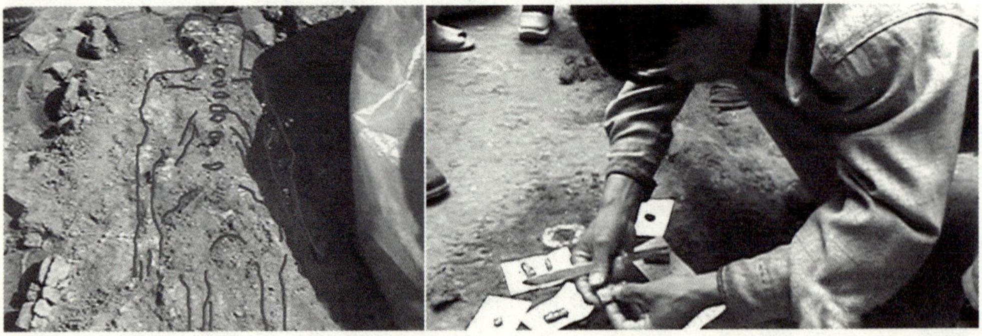

5

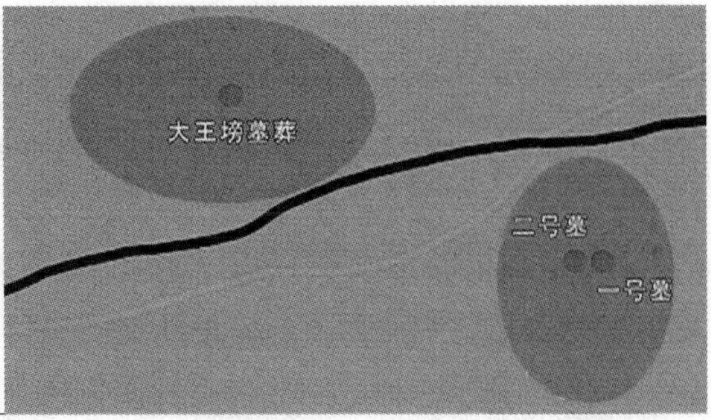

理这座墓葬的同时，开始着手周边墓葬的挖掘工作，以期获得更为完整和有价值的资料。首先，他们把重点设定在临近一处一墩双墓的土墩上，最先挖掘的这座墓葬被命名为一号墓，随后开始的一座则被称作二号墓 5。

可就在一号墓刚刚开始挖掘的时候，在大王塝墓葬，考古人员们发现了一个奇怪的现象，这座墓葬有被火烧过的痕迹。当时取土时发现了大量火烧土。紧接着，陈寅龙又在骨架周围发现了棺椁被烧毁的痕迹。一时间，陈寅龙不得不重新开始思考，重重假设又被他逐一排除，为什么一座墓葬会被大火前后烧过两次呢？

考古人员通过对火烧土的分析，发现第一次大火应该是古人为改变土质有意所为。目的是为了防止尸体腐烂。

闽北地区的红壤结构的土都带酸性。用火烧过一遍，把酸烧掉，然后用这种红烧土和大量的木炭来进行回填。那回填的话能清晰地看出一个人骨架的这么一个形状。因为我们在闽北考古也这么多年了，就唯一这一次，能发现这个人骨架，这也是属于一个比较重大的发现吧。

墓葬另一次大火的原因，据专家推测可能是盗墓贼所为。由于当时墓葬中的棺木等木料并没有腐朽，盗墓结束后，盗墓贼放火烧墓。也有一种分析似乎也在情理之中，那就是盗墓中不小心失火，因为木质结构长时间在地下就会产生沼气，遇到火便会燃烧，这种现象在很多被盗的墓葬中都曾发现过。

由于陪葬品被盗，现在已难以确切地知道大王塝墓葬主人的生前身份，但从墓葬的规制上，仍可以感受到墓主身份的显赫。

6

这个墓全部用那种片石垒砌而成，在当时的条件下能修到这么大的墓，说明他的等级是高的。

虽然山上这座墓葬的发掘给考古队员们留下了很多遗憾，但却印证了当地百姓千百年来对此山的叫法。这对于考古队员们来说，多少也算是个安慰了。

眼看大王塝墓葬的发掘工作已接近尾声，这天，从一号墓那边得到了一个坏消息。一号墓也同样被盗掘过，听到这个消息后陈寅龙火速赶到现场，看见了一个一米见方的盗洞 6。

到了现场以后，就发现在这个位置有一个一米见方的盗洞，盗洞下去以后，发现有鹅卵石铺底的一个墓葬。

受一号墓被盗的影响，此时参与二号墓发掘的队员们已经对结果不抱什么希望了。为什么前后发掘的两座墓葬都曾被盗？是什么人如此猖獗？这种现象的背后到底隐藏着怎样的秘密呢？

福建盗墓的历史最早可以追溯到商代。到公元前110年，汉武帝平定闽越，对闽越国内部采取分化瓦解的手段。为了彻底消除后患，汉武帝诏令将闽越举国迁往江淮内地并焚毁闽越国的城池宫殿。从这时开始直到三国时期的300多年时间里，当时的福建一直处于无人管理的状态，四面八方的流民大量涌入，专门从事盗墓活动。一时间，闽越时期的遗址和墓葬几乎被逐一盗掘。

即使如此，当年的盗墓者也有遗漏的地方。也正是他们的遗漏才有了2005年1月3日二号墓发掘时带给考古人员的惊喜。

这天，负责协助清理工作的农民在用锄头挖掘的时候，偶然间触到了一个坚硬的东西，这一发现将考古人员的兴致一下提了起来，陈寅龙见状连忙下去亲自动手清理。刚开始大家怀疑是玉器，但很快他们发现猜测是错误的。

首先映入眼帘的是一截手柄。待慢慢剔除全部表土后，呈现在陈寅龙等人眼前的竟是一把保存完好的青铜剑 7。

我们慢慢地剔，剔完以后，发现纹饰这么精美，还是非常欣慰的。是青铜器，没错的，就是要找的东西。然后慢慢用竹签给它挑开。挑开以后，一把寒光凛冽，埋藏于地下3000年的青铜剑出土了。当时那个兴奋感和自豪感油然而生。出土了这么精美的青铜剑，在福建省来讲是第一次。

二号墓出土的这把青铜剑具有典型的越式风格，虽然剑的刃口有些残缺，但仍然能看出当年精湛的制剑工艺。越式青铜剑在中国古代历史上一直就享有盛誉，

7

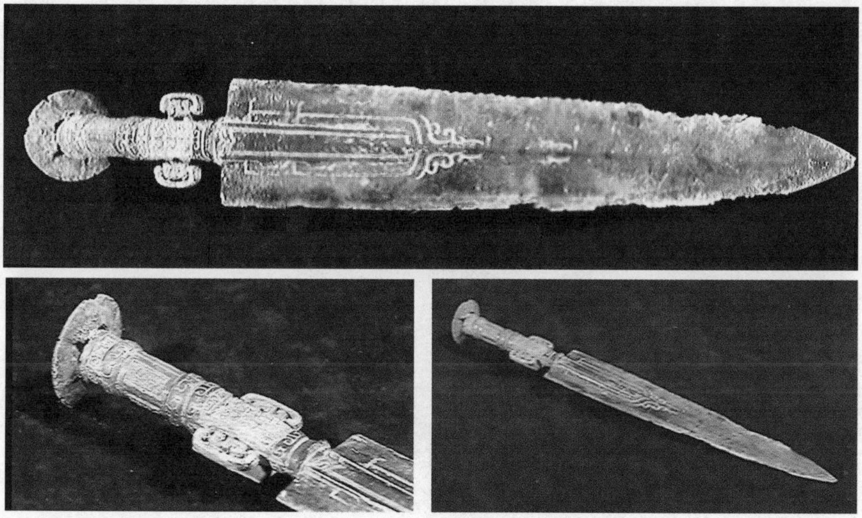

1965年在当时湖北省的一座楚墓中就曾出土过一把轰动国内外的青铜剑 8，剑身上还铸有“越王勾践自作用剑”八个字。虽说这把青铜剑在地下埋藏了2000多年，但依旧光彩照人。

浦城发现的这把青铜剑再次证实了越式青铜剑的不同凡响和高超的铸造工艺水平。

这把造型特别精美的短剑，铸造精良。每个剑颈上，都有剑的把手。剑颈有两个耳朵，这种剑的风格，只有在越地才有出现，中原是绝对没有。皖南的土墩墓里有出现，浙江的土墩墓里有出现，还有就是福建了。其他的地方见不到这种东西，或者很少见。这是明显的越文化的特色。

这把青铜剑的出土让考古队员们非常兴奋，没想到墓葬中还藏有如此珍贵的文物。大家此时开始相信，如果继续发掘下去的话，势必会有更多的东西出现，于是，在场所有考古队员的热情被一下子激发起来。

对于这种具有典型越式风格的青铜短剑，学术界大多认为它是西周到春秋时期的产物，而土墩墓里出土的这把短剑，经文物专家的鉴定，年代大致确定在距今2900年左右的西周晚期，这一结果与学界的推断不谋而合。

那么，当初一直被视为蛮荒之地的闽北为什么会出土如此精美的青铜剑？这些青铜剑又是从何而来呢？

史书记载，早在2500多年前的春秋时代，越人就因铸剑技术一流而享誉天下。这里当时有个铸剑能手叫欧冶子。在吴越争雄的年代里，有一次欧冶子曾奉越王之

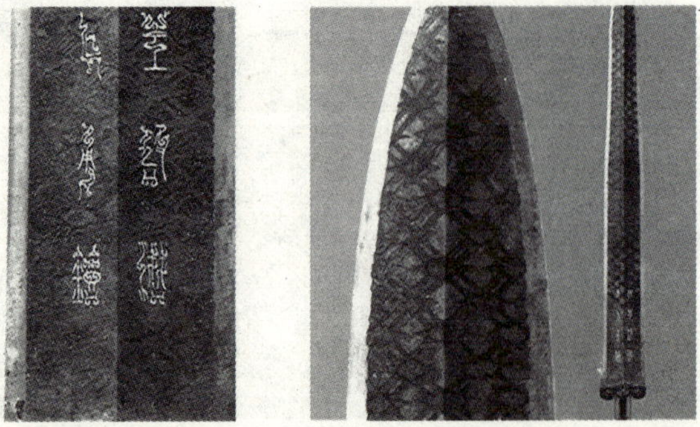

8

命进山铸剑，所铸的就是青铜剑。三年以后，他所铸造的宝剑，超出了同时代的铸剑水平，为此他受到越王允常特殊的奖赏，允常实际上就是后来越王勾践的父亲。

在北方铸鼎技术不断走向巅峰的时侯，闽人的铸剑技术也进入到一个炉火纯青的阶段。这也为浦城之所以能出土如此精美的青铜剑提供了有力的佐证。

事实上，古时的浦城只是闽北一个偏僻的小县城。那么究竟是什么吸引着古人曾在这里繁衍生息？又为何有如此大规模的土墩墓集中在浦城呢？

当地老百姓有一句民谣："管九啊，是九里花园十里街"。在古代的时候，它就是一个非常繁华的一个地方。在3000年前，它前面有条小溪流，一个非常大的山涧盆地，很适合一个人类居住。旁边都是很低矮的丘陵地带，背靠大山，当时的经济生活，河里捕鱼，山上打猎，还可以采集。就是说，它这个地理位置，非常适合古代人类这个居住。

由于这里地处闽、浙、赣三省交界处，因此从先秦时期开始，这里就成为外来文化进入福建的第一站，被史学家当做是接触中原和吴越文化的窗口地区。

独特的地理位置自然成为古人心中一块理想的风水宝地。至今诸多保存完整的文化的遗迹，充分表明当时的闽北曾是一个高度发达的地区。由此不难看出，为什么会有如此大规模的土墩墓集中在浦城了。

土墩墓选址大多在小山坡上，外形隆起比较明显，形状有椭圆形、圆角方形和圆形。墓葬大多位于土墩中心底部，主要有长方形浅坑、带墓道的竖穴土坑及平地掩埋三种类型。墓葬底部大都铺满鹅卵石，四周挖有浅槽作为排水沟。墓葬形式有一墩一墓或一墩多墓。

专家通过对出土文物和土壤层的分析，初步判断出这些土墩墓的年代为西周到春秋时期。这些横跨1500年历史的土墩，充分证明了古闽的人类文明大大早于史书记载，也将福建的历史向前推进了一大步。

浦城管九村墓葬群的发现，必将填补处于中国南方的福建土墩墓分布区域的空白，为学者研究西周至春秋时期土墩墓从平地掩埋发展至浅坑并向深坑过渡的演变规律提供了有价值的依据。土墩墓的文化，不仅见证了中国墓葬文化的变迁，也为中国人口的迁徙和文化区域的研究提供了新的思路。

除了短剑，此次发掘中又陆续出土了包括矛、戈、匕首、箭镞以及锛和刮刀等珍贵文物。

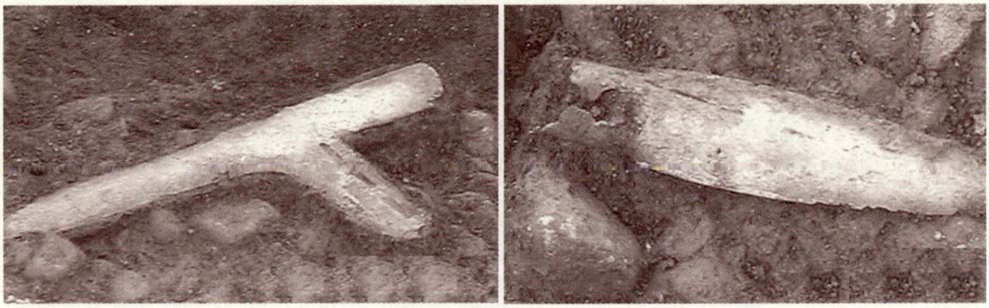

9

在所有出土的青铜器物中考古队员们发现了另一个奇怪的现象，为什么全是兵器9而没有像北方中原商代墓葬那样出现青铜礼器呢？

浦城地处古代闽越交通要道，同时也是军事重镇，大量兵器的出土说明这里曾发生过无数的战争。在那个蒙昧遥远的年代，祭祀是一项非常重要的活动，那么祭祀用的礼器是必不可少的。可是在浦城的发掘过程中还没有出现过一件礼器，是被盗墓者所盗还是另有原因？

就在土墩墓的部分发掘工作接近尾声时，在离管九村一公里远的猫耳弄山地表，考古人员又发现了大量的几何形印纹硬陶片，陶片分布之广让在场的人们感到惊讶。相关情况被立即汇总到了省考古队队长郑辉那里，经过商榷考古队决定把猫耳弄山定为下一个发掘重点。可就在这时，一件让陈寅龙揪心的事情发生了。

这天，正在上海出差的陈寅龙接到文管处文物保护员打来的电话，称在高速公路施工的过程中，挖掘机挖出了三件青铜器，被开铲车的司机拿走了。陈寅龙听后不由得一惊，难道土墩墓中还真的存有青铜器？想到这里陈寅龙不顾一切地赶回浦城，随后立即前往工地寻找，但他扑了个空，铲车司机早已不知去向。

陈寅龙和同事走街串巷四处查找铲车司机的行踪，几天下来却没有一点线索。就在他们忧心如焚的时候，铲车师傅的老乡酒后不慎说出了他的去向。原来司机去了另外的一处工地。陈寅龙闻听连忙赶了过去，终于找到了那位铲车司机，可没想到对方矢口否认拿了那三件青铜器。

工地下班后陈寅龙又去找他，并苦口婆心地劝导着这个做着发财梦的铲车司机。

铲车司机答应回家去取文物，可是没想到走后的他又音信全无。陈寅龙感到事态严重，就向浦城公安局报了案。公安局的领导非常重视，派出刑侦人员和陈寅龙一道火速赶到了福清，几经周折终于找到了那位铲车司机。

就这样，土墩墓中极其珍贵的三件青铜容器最后还是回到了考古队的手中，逃过了它们被私下交易的厄运。

考古队在一年多的时间里，完成了对浦城管九村30多座土墩墓的抢救性发掘，取得了重大的考古成果。此次的挖掘，除发现一些青铜器物以外，他们还相继发现了很多罕见的原始瓷器和陶器，土墩墓中怎么会有这么多的原始瓷器和陶器出现呢？结合先前在猫耳弄山发现的大量陶片，考古人员推断，这里一定还蕴藏着一个古人烧造陶器的窑址。如果推断成立，相信这片神奇的土地还将带给人们一些更加惊喜的发现……

二

这一天，追回来的三件青铜器被送到了福建省文物局，经鉴定其中的青铜碗是国家一级文物，按文物规格一级文物相当于国宝文物。可惜的是那两件因为被铲车破坏，只被定为国家二级文物 10。

为什么事先考古队员们没有发现这些重要的文物呢？

我们发掘的都是基本上成形的土墩墓。那个土墩墓是在边上，一个非常小非常不起眼的地方，在古代的时候盗墓者就把它漏掉了，非常小。后来我们在原地勘探，那是我们所有发掘里头最小一座土堆墓。我们后来收集回来的原始青瓷再次反证我们这些已经发掘的有青铜兵器的墓中间，都有大量的青铜的容器、礼器、酒器。只不过在古代的时候就被盗了。这说明闽北这个地方，特别是浦城，当时的青铜文化已经相当发达。

事情的真相终于明朗了，这三件文物的坎坷命运可以说是因祸得福。

那么这些青铜器皿到底是干什么用的呢？杨琮认为它们是祭祀用品，樽和杯是酒器，盘是乘肉用的。三件文物的出现体现了浦城土墩墓群考古的价值和意义，从而进一步证明了古代闽北文明与吴越及北方中原文明的紧密联系。

10

这些东西总的来说，在中国江南土墩墓中，像皖南、浙江的土墩墓中都有出土，包括苏南都有发现类似的。这很明显是西周晚期，到春秋初期的一个青铜器。造型上都受到中原文化的严重影响。

这些西周时期的青铜兵器代表了奴隶制时代高度发展的文化艺术和科学技术水平，它的发现有力证实了当时闽北也有着发达的青铜文明，是社会生产力发展到一个新阶段的标志。那么这些文明与福建武夷山汉代闽越王城遗址是否有着一脉相承的关系呢？

当初，武夷山闽越王城最大的发现是铁器的大量出现和使用。而同时期的中原地区还在沿用青铜器。这说明闽北和吴越地区在当时已掌握了先进的冶炼技术，由此可以看出土墩墓出土的青铜剑到汉代闽越人掌握炼铁技术，这之间是一种传承与发展的关系。

闽越人在不同时期的文化有变化。到了汉代，可能瓷器业衰落了，就没有原始青瓷了，或者很罕见。它是把更多的注意力放在了铁器上，那时候铁器出现了，有了新的生产力、生产技术。铁器的生产和制造，是人类历史上，一次非常重要的革命。

尽管此次浦城管九村的抢救性考古发掘取得了重大的成果，但考古人员心中仍然充满谜团。土墩墓中怎么会有那么多的原始瓷器和陶器呢？那些原始瓷器和陶器以及地表上的陶片究竟是从何而来？

猫耳弄山由七座南北走向的低缓山丘所组成，长约1500百米，占地一平方公里。在猫耳弄山四周的几座山间，人们还不时可以捡到黑色的碎陶片。据当地的村民说，这里的祖祖辈辈看惯了这种黑色陶片，从没觉得有什么稀奇。在考古队来此之前，谁也不知道山上为什么会有这么多的陶片。

几万平方米，连续七个山坡都大量的堆积着这些陶器。这里肯定是一个大一点的居住遗址，考古上说的聚落遗址。生活区、墓葬区、居住区，整个社会形态都有，功能又比较齐全。不可能单单居住在这里，而且墓葬没有人。那其中肯定有手工作坊区、生产作坊区，根据这些配套的规模，心中一直有这个感觉：这么大的聚落遗址，作坊区肯定有，就是没有找到。所以每天都在周边几公里范围内找来找去。

由于猫耳弄山遗址地处浦南高速公路建设的沿途，早已被文物部门列入抢救性考古发掘的项目之中。为了尽快弄清这些陶片的来历，以便获取更多的历史信息，考古队决定即刻对山上的十八座遗址进行挖掘。

开始挖掘时，队员们既紧张又兴奋。然而随着发掘工作的不断深入，考古队员们发现了一个奇怪的现象。有一座遗址所出土的器物无论是器形还是种类，远比另外17座遗址出土的要多。一些黑色的碎陶片上面还绘有席纹、云纹、方格纹等各种美丽的纹饰。他们如获至宝，因为这就是传说中的黑衣陶 11。

这些黑衣陶，是福建地区典型的商代遗物，形成时间大约在3500年到4000年前，被许多学者认为是瓷器的前身。在此之前，福建地区发现的这个时期的文化遗址并不是很多。

11

如此大面积的陶片分布和黑衣陶的出土让他们着实感到兴奋，如果不是亲眼所见，恐怕谁也不会相信这样的发现。与此同时，以郑辉为首的另一组考古人员为了抢在高速公路开工前完成挖掘，已在墓葬群对面的两处遗址上挖掘出了一个生活区。这无疑给在场的所有人增添了信心。

这天，郑辉他们在清理一些碎陶片时，发现了许多圆形、方形的灰坑。这些灰坑其实就是垃圾堆，古人在处理生活垃圾时，基本上都是采取挖坑填埋的方法。这些灰坑的发现表示这里曾经是古人类的生活区。

尽管每天都有新的发现，陶器还在源源不断地被挖出，但郑辉心中的谜团却始终没有破解，难道这里只有生活区和墓葬区吗？郑辉等人越是困惑，就越发希望尽快找到这些陶器的出处。

当时我们怀疑居住区和墓葬是在一块。没有想到后面，还有些什么重要发现。当时我们也在想为什么陶片散布这么多，而且是一平方公里都有。

一般情况下，重大的考古发现常常伴有偶然因素，猫耳弄山商代窑群的发现就这样充满着戏剧性。这天，郑辉像往常一样从工地收工返回住所，途中他习惯性地在周围转悠。忽然，在他途经山坳底部一处新开劈的小路上发现了许多陶片。

在地表上挂了很多这种陶片。有黑衣陶、加沙陶，一层一层的很密集，而且比地表上的深，我就觉得很奇怪。这里地势很低，按正常古遗址居住分布布局，一般不必那么深下去。要不是特殊的东西或者灰坑很深的东西，就是其他手工作坊区。再加上它有好多沙粒、红烧土，就想这肯定是跟作坊、陶窑有关的东西。

职业的敏感使他意识到这里可能就存有一座古代的窑址，在郑辉的带领下，考古队即刻对这里开始了挖掘，结果让他们大吃一惊……

他们发现在土壤里面有炭粒和红烧土，红烧土呈圆弧或长条状分布，表明这里一定是座古代的窑址。为了不破坏结构，考古队员们只能用小刮刀、小锄头等一点一点地进行挖掘。四天后，这座古窑渐渐显露出了它的形状。

这是一座长条形的窑址，它建在山坡的中下部，顺着山势往上延伸，长大约六七米。[12]经过考古队员的清理，很清晰地看到窑炉的火膛[13]和火道[14]。窑底的土

12

13

14

质呈青灰色，很像是经过长期烧制留下的痕迹。

“龙窑！是龙窑”一位队员兴奋地大声喊道。这一重大的发现，让在场的所有考古人员都激动不已、欣喜万分。

我从事考古有20多年了，没有接触过这种陶窑。我们大多数本省的考古工作者，也没有正儿八经地挖过陶窑。

为什么这么一个不起眼的龙窑会让考古队员们如此兴奋呢？

其实，龙窑在当年是我国南方一些地区用来烧造青瓷的窑炉，因其建在山坡上，很像一条龙的形状，所以叫做龙窑。龙窑技术是在唐宋以后才逐渐成熟的。但是，关于它的发展和演变过程，考古学界一直存有争议。

龙窑的特点是窑室温度上升快下降也快。由于窑内通风不良，缺少氧气，烧制中，工匠们可利用一氧化碳等还原性气体的还原火焰，使含铜的釉色表面出现红色。而且龙窑的产量高，同时又可节省成本，所以在当时一直是被当做是主流的窑型。这座龙窑无疑是福建省境内的首次发现。而且作为有烟囱的龙窑，即使在国内也是不多见的。

福建后来发展到宋代的龙窑一百三十多年。那时候陶瓷业已经非常发达了。猫耳弄山反映了早期的制陶业，这个不简单，在中国北方是没有龙窑的。

紧接着，他们在这座长条形的窑下方，又发现五座圆形和椭圆形窑。

这五座窑和龙窑之间有着叠压打破的关系，龙窑压着椭圆形窑，椭圆形窑压着圆形窑。年代相距应该在几十年之间。

叠压关系是一种标志。一种硬性的东西。压在上面的肯定比较晚。通过这种移取关系，我们可以看到陶器里面排队，年代，早晚，它是怎么发展过来的。从我们目前看，圆形窑和椭圆形窑是比较早的一种形态。因为是早期地层里面出来的，我们叫第三层下面。龙窑是二层下，压着那个早期的窑，就是有叠压关系的好处。比一般出土的叠压关系的意义要大得多。

这就证明了它们和龙窑之间存在着传承、发展和演变的关系，是迄今发现的中国最早的龙窑。这座距今3500年左右的商代早期遗迹，堪称是中国龙窑的鼻祖。

随着龙窑遗址的出现，最初困扰在考古队员心头的谜团终于被解开了。

随后，他们这座遗址的不远处发现了一处大型的墓葬群。一共13座。其中，这座位于山坡上的墓葬经过分析是当年窑工的墓葬。里面还出土了一些器物，显然是作为陪葬品随着死后的窑工一起下葬的。既然是窑工的墓葬，为什么很多的陪葬品却都是些烧制变形或残缺的器物呢？

从这些墓葬中出土的陪葬品来看，当时已有明显的等级制度和阶级划分。因此考古人员推测，这座有着27件陪葬器物的墓主，可能是窑工的工头。而那些陪葬器物少的墓葬里，埋葬的应该是那些普通的窑工。由于自身社会地位的低贱，因此在死时也只能使用这些烧制变形或残缺的陶器来当做自己的陪葬物了。

猫耳弄山遗址的发现，让兴奋不已的考古人员几乎忘记了疲劳。显然，这里还有一些未知的东西等待着他们去发现。连日来队员们几乎每天都是加班加点地进行着清理等工作，然而就在这时一个非常严重的问题发生了。

随着浦南高速公路施工的全面开始，这个不速之客开进了郑辉他们的挖掘现场。原来，正在挖掘中的遗址，一半是在高速公路的设计线路上。如果继续施工，窑址的另一半将被毁坏。那么，这片三千多年前的窑炉遗迹将会遭到毁灭性的破坏。

就在这时考古人员在推土机推出的泥土中发现了红烧土。

一起参与发掘工作的陈寅龙听到消息跑来后，不顾一切地冲到挖掘机前，要求对方立即停止施工。但施工人员迫于工期压力，并没有理睬他的要求。陈寅龙据理力争，但对方也是振振有词。双方站在各自的立场上，态度都非常强硬，一时形成对峙，气氛十分紧张。

形势非常严峻，冲突在所难免。这时，作为省考古队队长的郑辉站出来，劝自己的队员们冷静，不要冲动。

等执法人员和对方领导赶来后，经过调解争端才平息下来。于是双方开始协商，施工方提出能否考虑将窑址搬迁。考古方认为这不可能，如果那样的话，将会毁掉珍贵的古迹，于是提出要求高速公路改线，并停止在窑群周围的所有施工。施工方觉得这个要求会给他们增加大量的改建费用，不肯答应，就这样双方仍僵持不下。

于是，考古人员把情况向上级有关部门做了汇报，同时向社会各界发出呼吁，寻求对这片窑群遗址实施原地保护。

这一切也引起了施工方领导的高度重视并亲临现场办公。鉴于窑址的重大研究意义，他们会同有关部门领导召开紧急会议，并组织文物、考古和公路设计专家一起展开论证。经过多次磋商，施工方认同了文物部门的意见，最终同意让高速公路绕过商代窑群实施改道。就这样，这座大型的商代窑群的原址保护工作也终于尘埃落定。

数日后，考古人员在这里又陆续发现和清理出一座龙窑和两座椭圆形窑。龙窑几乎保存完好，尤其是那座高达1.2米的烟囱，后来被专家誉为是“中国第一烟囱”15。

这是按照原型复原的三座窑的模型，它们依次是圆形窑、椭圆形窑、龙窑 16。

这三种窑的发现，证明了中国南方在商代窑炉的多样性和已经发展成为自身独立的窑业系统。特别是独立发展出烧制温度更高、容量更大、技术更先进的龙窑，这种传统技术是对中国窑业技术的重大贡献，为研究中国早期窑业技术和陶瓷史进程提供了宝贵的资料。

15

从圆形窑、椭圆形窑，发展到这种长条形窑。圆形窑和椭圆形窑，一次能烧出来的陶器最多不会超过30件。这种圆形窑和椭圆形窑的火焰是属于升焰式的，从底下烧火，火往上面升，是升焰式窑。长条形龙窑的容量很大，烧成温度更高，后面有个烟囱。它的火焰是属于平焰式窑，火焰平着进去，靠烟囱把火往里面拔，整个窑炉结构，全部改变了。它率先推进中国窑业技术发展的进程。

据统计，猫耳弄山窑群共清理出九座各种类型的商代窑炉。这种集中、紧凑的生产模式在全国的考古发现中实属罕见。它对探索南方窑业技术的发展、龙窑的起源、原始瓷产地提供了直接的学术依据。

当初谁也没有料到，在闽北这个偏僻的山区里，居然还埋藏有如此完好、令考古界梦寐以求的商代窑群遗址。由于它特殊的文物考古价值，猫耳弄山商代窑群遗址被国家文物局正式列为2005年中国考古十大发现之一，这无疑给参与管九村土墩墓后续挖掘的工作人员以莫大的鼓舞。

16

17

在修复陶器的过程中，考古人员将猫耳山龙窑中出土的黑衣陶及陶片、与管九村土墩墓中出土的进行了对照，发现这些黑衣陶及陶片无论是器形还是纹饰等方面，都是一模一样的 17。毫无疑问管九村土墩墓中的陪葬品，就是在这里的窑炉中烧制的。这样，一直令考古人员费解的地表陶片和地下陪葬品的出处终于找到了答案，困扰他们的谜团也随之解开了。

黑衣陶属商代早期产品。具有明显的时代特征。在那个农业和手工业相对发达的年代，福建的黑衣陶是最主流的产品，多用在贸易往来和商品交换中。同时，它又是人们日常生活的必需品，死后也要被大量带入墓葬。

据考古专家推断，由于浦城特殊的地理位置，商代早期在这里就存在着龙窑产品的贸易往来。当时，在古窑群的周围有着相当繁荣的景象。

3500多年前，当中原进入到青铜时代并逐渐出现夏商周等国家政权时，闽北地区可能尚处在原始社会的末期，或者仅仅是氏族部落的阶段。当地的人们依旧沿袭着物物交换的传统，利用生产出来的陶器与周边的大部分地区进行着频繁的贸易往来。这一推断，似乎在发现的这些遗址中得到了印证。

就在猫耳弄山商代窑群遗址被成功列入2005年中国十大考古新发现的第二年，浦城管九村土墩墓也随即入选。一个地区，两处遗址的先后入选，尤其让杨琮感到欣慰。因为这是继20世纪80年代发现闽越王城后，他所参与的又一个重大的考古发现。

如今，虽说浦城的考古工作已近尾声，但此时仍有一些秘密正在破解中。

当初，在现场取回的陶片上发现了这些看似阿拉伯数字的符号 。

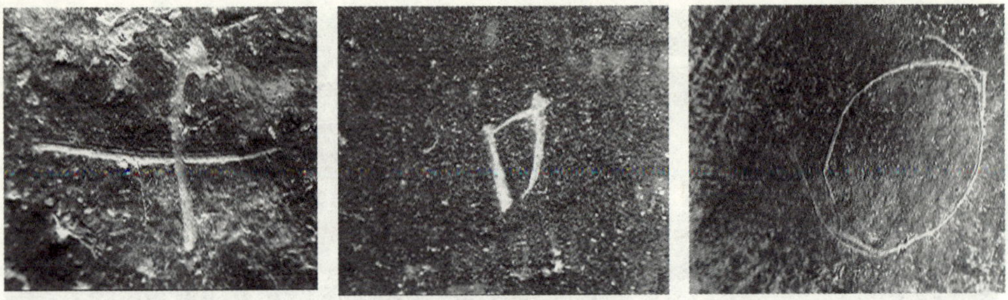

18

我们当时看到这些符号时非常兴奋 18。6，7，好像还有2。那个6真的跟阿拉伯数字是一模一样的，没有区别的。如果说阿拉伯数字是从浦城这个商代窑群这边发明的，我觉得这个可能性也不是很大。就是我觉得还是个谜，怎么去破解它，还有待以后进行更深入的、更细致的研究。

这让考古人员产生了无限的遐想。难道早在商代时中国就开始使用今天的阿拉伯数字吗？这些符号到底有着怎样含义呢？

[8]
探秘汶上圣物

故事讲述人

山东省汶上县常务副县长
杨春炳

山东省汶上县文化局局长
王思勤

山东省汶上县委宣传部副部长、文化局局长
马玉申

山东省济宁市文物局局长
宫衍星

原山东省汶上县博物馆馆长
董文华

山东省汶上县宗教局局长
李成伟

山东省汶上县文化局副局长
张科亭

山东省文物局局长
蒋英炬

历史学者
汪海波

山东省济宁市作协副主席
汪　林

一

1994年初春，山东省汶上县文物管理部门正式启动对本县宝相寺内的佛塔进行全面修缮工作。上千根木杆、数百块架板将塔体整整围了一圈，施工人员小心翼翼地对每一块砖进行检查、替换，工地一片热闹繁忙。

然而，每当夜幕降临，工地一片寂静的时候，两个人影总会出现在塔前，他们用手电筒不停地照照这里，又用手抠抠那里。更为蹊跷的是，另一个人影在午夜时分也会出现。

他们在佛塔前一阵比画后就消失在夜幕之中。

坐落在汶上县的宝相寺和县委、县政府院是一个院落，佛塔距离办公楼不远。

那三个人离开佛塔以后就匆匆忙忙进了县政府的办公楼。

原来，一直在塔前搜寻的人是县文化局局长王思勤和县文管所所长刘怀荣，后去的人叫杨春炳，是刚刚上任不久的常务副县长。

佛塔维修工程开工以来，我和文化局长王思勤同志有个约定，那就是每天收工之后我们三个人在佛塔周围接头，雷打不动，风雨无阻。

晚上我们轮流值班，工地上的人都不知道我们正在执行一项十分神秘的任务，如果发现问题直接向县长汇报。

王思勤他们执行的是一项什么神秘任务呢？

担任施工总指挥的杨春炳在佛塔开工之前查阅了大量资料，他发现，这座被山东省定为省级重点文物保护的佛塔只有明、清两次修缮的记载，但却查不到建造时间，也没有塔名的出处。

这座没有准确名字的佛塔因塔顶是金黄色的琉璃瓦覆盖，在旭日东升或夕阳西下，特别是在强烈的阳光照射下，金光闪闪，所以当地的群众都叫它黄金塔。另外，这座佛塔坐落在宝相寺的后院内，也有人叫它宝相寺塔 1。

宝相寺塔位于山东省汶上县城西北，是宝相寺的唯一遗存，也是汶上建城千百年来保存最完好的地面建筑。

被誉为古中都的汶上县位于山东省西南部 2，东临圣城曲阜，西靠水泊梁山，

1

2

3

4

北依巍巍泰山，南临浩淼的微山湖，地理位置优越，人文景观众多。早在7300年前，县城东贾柏一带就有先民部落居住，并已开始使用石器。华夏民族的先祖蚩尤3曾在这一带活动，死后葬于汶上城南。

汶上是儒家文化的发祥地，伟大的思想家、教育家、儒家的创始人孔子曾于公元前501年任中都宰，是汶上县的第一任县官。孔子制礼仪、行教化、兴水利、劝农耕，政绩卓著，并且，在这里大力推行儒家思想，影响深远。

汶上县是儒释道三教融汇之地，尤其是佛教，经北魏至宋朝，发展到极盛，持续繁荣600年之久。从佛教文化遗存与辐射影响来看，宝相寺也是北传佛教最重要的集聚地之一。

这幅保存在中都博物馆的清代名画，叫《宝塔晚照》4，画中的寺院就是现在的宝相寺，矗立在寺院中的佛塔就是今天的宝相寺塔。

“佛塔”，梵语Stupa，音译为“塔婆”、“佛图”、“浮图”等。相传佛祖释迦牟尼去世前，弟子曾经请教将来应该如何供养他的舍利？释迦牟尼当即将衣袍铺地、把托钵倒置于衣袍之上，再将锡杖立于钵上。于是圆形的塔身和朝上的塔尖即成为佛塔的基本形状。

释迦牟尼去世后，被火化的遗体成为佛舍利，弟子们就修建佛塔，并将佛舍利供养在佛塔之中。

据史料记载，佛塔在东汉时期随佛教传入中国。

佛塔按建筑材料可分为木塔、砖石塔、金属塔、琉璃塔等，魏晋南北朝时以木塔为主，唐宋时期砖石塔得到了发展。按类型分为楼阁式塔、密檐塔、喇嘛塔、金刚宝座塔和墓塔等。塔的层数一般为单数，最高十三层。目前，分布在中国各地的佛塔约有 2 万座。

佛教界将埋葬在佛塔内的佛舍利和奇珍异宝称之为瘗藏圣物。

那么，宝相寺塔有地宫吗？地宫里也有佛教圣物和奇珍异宝吗？

时任山东省汶上县博物馆馆长李继平说，一般地讲，佛塔是由塔宫、塔基、塔身、塔刹这样四部分组成。说不定宝相寺塔也有塔宫，但是这也只能是猜测而已。

据有关资料记载，近几十年来，在中国，从佛塔中发掘出佛教奇珍异宝的事屡屡出现。

1965 年 3 月，广州市华林寺白塔塔基中心一米深处发掘出一个石函，内有释迦牟尼真身舍利 22 颗，这 22 颗舍利曾经被送到北京，时任中国佛教协会会长的赵朴初看后，断定确系释迦牟尼的肉身舍利 5。

1981 年 11 月 27 日，北京云居寺保管所的工作人员在清理石经雷音洞地面时，从地面拜石下发掘出一方石函，内有银函、玉函，函函相套，严密封存。在白玉函内，有两粒小米粒般大小的佛舍利，旁边还伴着两颗珍珠 6。

1987 年，在陕西省扶风县法门寺内，从倾倒的佛塔底下发现塔基地宫，找到

5

6

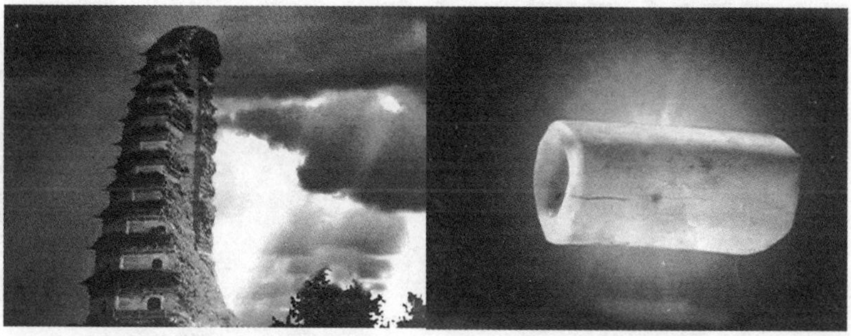

7

四枚佛指骨舍利，其中一枚是佛指真身舍利，这枚释迦牟尼佛中指骨舍利是目前唯一发现的佛指舍利 7。

这么多的发现在常务副县长杨春炳看来是一次次的信号！同时，这也让他感觉到保护文物安全的责任更加重大。

在我们汶上县乃至整个大汶河流域，民间世代传颂着一个神秘的故事，说是黄金塔地宫里藏了五处珍宝。塔的旁边有一个白奶奶庙，白奶奶庙里有一个白蛇专门护着塔宫里的宝贝。但这都是些传说，从来也没有人见到过，我们这座千年的黄金塔一直被一层神秘的色彩笼罩着。

1994年初春的那段时间，杨春炳办公室的灯光几乎是夜夜通明。这天夜里，他们又聚集在一起讨论：宝相寺塔十三级，是佛塔层级最高的建筑形式，应当是为瘗藏释迦牟尼遗骨、舍利、佛像、佛经以及奇珍异宝而建造。

他们的共同愿望是，维修好佛塔，保护好佛塔。但是，如果一旦在维修过程中发现佛教文物，一定做好抢救性发掘的准备。

按照国家文物局的有关规定，文物修复的原则是：修旧如旧，保持文物的原样。当时，修缮佛塔是从上往下修，脚手架直接搭到顶层，然后修一层拆掉一层 8。

1994年3月14日，工程进行到最底层。这一层的墙皮是1970年左右“文革”期间用水泥抹上的，如今要全部铲掉，再用仿宋的青砖填补。

上午8点钟，正当施工人员清理时，他们突然发现据地面半米左右，有一道齐缝的砖与正常砌垒的砖缝不一致，就像一个堵塞的洞口 。

8

9

杨春炳和文化局长王思勤很快赶到现场，经过仔细观察后，认定这有可能就是塔宫的隐门。杨春炳告诉王思勤说：“不要暴露现场，不要动，这是省级重点文物，马上向市文物局汇报。”

此时的杨春炳已经隐约地感到一个重大的发现即将来临。

当天，济宁市文物局接到汶上县发现塔基隐门的急电，并请求对塔宫进行抢救性发掘。

第二天，济宁市文物局宫衍星局长带领专家赶到汶上县。

根据国家的考古发掘有关规定，在建设中碰见文物或可能存在文物，要立即组织抢救，叫抢救性发掘。如果是科学发掘，必须报告，国家批准以后才能动工，建设中碰见的，为了保护安全不受损失，也可以边进行抢救边发掘边给国家报告。

1994年3月15日，汶上县县公安局8名民警现场保卫，县文化局、文物管理处全体专业人员参加，济宁市文物局四位文物专家现场指导，对宝相寺塔发现的地宫进行抢救性发掘。

佛塔发现地宫的消息很快传开，尽管有公安干警执行警戒，但前来围观的群众还是络绎不绝，将发掘现场围得水泄不通。

考古人员仔细地将塔宫隐门的外层砖一块一块地取下来，并有秩序地放好。他们知道，如果稍有疏忽就会对佛塔造成破坏。当拆掉了外层砖以后，一个圆形的圈门出现在眼前 9，这个圈门就是塔宫的宫门，宫门往里是甬道。

10

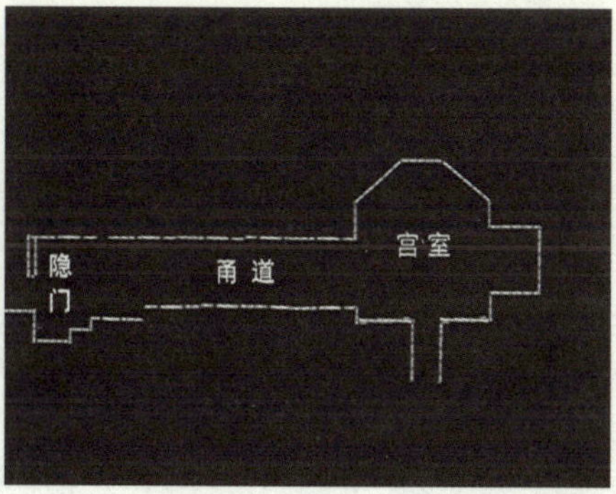

11

考古人员发现，整个甬道是用大城砖和白灰浇筑而成，非常结实 10。

发掘继续进行，整个甬道清出来了 11，甬道南北长 3.93 米，宽 0.97 米，高 1.65 米 。

这时我们看到甬道尽头的宫门已完全显露出来。当施工人员刚刚把宫门打通一个洞时，一股馨香的清气扑面而来。我们急切地用强光手电筒向里面照，当灯光打过去以后，一白一黄两束亮光迎面刺来，让人惊喜中不寒而栗，面面相觑。

这是什么光？从哪里发出来的？

塔宫内部到底什么样？有没有淤泥或者井？有没有毒蛇或蝎子？是否缺氧？里面到底藏着什么秘密呢？面对种种疑团，考古人员作了认真的准备。

为了试探塔宫是否缺氧，考古人员在一根长竹竿上绑了两支蜡烛，小心地伸进塔宫。

他们很快发现火焰燃烧十分正常，地宫内并不缺氧。

董文华虽然学的是考古发掘专业，却从来没有进过佛塔地宫。当他爬进地宫时，一股清凉、馨香的气息扑面而来，董文华明白，这是来自遥远年代的气息。

这时，参加发掘的专家们半蹲半跪地守候在甬道口，静静地等待董文华的回音。

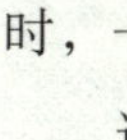

当时我在塔宫里喊：塔宫里和秋天一样，很凉爽，香气扑鼻。这时，大家放心了，高兴了。接着，发掘总指挥杨春炳陆续和一些专家爬进了地宫。

1994年3月15日这天，尘封已久的地宫迎来了第一批“不速之客”。他们一时难以相信，这就是想象中的地宫吗？

借助手电光，他们很快发现：塔宫位于塔基的正中部，由甬道、宫室组成。经初步测量，宫室南北长1.47米，东西宽1.43米，高4.2米。

塔宫底部中心有一园井，井口盖一方石，方石正中有一圆孔与井口相吻合，是13层佛塔的中心。井口周围装饰有莲花图案。

在塔宫正北面有一座佛龛，上面摆放着一件石匣。

根据考古一般规则和要求，应该是由表及里，由近到远，由下到上，由外到内。因此，我们没有动石匣，而是先找它周围的暴露在外面的文物。

尽管石匣就摆在眼前，但他们还不能轻举妄动，考古人员又借助手电光寻找暴露在外面的文物。

突然，在地宫南壁发现手书墨迹，上面清晰地写着：任城左荣义、荣世，中都柬德孺同迎佛牙归葬。时政和二年三月十五日 12。

在地宫西壁也发现有墨书：任城左荣义、荣世，中都柬德孺同送葬佛牙舍利。时政和二年三月十五日 13。

政和二年就是公元1112年，距1994年已有882年。此时，考古人员非常激动，虽然他们还不知道荣义、荣世、柬德孺这三个人是谁，但是他们已经隐约感觉

12

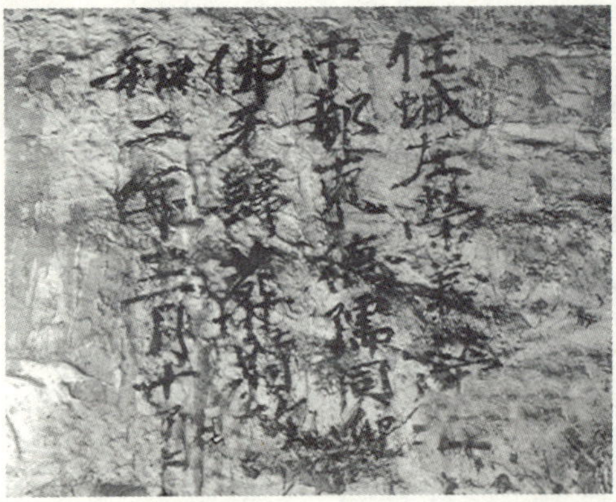

13

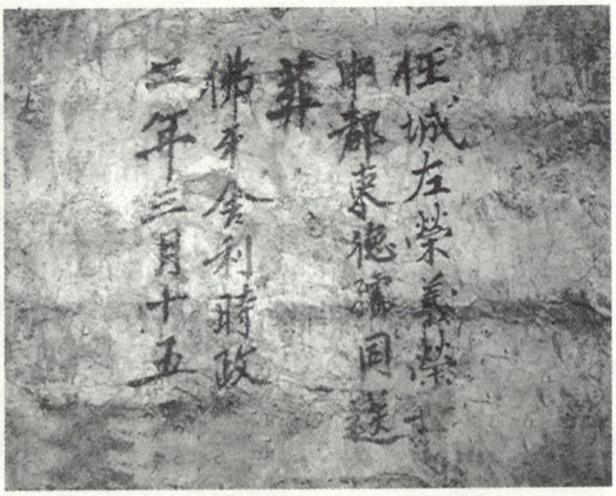

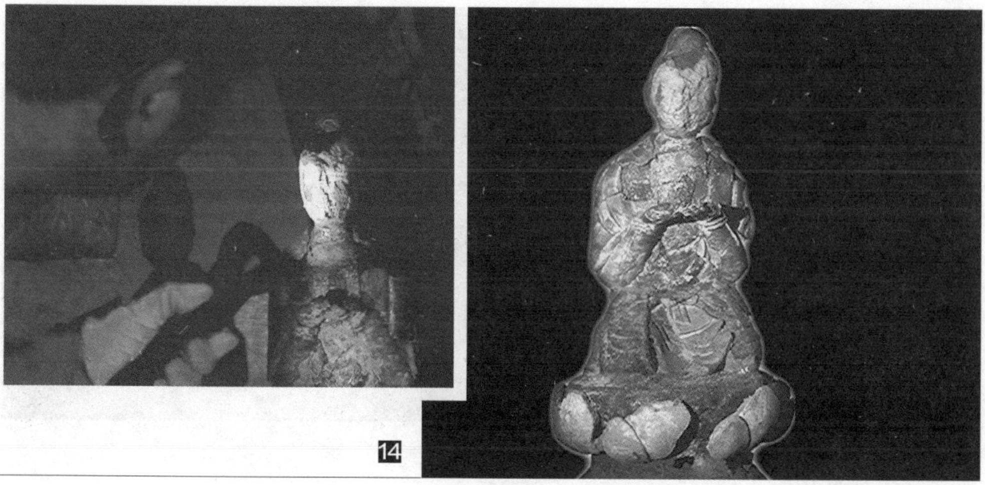

14

到在这座地宫里埋藏着佛牙舍利！

大家屏住呼吸，神经高度紧张。就在这时，董文华发出一声喊叫：这里有一尊菩萨！

菩萨摆放在石匣的左侧，初步判断是泥塑的，面部已剥落不清 14。

菩萨发髻高束，身躯微躬，双手于胸前呈恭捧姿，双膝跪于莲台上。因年长日久，加之地宫潮湿，泥塑大部分脱落，露出里面的铁胎。

这尊菩萨身高 50 厘米，底座直径 20 厘米。

我们常见的佛菩萨造像一般是站立式、坐式或者卧式，而宝相寺太子灵踪塔地宫发现的这尊菩萨造像呈双膝下跪姿势，这在文献资料中是从未有过的。这是一尊举世无双的菩萨造像，这尊菩萨应是唐宋皇室专门为供养真身佛牙舍利而特别制作的。

1987 年，陕西省扶风县法门寺地宫里也出土过相似的“捧真身菩萨”，不过，法门寺的“捧真身菩萨”双腿呈“左屈右跪”姿，与宝相寺出土的双膝跪姿菩萨在规格上有明显的不同。

接着，一块断裂的造像石出现在眼前，它平放在石匣的右后侧 15。

这块造像石高 28 厘米，宽 20 厘米，为石灰石质。

正面是浮雕弥勒佛造像，神情安详。背面的铭文记载了供养者的姓氏名号及供养因缘，铭文镌刻为大魏武定6年，是一块北魏时期的佛造像石，距今已经有1500

15

百余年的历史，在入葬时也有近600年。它不仅为宝相寺初建年代提供了实物佐证，而且它的断裂和残坏也是历史上灭佛的见证。

据史料记载，中国历史上曾发生过多次灭佛运动，其中规模较大的就有四次，从毁坏佛像、拆除寺庙、焚毁经书、限令还俗、没收寺产，乃至对僧人处以极刑等。

公元1112年，正是宋徽宗崇道灭佛的政和二年，汶上县宝相寺塔地宫内的佛教圣物应该是在这样的特殊时期秘密埋藏的。

根据考古人员的判断，这块造像石应该出自山东青州。

山东青州是南朝和北朝之间联系的纽带，而作为政治和文化的中心地带，青州也成为佛教石窟、佛教造像集中的地区。

青州的佛教造像，绝大多数都是用石灰石雕刻而成，这种石灰石是青州盛产的一种石材，当地人称为青石。青石质地细腻、硬度适中，特别适合制作精美的雕像。利用青石进行雕刻的传统，至今仍在当地延续，不少工匠是绵延几代的石刻世家。

今天在青州市附近，还保留着几处公元6～7世纪建造的佛教石窟。宝相寺塔地宫发现的青石造像石就是那一时期青州石窟的产物。

地宫内能看得见的文物已被大家清理了一遍，现在只剩下这座石匣了。几柱手电筒的光照在石匣顶盖的缝隙上，突然，几束亮光在缝隙里闪烁。

我下意识地往后一退，这个心就紧张起来了，我立刻想到这两束亮光如同进地宫前见到的那两束光一样。

杨春炳他们再次围向石匣，仔细观察时才发现，石匣的顶盖和匣体密闭不严，用手电再次往里照时，缝隙里又有亮光闪烁。地宫里一片寂静。

作为这次地宫发掘总指挥的杨春炳，在函授学习期间，曾在老师的指导下开挖过探方，清理过建筑遗址和墓穴，但他并不是专业考古人员。并且，参加这次发掘的所有专家和工作人员也都没有参加过塔宫的清理和佛教文物的发掘工作。

杨春炳有些紧张了，但他很快镇定下来，异常冷静地说：先不要开顶盖，检查石匣上有没有文字记录。

考古人员又挤在一起，开始细细查看这座神秘的石匣 16。

这座石匣高 45.5 厘米，厚 61.5 厘米，宽 47.7 厘米，由匣体和顶盖组成。靠着手电筒的光线隐约可见石匣头部刻有铭文，铭文写道：

郓州中都县郭内赵世昌，先于熙宁 6 年 2 月 23 日躬诣京师，于嘉王宫亲事官孙政处求得佛牙一肢、舍利数百颗。今以自备及有施主将到者，以金为棺，以银为椁，以石为匣，非不勤意也，是以葬于当县宝相寺太子灵踪之塔。时大宋元丰 4 年 2 月 28 日刻记于此…… 17

有了这段铭文，应该说我们就比较清楚了。第一，这座塔的始名搞清楚了，叫太子灵踪塔，顾名思义，令人有所思有所解。第二，这座塔的建造年代比较清楚了，就是大宋元丰四年，也就是公元1081年。虽然我们还没有看到石匣内瘗藏的佛牙舍利的实物，但是我们应该非常清楚了这座太子灵踪塔应该是专门为瘗葬佛牙舍利而建造的。

16

17

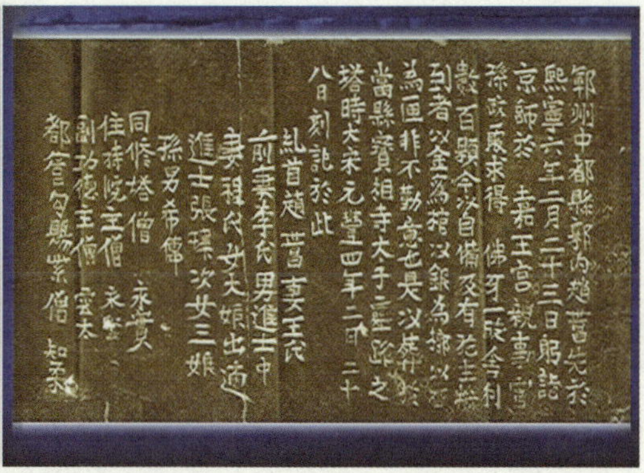

文字，在考古学上占有重要的地位，是极其难得的依据。

这段铭文给考古人员提供了一个非常有价值的信息，它记载了赵世昌这位古人从京师请来的佛牙、舍利，葬在此地，还包括参加葬礼的僧人及俗家弟子的情况。

详尽的记载，足以说明所葬之物的真实和宝贵。

在场的所有人都隐约意识到，一个重大的发现已经是触手可及了。

或许，与古人的对话即将开始。

二

在这座只有两平方米的地宫里，考古人员把暴露在外的和看得见的文物清理了一遍，现在只剩下这座石匣了，在这座石匣的头部，考古人员发现了一段十分清晰的铭文。

这段铭文共计171个字，提供了一个非常重要的信息，宝相寺塔原名叫太子灵踪塔，建造时间是大宋元丰四年，就是公元1081年前后。同时，铭文详尽地记载了佛牙舍利的来历和瘗葬此地的时间以及参加葬礼的人员等。

所有进入地宫的考古人员心情既紧张又兴奋，大量的信息告诉他们，这座石匣里应该有佛牙舍利！

正当他们准备打开石匣的时候，石匣缝隙里突然出现了亮光！这是什么光？难道800多年前的古人为了防止佛牙舍利被盗，专门在石匣里安放了暗器？或者是，这座石匣曾经被人打开过，佛牙舍利已经被人盗走？这，让考古专家们的心绷紧了。

我们在市文物局工作人员的指导下，每发掘一步都进行拍照取证。整个通往地宫的甬道全部使用三合土、青砖砌得非常结实。可以完全证实，甬道没有被破坏的痕迹。

当时塔宫里的文物摆放有序，没有任何破坏的痕迹，如果遭到破坏，应该是地宫有盗洞，这里的文物留下会比较散乱，也留不下什么文物。

种种迹象表明，尘封近千年的塔宫无人光顾过。

18 19

考古人员开始慢慢揭开石匣的顶盖。

石匣里摆放着考古人员从未见过的奇珍异宝，最令他们惊讶的是摆放在石匣正中的一座金质棺椁。

大家兴奋起来，几双眼睛聚焦在这个金棺上，谁也没有见过金棺，今天见到了。

金棺上有金质封箍，将棺盖、棺体固定在一起 18。

晶莹剔透的水晶念珠搭落在金棺之上，这种天然的水晶珠被称为摩尼串珠，珠体直径约0.8厘米，椭圆形，中有绳穿，共有一百零八粒，是当时高僧的随身法器，也是修炼者所持串珠的上品，级别最高，代表了北宋时期水晶加工水平 19。

这时，手电筒的光照射在水晶珠上，一道一道的亮光不断地闪烁，光束小但很刺眼，这引起了考古人员的注意。

我们反复照射，仔细地观察，发现在甬道口原先看到的黄、白两束光，就是水晶摩尼珠通过石匣的缝隙反射出去的光。

这神奇的亮光在不明究竟的情况下，增添了不少神异、玄奥的气氛。

立于金棺前的银质菩萨，造型精美绝伦，体态轻盈、袖垂飘带，银丝披风；立在莲台之上，高15厘米，头背部有光环，称为“请真身引路菩萨” 20。

金棺一侧放一个水晶净瓶，葫芦宝刹造型 21。水晶净瓶为天然水晶雕刻，通

体透明，华贵典雅，瓶壁厚重，分盖、体两部分。高8厘米，最大腰直径4.8厘米。

这件铜舍利盒内，盛有舍利、舍利棒、舍利花、舍利灰共200余颗 22。

这是由玛瑙、水晶、绿松石制作的管状串饰 23。

这件琉璃舍利宝瓶，通体绿中泛蓝，高9厘米，半透明，内装舍利400余颗 24。

大量珍宝陪伴着这座金棺 25，那么，金棺里真的有铭文中记载的佛牙舍利吗？

按照佛教瘗藏圣物的方式和这么尊贵的金棺葬具来推断，金棺里应该是有佛牙和舍利。

这是一座纯金打造的金棺，长26厘米，高28厘米，宽8.4厘米。棺体头大尾小，棺盖为五棱体。

在金棺头部悬吊着两枚金质“太平通宝”钱 26。这两枚金币是皇室为赏赐道观、寺院而专门制作的，也叫供养钱。入葬时就有130年的历史了，存世罕见，非帝王之家是得不到如此重宝的。

26

此时的杨春炳已经按捺不住心中的兴奋，双手将金棺捧起。

他们小心翼翼地将封箍从尾部取下来。掀开棺盖后，一个长方形银椁置放在金棺正中。银椁造型如棺，考古人员又小心翼翼地取下银箍，打开银椁。银椁有前后两室，一颗牙齿静放在银椁的前室。

面对圣物，所有的人都惊呆了，地宫内又是一片寂静。

这颗佛牙颜色白而微黄，形状微曲，牙根参差不齐，神经纹络依稀可见，牙体有不规则细小裂纹。牙长约5.5厘米，牙上有明显的毛笔墨迹，墨迹虽不十分清晰但可以隐约看出是“东府”二字 27。

在银椁的后室内有黄色锦绸包裹，锦绸已经腐烂，但包裹状完整。包裹内有300多颗舍利，颜色为红、白、黑三色的半透明结晶体，胶质状，圆润光洁 28。

地宫里的文物发掘结束时已是傍晚时分。

出土文物一一装上专车，由专业人员护送到文物管理所。

宝相寺塔出土佛牙舍利的消息已传遍全城，不少人直到深夜还聚集在佛塔附近。

文物发掘后，我们连夜向当时的县委书记杜庆生同志作了汇报。他十分关心，非常重视，立即做了三条指示：一是要认真清点登记；二是由公安、卫生协助文物部门

27

28

做好文物的监护与技术防护，确保安全，万无一失；三是暂拨款一万元，立即组织人员考证并向上级文物、宗教部门写出发掘报告。

文物发掘后的第二天，即1994年3月16日，文化局副局长张科亭带领专家开始对出土文物进行全面清理。

当时由我负责清点文物，正像石匣铭文记载的那样，佛牙、舍利就在其中。这次共出土文物141件，佛牙一肢，舍利936颗 29。

很快，山东省文物局接到了汶上县发掘文物的正式报告。

接到汶上县文化局关于宝相寺塔出土的文物以后，我们一行三位同志来到县上进行了考察。根据现场的考察情况，当时是在维修过程当中在地下空心石北边的壁龛里出土了众多的佛教文物。根据出土形式来看，这是典型的佛教圣物的瘗藏方式，规格也比较高，一次性发掘如此众多的佛教文物，特别是在铜盒里面出土那么多的舍利子，这在佛教文物发现史上还是罕见的。

根据山东省文物局蒋英炬局长介绍，佛家瘗藏舍利的葬具最初用函瓶、钵、罐及函棺、函塔等器具。舍利流入中国后，葬具发生了变化，在唐代发展成为独具中国特色的“金棺银椁”。

29

金棺银椁或其他舍利储器一般安置在佛塔中。在中国各地，从目前已知的发掘出土的金棺看，均属唐宋两代皇家制作，而民间财力、工艺和供奉佛牙的等级规格都是不具备的。

1985年5月，陕西临潼庆山寺塔基地宫里出土了盛唐时期的金棺银椁、舍利及一批珍贵供具，具有很高的工艺考古价值，这是目前发现的最精美繁缛的金棺银椁。

20世纪60年代至80年代，在甘肃、陕西、江苏等地也相继出土了用于供养佛牙舍利的金棺银椁，这些葬具都是出自唐宋时期的皇宫。

宝相寺太子灵踪塔地宫里所发现的金棺也应该是随同佛牙舍利一起来自京师的皇宫。

当然，金棺银椁并非只是储殓佛舍利的专用品。据史料记载，三国曹操死后，留下了“众官入殓金棺银椁，星夜赴邺郡”的记载。唐玄奘死后，唐高宗为他安排了极其隆重的葬礼，也是用金棺银椁下葬。唐宋时期多以金棺银椁储存佛舍利已演变为一种习俗和固定法事。

古印度供养舍利的方式是瘗埋，即安置于塔中、塔上的天宫或塔基下的地宫。在中国，较多的是瘗藏在佛塔的地宫。

随同舍利瘗葬的供养品主要是“七宝”，这“七宝”是金、银、琉璃、水晶、玛瑙、珍珠、琥珀。

1994年3月15日，山东省汶上县宝相寺太子灵踪塔地宫里发掘出了大量的佛教文物，按照国家文物部门的相关原则，这批文物是怎样定性的呢？

在宝相寺塔出土的这一批佛教文物当中，像金棺银椁还有水晶瓶、水晶串珠这些都属于一级文物，都定为国家一级文物，其中还有一个石匣，这个石匣就是藏这些文物的外包装，这些文物都在石匣里面。这个石匣上面刻的铭文，它具体地记载了佛牙流传的过程。这对研究佛牙的历史是具有资料价值的，很有价值的文字资料，所以它也定为了国家的珍贵文物。在金棺银椁内有一颗佛牙，这在佛教圣物当中可以说是稀世之宝。

这颗用金棺、银椁和奇珍异宝供养的稀世之宝，宗教界又是如何看待的呢？

我们汶上县发现的佛牙是确定无疑的圣物，是国宝。

根据史料记载，佛教创始人释迦牟尼于2500年前的一个月圆之夜离开尘世，时年80岁。释迦牟尼逝世后，遗体被焚化，焚化后的尸骨结晶体和未烧尽的遗骨被称为舍利，由他的家族和弟子们作为圣物收藏起来。

1898年，法国考古学家佩普在位于印度和尼泊尔边境附近的毕波罗瓦遗址上，发现了五个装有骨灰的舍利容器。其中一个舍利壶上，用古老的波罗密文字刻着："这是释迦族佛陀世尊的舍利容器。"[30]

这个发现很快震惊了世界，不但肯定了释迦牟尼及其弟子的真实存在，同时开启了西方学术界对东方文明的深入探索和研究。

释迦牟尼的舍利不仅在今日至尊至重，在他去世的时候就极为宝贵。当时各国为了争夺舍利，曾陈兵城下，严阵以待，不惜生命，誓取佛牙。

在释迦牟尼死后250多年，古印度一位伟大的国王阿育王统一了部族纷争的印度。这位晚年皈依佛门的国王为了传播佛教，将佛祖留下的舍利收集起来，分成若干份送往世界各地，建塔供奉。

在以后的历史长河中，佛舍利因各种因缘，逐渐流散到世界各地。其中，一部分舍利传到了中国，中国各地便有了佛教舍利塔，宝相寺太子灵踪塔就是其中一个。

关于释迦牟尼佛牙舍利到底有多少，自古以来一直为佛学界和史学家所特别关注。中国的佛牙，史籍典藏记载很多，有关佛牙输入的记载也不止一种说法，佛牙也不止一颗。

"法献佛牙"系南齐僧法献西游时自新疆的于阗获得的，"道宣佛牙"是唐朝僧人道宣律师感得"神授佛牙"，"吐蕃佛牙"是传说中的"龙宫佛牙"，唐时流入长安城。这三颗佛牙也是有名的传世佛牙，另外，还有北魏"辟支佛牙"、南梁"盘盘佛牙"、后晋"室哩佛牙"和北宋"法渊佛牙"等。

然而，我们在《宋高僧传》[31]和《大正藏》中的《悟空入竺记》里看到了一颗记载清晰的佛牙：

唐天宝十年即公元751年，唐玄宗派内侍省宦官张韬光出使西域。天宝12年到达犍陀罗王城，犍陀罗位于今天克什米尔地区。张韬光的部将车奉朝因病滞留在迦湿弥罗，车奉朝病愈后，投在国师舍利越摩门下出家，削发为僧，取法名法界。车奉朝在古印度游历40余载，60多岁时携带经书、佛牙舍利等佛教无上至宝，历

30

31

32

尽千辛万苦，于贞元六年即公元790年回到朝思暮想的故乡。

回到长安的车奉朝把他带回的经书翻译成汉语，连同佛牙、舍利一起进奉给当朝皇帝唐德宗。唐德宗对车奉朝出国四十余载，不忘故国、不忘君亲、求来佛教至宝的行动大为赞赏，亲自赐法名悟空，并授予壮武将军兼试太常卿的爵位以示荣耀，让他住持长安城的章敬寺。

悟空是继玄奘西天取经之后影响最大的唐朝高僧，是滞留天竺时间最久的求法人，也是有记载的唐朝最后一个取经人。正像明朝吴承恩借重玄奘的名气塑造了唐僧形象一样，《西游记》的作者同样借用了这位唐朝高僧悟空的盛名，演绎出一个神通广大的"孙悟空"的艺术形象。

后人将他带回来的佛牙叫"悟空佛牙"。

悟空归国四年后，佛牙由皇宫移入长安城西南部的大庄严寺新修的佛牙宝塔供奉。当时，长安城是个国际大都会，很多国家的使节、僧人来这里学习唐朝的先进文化。

日本僧人圆仁 32 当时就在长安，他亲自瞻仰过佛牙，还写下了著名的被誉为古代东方三大游记之一的《入唐求法巡礼行记》，记说皇帝召开"佛牙供养会"的空前盛况。

这样过了90年，公元880年，黄巢起义军攻入长安城。据王钦若《册府元龟》记载，皇帝唐僖宗仓皇出逃到四川，在带走的少量珍宝中就有这颗曾经供奉在大庄严寺的悟空佛牙。到达成都后，唐僖宗在大慈寺建了一座"佛牙楼"，专门供养佛牙。

佛牙在成都滞留了将近五十年，直到五代后唐时，即公元927年，蜀守孟知祥把佛牙送到洛阳，为皇帝唐明宗祝贺生日。

十年后，一位主管国家佛教的官员叫可肇，把佛牙送到当时的京师开封，献给皇帝石敬瑭。石敬瑭是契丹国扶持的“儿皇帝”，他惧怕契丹人贪得无厌的索要，把佛牙隐藏于宫中，秘而不宣。这一年是后晋天福三年，即公元938年。

公元960年，后周大将赵匡胤发动兵变，夺取后周政权，建立宋朝，史称北宋，赵匡胤即为宋太祖 33。赵匡胤在执政期间，大力扶持佛教，使佛教的传播得到迅猛发展。

北宋建国后，历代皇帝供养佛牙的记载有很多，仅皇帝在大相国寺题赞佛牙的诗今天能看到的就有五首。

宋太宗就曾这样题赞佛牙：

眼睹数重金色润，手擎一片玉光寒。
炼经百火精神透，藏处千年莹彩完。

中国古代对佛牙的考证是多样性的，佛家认为，真身佛舍利有“四性”。

一是坚固性：焚之不毁，击之不碎，示金刚不坏身；二是光明性：视之光泽，奉之，心力感应故，则大放光明；三是生发性：舍利更生舍利，或由少变多、由小变大，或无中生有、有还变无，灵性使然，不可思议故。

当然，这些判断佛舍利真伪的依据只是佛家的定理。

对于佛牙的形制，唐宋时期曾留有观察的记录：佛牙其长“寸余”、“余一寸”、“寸半”。按唐度制与公制换算，1分=0.3厘米，1寸=3厘米，那么，佛牙长度相当于5厘米左右；直径八九分，折合3厘米左右。

从比例上计算，中国古代对佛牙的考证是非常接近山东省汶上县佛塔地宫所发现的佛牙。这颗佛牙长约5.5厘米、直径约3.3厘米，颜色黄白，具有三只牙根，这符合唐宋典藏的记载。

中国佛教文化研究所所长吴立民认为，认定佛牙舍利真伪要符合三条原则：第一，经典上要有根据；第二，历史上要有传承；第三，事实上要有证明。

那么，唐朝高僧车奉朝带回的悟空佛牙是否符合这三条原则呢？

现在，我们已经清晰地看到 34，车奉朝的悟空佛牙于公元790年从古印度的

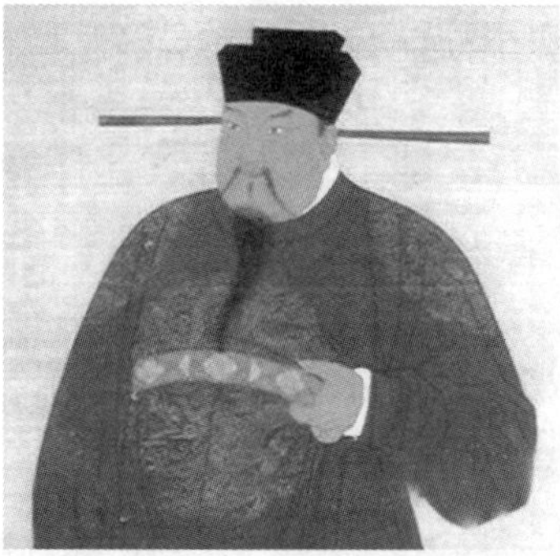

33

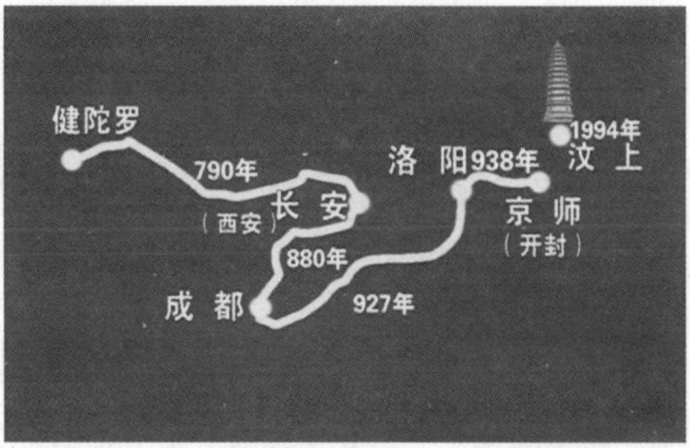

34

犍陀罗带到中国的长安城；公元880年，皇帝唐僖宗仓皇出逃时，又将这颗佛牙带到四川的成都；公元927年，蜀守孟知祥把佛牙又送到洛阳；公元938年，佛教官员可肇把佛牙送到了京师开封。

然而，在1056年后的1994年，山东省汶上县出土了一颗佛牙和大批的佛教文物。在出土的石匣铭文上，记述了这颗佛牙是来自京师开封，难道说这颗佛牙与京师开封的悟空佛牙是同一颗？

还有，这段铭文记述的赵世昌到底是一个什么样的人物？嘉王宫和古中都又是什么关系？

虽然，出土铭文记述翔实，但相关人物和事件在历史典籍中是否能够得到考证？

汶上县出土的佛教圣物受到社会各界的广泛关注。

1994年6月的一天，一位年轻的学者走进了汶上县的办公楼。

正是由于史学界和考古专家的高度关注和精细考证，才揭开了太子灵踪塔佛教圣物的瘗葬之谜。

三

担任这次考古发掘总指挥的汶上县常务副县长杨春炳在文物出土后，编著了《佛日重光——汶上宝相寺塔宫发掘纪实》。

但是，佛牙舍利是如何来到汶上县的？出土铭文中的赵世昌又是一个什么样的人物？他的身份在历史典籍中是否能够得到考证？面对这些疑问，杨春炳希望尽快找到答案。

一时间，地宫里的秘密成为汶上市民的头号话题，也是史学家和考古界关注的焦点，各种各样的线索纷纷汇集到了杨春炳的手上。

1994年6月的一天，一位年轻的学者受汶上县县委、县政府的委托，开始考证佛牙舍利的来历，这位学者的名字叫汪海波。

为了收集资料，汪海波三上北京，到国家图书馆和琉璃厂以及中国佛教协会和有关寺院查阅史料，并购买了大量的宋人笔记，潜心钻研。

汪海波的哥哥、山东省济宁市作协副主席汪林也投入到汶上佛牙的研究工作中。

正是他们的不懈努力，我们才由此追溯出佛牙在宋神宗熙宁六年，即公元1073年流入汶上的全过程，解开了这个千古之谜。

北宋时期，有一位博学多识、成就卓著的旷世奇才，他就是沈括 35。

沈括，字存中，官至翰林学士、权三司使。熙宁二年即1069年，他积极参与变法运动，受到王安石的信任和器重，是变法运动的中坚成员。

他晚年的著作《梦溪笔谈》内容极为丰富，记载了那个时代和他本人的许多发明、发现和真知灼见，不仅是中国古代的学术宝库，而且在世界文化史上也有相当重要的地位。

宋神宗熙宁初年，王安石 36被任命为宰相，他居住的宰相府也叫东府 。

王安石崇尚佛教，是个虔诚的佛教徒，自称“半山居士”。王安石对博学多识

35

36

的沈括十分信任和器重，任用他为管理全国财政的最高长官——三司使。

熙宁五年九月，沈括受王安石的委派要到各地视察。

一天，他在咸平县知县刘定的陪同下，在一座寺院里见到了一颗十分奇异的佛牙。

沈括在他所著的《梦溪笔谈》[37]中说道：

熙宁年间，我作为察访使路过咸平县，咸平这个地方就是现在开封的通许。那时刘定做知县，我们俩一起路过一个佛寺，刘知县对我讲：这个寺院里有一颗佛牙很不一般。于是我就斋戒沐浴后，虔诚地拿出佛牙来观看：这颗佛牙忽然冒出舍利，就像人身上的汗滴，突然冒出来，多得不计其数！有的飞向空中，有的掉到地上，用手去接，舍利马上就透过（手掌）。舍利落到床榻上，噼啪作响，然后又透到床下去了。舍利晶莹剔透、光明耀眼。

《梦溪笔谈》整部笔记609条，可以说每一条都是有凭有据，是沈括细密观察、思虑精详的结果。

沈括视察结束回到京师，前往宰相府。沈括把自己在咸平所见佛牙之事报告了王安石。

王安石虽早有所闻，但从未亲眼见过，惊异之余，便有意要拜瞻这颗神奇的佛牙。

咸平知县刘定闻讯后，急忙携佛牙舍利赶往东府向王安石进献。刘知县告诉王安石，这颗佛牙是唐朝和尚悟空从天竺国求来的。

王安石惊叹之余，就在佛牙中部用小楷墨书题写了“东府”二字。

37

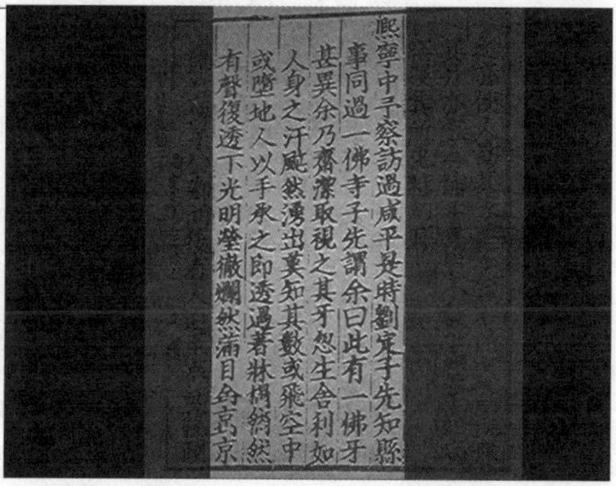
熙寧中予察訪過咸平是時劉定子先知縣事同過一佛寺子先謂余曰此有一佛牙甚異余乃齋潔取視之其牙忽生舍利如人身之汗颼然湧出莫知其數或飛空中或墜地人以手承之即透過著牀榻鏘然有聲復透下光明瑩徹爛然滿目余到京

1994年3月15日，考古人员在山东省汶上县太子灵踪塔地宫出土的佛牙中部就有两个模糊的字迹吸引了众多研究者的目光。这两个字为行楷，因佛牙本身不平坦并且有细小裂痕，笔峰顺势，稍有走墨。

青年学者汪海波为此专门请教了原河北省文化厅厅长、王安石研究专家郑熙亭教授，郑教授研究后确信是王安石的手迹，这一发现得到多数专家和研究者的普遍认可。

如果说，太子灵踪塔地宫出土的佛牙就是宋朝宰相王安石“东府”收藏过的佛牙，那么石匣铭文却又清清楚楚地写着佛牙是从嘉王宫求得的，这又是怎么回事呢？

当时，神宗皇帝有一幼弟叫赵頵，被封为嘉王。此时就住在京师开封的嘉王宫。嘉王当时只有十八岁，在朝中却是个重量级的人物，听说东府藏有佛牙，便传话，要到宰相府拜瞻。

王安石听说后，亲自将佛牙送进嘉王宫。

这样，王安石“东府”里的佛牙又被嘉王精心供养。那么，这颗佛牙又是如何从嘉王宫来到汶上的？还有，地宫石匣铭文中提到的中都县、赵世昌，这个地名、人名是否可以查证呢？

铭文中提到的郓州就是今天的东平县，管辖中都等6个县。中都县就是今之汶上县，金灭北宋后改为现名，沿用至今，整整800年。

据《宋室世系表》记载38，赵世昌是宋神宗赵顼的堂兄弟，是北宋开国皇帝赵匡胤的玄孙，被封为洋州侯。

原来，地宫石匣铭文中提到的赵世昌竟然是北宋皇室的王公贵族。

在北宋初年，太宗规定，宗室子弟均居住在京城，“赋以重禄，别无职业”。不允参加科举考试，但仍授予官爵，虽有职但无权，就是有名无实却奉禄优厚的贵族。并且，还规定不准出补外官，只能留在京师，养尊处优。

但是，在开国百年后，到了宋神宗一朝，宗室家族已经发展到数百户，需要一笔庞大的财政开支来供养。为此，宋神宗对宗室制度进行了改革。

熙宁二年十一月下诏，不再给予五服以外的宗室子弟赐名、授官、拿国家补贴等特殊待遇，只允许宗室通过科举考试，量才授官。这一变革直接触及大多数宗室成员的利益，使不少远房的王公贵族失去了得到官爵的机会。大批远房宗室离开京

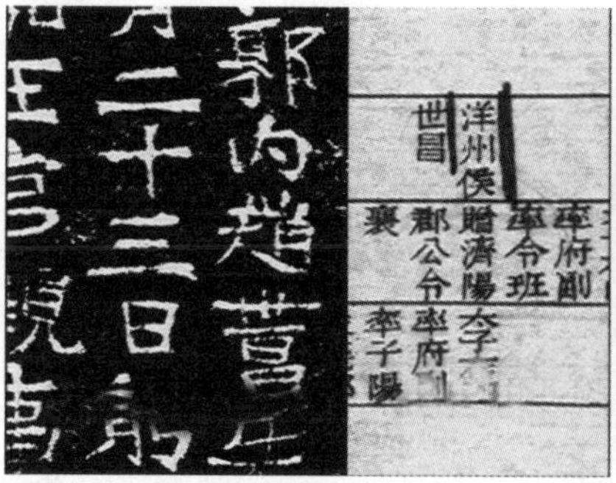

38

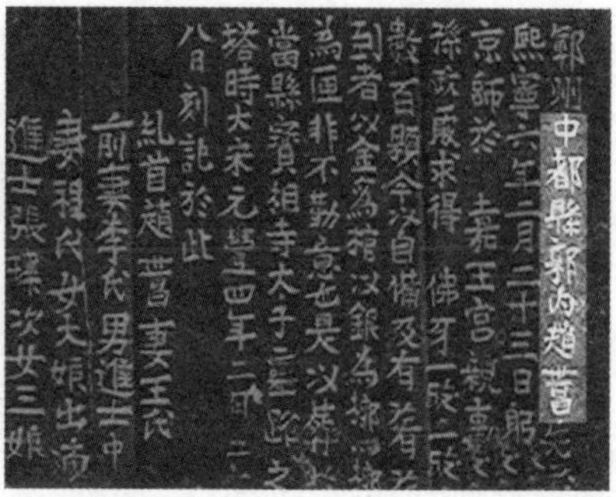

39

城，自谋生路。

这正符合石匣铭文记载39，铭文写“中都县郭内赵世昌”，没有写爵位、官职，叙述平淡低调。事实上，此时的赵世昌已经被迫离开京师，在中都县安家落户，充其量算是个有着皇家血统的远房“富家翁”而已。

熙宁三年，即公元1070年，赵世昌率儿女举家离开京师，迁居到中都，就是今天汶上县，赵世昌在城内建了一片豪宅。

在中都县最令赵世昌感兴趣的去处，是城内的宝相寺。

宝相寺是一座唐代建筑群，原来叫昭空寺，咸平五年，宋真宗封禅泰山时，路经中都，曾驻在寺院，并将昭空寺改名为皇家功德道场——宝相寺。

赵世昌经常出入于宝相寺，与住持院主僧永坚等僧人交往频繁，他们常常品茗论禅。

不久，一场变故打破了赵世昌无忧无虑平淡无奇的生活，一年之内，他的二女儿和妻子李氏因病相继去世，给了他很大的精神打击。

宝相寺的僧人们觉察到了赵世昌心灵的痛苦，于是仍像往常一样，同他谈佛论经，渐渐地，赵世昌迷上了佛教，居家修行。

熙宁五年，即公元1072年秋后的一天，朝廷一位钦差大臣途经中都，顺路来看望赵世昌。赵世昌从钦差口中了解了京城的情况，并得知嘉王宫中有一颗佛牙的消息。

于是赵世昌就到宝相寺与僧人们谈起此事。永实、永坚等僧人闻知，都极仰慕，说："如今宝相寺田园、山林众多，寺院经济富裕。侯爷若能把佛牙请来，众僧愿倾其所有，在宝相寺起塔供奉。"

考古人员从地宫石匣的铭文中得知 40："郓州中都县郭内赵世昌，先于熙宁六年二月二十三日，躬诣京师。"说的就是公元1073年2月23日，赵世昌从中都县起程前往京师的日期。

我们这样推测赵世昌这次起程赴京的目的，一是为清明祭祖；二是有为儿子求取"荫补"功名的可能；当然，赵世昌最大的愿望还是到嘉王宫求取佛牙、舍利。

公元1073年2月23日，赵世昌告别家人，从中都县起程前往京师开封。

北宋时期，由中都去开封需绕过水泊梁山大野泽，到京师开封，约600余里路程。

经过十余天的远途劳累，赵世昌一行来到京师。

熙宁年间，北宋进入了空前繁荣，这种繁荣在东京开封表现得尤为明显。张择端的《清明上河图》与《东京梦华录》是今人识读这一繁华盛世的最佳图文资料。

到达京城后的赵世昌，立即敲开了嘉王宫 41的大门。

嘉王赵頵当初做郡王时，就与赵世昌多有来往，如今晋封为嘉王，位高权重。嘉王虽然与赵世昌是同辈，但年龄却相差悬殊，这位"外放"的宗室大哥理当受到嘉王的特别优厚款待。当赵世昌向堂弟求取佛牙、舍利时，嘉王当即答应，还亲自安排亲事官孙政到嘉王宫的佛牙阁迎取。

回到中都后，赵世昌向宝相寺住持显示了所求得的佛牙、舍利，众僧无不感动。

赵世昌从京师求来佛牙和舍利的消息传遍中都，县内的善男信女纷纷赶到宝相

40

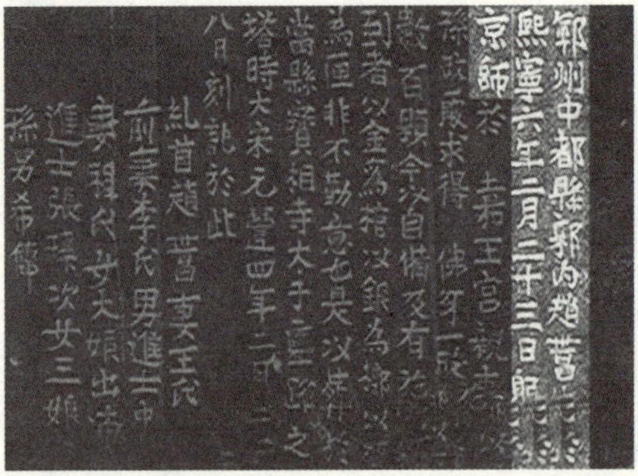

41

寺瞻礼膜拜。

一晃半年过去了，宝相寺主僧永坚和尚给赵世昌建议说：今日佛牙迎至中都，我们应该在宝相寺内起塔供奉。严遵佛言法则，起塔十三层，以示佛祖之灵踪在我中都宝相寺。

永坚大师的提议得到众人的响应，大家一致推举赵世昌和永实大师具体负责建塔工程。并且为即将修建的佛塔取名为太子灵踪塔，向世人证明释迦牟尼佛牙灵踪就在此塔。

考古人员在地宫西壁和南壁上看到的手书墨迹，清晰地写着 42 任城左荣义、荣世，中都朿德孺，同送葬佛牙舍利。根据铭文字义分析，我们可以大胆地推测，荣义、荣世和朿德孺这三个人应该就是修建太子灵踪塔的出资者，那么，他们又是什么人呢？

任城荣氏今有后人，据汶上演马的祖谱《荣氏家谱》43记载，荣氏起源于春秋时期的古中都，始祖荣子期应该算是孔子的老师。唐时荣氏的一支迁至现在的任城八里店一带，传至荣义、荣世应为第四十九世。

另外，朿氏族人也在今天的汶上，祖居至今七十余代，人丁兴旺。

宝相寺要建太子灵踪塔的消息传出后，远近闻名的能工巧匠就带着弟子们来了。公元1073年深秋的一天，太子灵踪塔修建工程开工，供养佛牙舍利的金棺、银椁也开始在京师筹备打造。

42

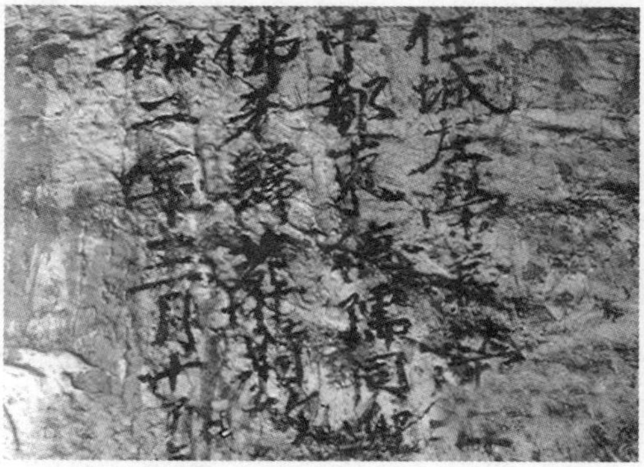

43

44

八年后，元丰四年即公元1081年，金棺、银椁以及石匣从京师运到中都。

二月二十八日这一天，按照佛教礼仪，宝相寺主僧永坚和尚将佛牙舍利放置在金棺、银椁内。108粒水晶摩尼珠恭放在金棺上，还有水晶瓶、七宝瓶、银佛像、水晶宝珠、玛瑙、玉石坠等堪称价值连城的宝物相继放入石匣内，金棺上面覆盖着黄色的丝绸，刻石铭记，以备太子灵踪塔建成后一起瘗葬。

又过了三十年，一座高十三层，41.75米的太子灵踪塔终于建好了，这年是政和二年，即公元1112年。

新建成的太子灵踪塔巍峨壮观 44，仿京师"开宝寺灵感塔"，也就是今天的开封"铁塔"，造型挺拔、端庄秀美，给人以稳固刚毅之感。不论是垒砌塔身的条砖、建造券门的拱砖，还是每层密檐的菱角牙子砖、半方砖、三角砖、扑角砖，全按照预先设计烧磨而成，各种砖式计八十余种。因此留下了"黄金塔，地接天，垒塔不用刀砍砖"的民谣。

但是，这座耗资巨大，又完全符合佛教建造规格的佛塔并没有像赵世昌想象的那样，三十多年前他用金棺、银椁和珍奇异宝供养的佛牙舍利竟然是在匆忙之下瘗藏的。

公元1112年，正逢"道君皇帝"崇信道教、剪灭佛教时期。宋徽宗诏令天下寺院改名为宫观，释迦牟尼佛改称大觉金仙，大相国寺供奉的另一颗道宣佛牙流放大海。

在这样的形势下，宝相寺住持永坚和尚和出资建塔的荣氏兄弟以及中都的柬德孺在三月十五日这一天，秘密将装有佛牙、舍利、金棺、银椁的石匣安放在地宫里。

尽管佛牙舍利是秘密埋葬，但这尊“跪捧真身菩萨”却这样安详地守候在石匣的左侧，虔诚地跪奉了近900年！

1994年，考古人员从地宫西壁和南壁的墨迹里看出，迎、送葬佛牙舍利没有赵世昌以及他的家人。

我们不妨这样推测，公元1112年佛牙入葬时，赵世昌可能已经不在人世了。或者是，举家迁回了京师开封。

公元1073年2月23日赵世昌从京师嘉王宫求得的佛牙舍利，到公元1112年3月15日被秘密埋葬，整整38年过去了，赵世昌的心声连同他的夙愿随着佛塔宫门的关闭而一起封存。

然而，在882年后的公元1994年3月15日，这座佛塔的宫门在不经意间被打开，封存近千年的佛牙舍利重见天日。

就在发现地宫佛宝的那个月，1994年3月29日，主管文物的副县长李朝敬和王思勤、董文华携带出土文物赶赴北京，到中国佛教协会进行了专题汇报。当时，中国佛协副会长、秘书长周绍良，副秘书长肖炳权热情接待了他们，并仔细察看了这批出土文物。

太子灵踪塔地宫发现的佛教文物，是文物发掘史上的一大喜事，也是汶上县的重大新闻。但是，汶上县委、县政府并没有急于向外界公布，而是到了5月下旬在中国佛教协会的领导、专家来汶上实地考察之前才把这个消息对媒体公布。

1994年6月3日，人民日报首先作了报道。随后，中央电视台和国内上百家报刊杂志都报道了这一举世瞩目的消息。

新华社山东分社就这批圣物向全世界一百多个国家和地区发了通讯。

汶上县宝相寺太子灵踪塔发现佛牙的消息传遍了世界。

一时间，汶上轰动起来了，海内外的大德高僧、善男信女，纷纷慕名而来，络绎不绝。

1994年6月8日，中国佛教协会副会长兼秘书长、著名史学家、佛学家周绍良先生，受中国佛教协会委托，到汶上县观瞻了佛牙舍利和出土的佛教文物，作了客观评定[45]。

这批文物是至高无上的佛教圣物，周绍良讲了三条理论依据：一是十三级佛塔是佛塔建造的最高品位，只有安葬佛祖的灵骨舍利才能建十三级；二是安葬的规格

45

也属最高等级，石匣、金棺、银椁，也只有安葬佛祖的灵骨才用这种规格；三是石匣棺头有跪拜式铁胎泥塑菩萨，叫“捧真身菩萨”。这尊菩萨造像可以说是举世无双，珍罕无比。作为佛舍利，汶上是继法门寺发现佛指舍利之后又一次重大发现。佛牙舍利在佛教界是至高无上的圣物，在文物界是稀世珍宝。佛舍利一次发掘数百颗，无论是在历史上，还是现在，无论是国内还是国外都是史无前例的。

就在佛牙舍利出土的一年后，即1995年，山东省宗教局批准汶上县重建宝相寺。3月15日这天，宝相寺内聚集了近十万从各地赶来的善男信女，参加重建宝相寺奠基仪式。

2006年，汶上县政府又在宝相寺的院外建成了大雄宝殿；目前，汶上县正在规划建设山门、天王殿、钟鼓楼、观音殿、文书殿等一大批寺庙建筑。同时，还要建设一个占地1000平方米的新的太子灵踪塔地宫，来更好地展示佛牙圣物。

对于一个城市，博物馆是文明的重要标志之一。而在山东省汶上县的古中都博物馆里，我们的时间记忆已经上溯至7300年前。这里收藏的，不仅仅只是时间的记忆，更为重要的是，我们能与古人不期而遇、礼仪交接，聆听他们敬奉佛祖，奉献佛宝的心声。

第三部分 大墓疑云

[9] 神秘的石磨盘

故事讲述人

新郑县文化馆干部
薛文灿

河南省文物考古研究所研究员
赵世纲

河南省文物考古研究所研究员
郝本性

一

1977年4月，初春的一天。河南新郑县裴李岗村通往县城的乡间小路上，一个农民正大步流星、急匆匆地往县城里赶。这个年轻人的肩上扛着一个沉甸甸的麻袋。

这个农民无论如何都想不到，他麻袋里装的东西，居然是中国20世纪考古界的一个重大发现。由于它的突然出现，竟把中国农业文明的历史向前推进了1000多年。

而他祖祖辈辈居住的这个普通村庄——裴李岗，也因此而闻名于世。裴李岗文化遗址的发现之旅。由此，传奇般地拉开了序幕……

1977年4月2日，一个晴朗的下午。在河南新郑县裴李岗村通往县城的乡间小路上，一个叫李铁旦的农民肩上扛着几十斤重的麻袋，正急匆匆地往县城里赶。

裴李岗村距离新郑县城大约有七八公里的路程。这时，已经走了个把小时的李

1

铁旦，浑身已是汗津津的，肩上的麻袋也越来越沉重，不知不觉中李铁旦的步子渐渐缓慢下来。

此时，20岁的李铁旦心中充溢着一种自豪，他觉得自己是在做一件“有觉悟”的事。他认为，麻袋的东西送到县文化馆后，肯定可以为裴李岗村李姓家族争光，挽回面子 1。

想到这儿，几天前发生在村里的那场尴尬和不愉快又闪现在了李铁旦的脑海中。

李铁旦的老家裴李岗村世代居住着李姓和裴姓两大家族。在李铁旦年轻的记忆中，裴李岗村中的两个家族从未发生过大的争执，多少年来都是和和睦睦的。

可就在前几天，裴、李两家却为一件不大不小的事伤了和气。

那天，村民们正在村外东南的岗地上平整土地。突然，一个裴姓的村民挖到了一些坚硬的砖头，他清除了周围的土层和一些残砖烂瓦后，发现下面是一座砖砌的古墓。

听说发现古墓，正在挖土的村民们纷纷扔下手中的活，围过来观看。大家都想立刻知道里面究竟有些什么宝物，村民你一言我一语地议论着。

这时，人群中一名李姓村民大喝一声：“这可是咱李家的老祖坟呀！你们姓裴的竟敢挖我们的祖坟？”“凭啥说这就是你们李家的老祖坟？没准是俺老裴家的呢！”

姓裴的村民针锋相对，群起而上。两个家族双方互不相让。年轻气盛的李铁旦和他的伙伴更是代表李家冲在最前面。

与此同时，县文化馆接到公社打来的电话，说该公社裴李岗村社员，在村东南地平整土地挖出一个古墓，群众发生严重争执，要求县文化馆赶快派干部去处理。

当文物干部薛文灿骑着自行车，从县城匆匆地赶到裴李岗村东南地平整土地现场时。他老远就看到岗地上聚集着剑拔弩张的人群。双方争执不下，几乎发生打群架，气氛十分紧张。

眼看裴、李两拨村民就要发生械斗了。你们住手！薛文灿怒声喝道。在他的震慑下，激愤的人群突然镇静下来。于是，薛文灿抓住时机，改用一种温和的声音对两拨人说道。

你们不要吵，我给大家讲一下，这个墓是个砖石墓，不是贫下中农的墓，不是地主就是富农那种人。这几百年以后，到现在咱们来争这个不是地主就是富农，还是有啥光彩。我这样一说也很起作用，给他上纲上线了，很起作用，他们姓李的也不争理了，姓裴的也不吵了，就停下来了。

在薛文灿这样上纲上线的质问下，裴、李两方村民果然都缄默不语，再没有人去争这“地主恶霸”的老祖宗了，一场即将发生的械斗事件就这样平息下来了。

临走时，薛文灿对社员群众说，你们村过去就出土过不少文物。在今后的平整土地或其他工程中，若发现出土文物，一定要保护好现场，器物原位不动，马上报告县文化馆。

裴李岗村东南地经过一段时间平整土地工程结束，社员转移到裴李岗村西地进行平整。但是，令人没有想到的是，事隔数天后，裴李岗村果然有了一个意外的发现。

4月2日这天，20岁的李铁旦和伙伴们正在村西的岗地上平整土地。突然，只听见“咣当”一声响，铁锹发出刺耳的响声，把没有心理准备的他吓了一跳，下面是什么东西？

李铁旦赶忙放下铁锹，开始用手扒开周围的泥土，渐渐地一个硬梆梆的椭圆型石板出现在眼前。他仔细一看，这个石板大约有70厘米长，30厘米宽，上面居然还长有“小腿”2。

这里埋的是个什么东西呀？李铁旦一声呼喊，大家都围了过来。但是，谁也猜不透它到底什么东西。这个石板会不会就是薛干部说的文物呢？想到这里，李铁旦心里高兴极了。

2

3

不久，更令李铁旦即好奇又纳闷的是，他居然又在石板的旁边挖出了一个类似棒槌的石棒和一些已经石化的零碎骨头。这些东西恐怕就是前几天县里薛干部在村里所说的“文物”！

高兴的李铁旦急忙叫伙伴们找来一条麻袋，然后把这些石器装进麻袋里扎好。做完这一切，李铁旦背起麻袋就急忙往县城赶去，他想给县里的薛干部一个意外的惊喜。

李铁旦心里想着，自己今天就是再累也得把这个东西背到县城，交给薛干部，让他知道咱裴李岗村姓李的觉悟有多高！也许这些东西多少会给我们李氏家族带来些骄傲。

当年的李铁旦无论如何也不会想到，他自己肩膀上扛着的这块笨重的石板，将带出中国20世纪考古界的一个重大发现，它的出现可以把中国农业文明的历史向前推进1000多年。

他祖祖辈辈居住的裴李岗村，也会因这块笨重石板的突然出现而闻名于世。

30年后的今天，李铁旦麻袋里的这个石板正端端正正地摆在新郑市博物馆的橱窗里。它前面的纸板上标注着这样的文字：石磨盘、石磨盘棒，裴李岗出土。

今天，当我们追溯裴李岗文化遗址的发现过程，这位老人是不能不说的人物。他就是30年前，亲手从李铁旦扛来的麻袋中取出石磨盘的新郑县文化馆文物干部薛文灿 3。

其实，20世纪50年代，薛文灿还在新郑县裴李岗村附近的一所小学当校长。平时在村民家，他也曾看到过这样的石板，谁也没有想过它究竟是何物，为什么地

4

里会有这些东西？

60年代初，薛文灿被调到县文化馆，才开始接触考古工作。在此期间，文化馆又收集到群众捐献的石磨盘、石磨棒等石器，但却弄不清是什么时代的文物，也叫不出器物名称。

于是，他们就把像长石板，两头圆形，一面有稍凹的面，另一面有四个矮足的器物，起了个名字叫“石碾盘”。到1969年冬，这时县文化馆已收集到石磨盘、石磨棒近二十件 4。

1972年2月29日，《河南日报》第四版报道了这样一则新闻：题为《我省出土的历史文物介绍》中，有一幅新郑县裴李岗村1965年出土的石磨盘、石磨棒照片。文字注明是“原始社会晚期的石碾盘和石棒”，没有说明其具体时代，笼统地称为新石器时代遗物。

这些石磨盘到底是什么时期的遗物呢？它们属于哪一种考古文化类型呢？为什么在它以后的文化层中再也没有出现过呢？这究竟是出于什么原因呢？

这些问题引起了考古学界的广泛注意和重视，考古工作者开始把目光投向这个不为人知的小村落。但是，石磨盘每次的出现都像谜一样行踪诡秘，很少留下可供参考的地层关系和伴随出土的陶器等物品。所以，年代问题一直是考古工作者追寻的课题。

不过考古工作者发现，这种石磨盘非常典型，它从不见于仰韶文化以及随后的龙山文化。因此，在考古学界引起诸多猜测，但是始终没能有一个确切的答案。

1973年，国家文物局举办“文化大革命”期间出国文物展，向全国各地征集文物，新郑县文化馆推荐送去一套石磨盘、石磨棒。在国外展出时，这套原始社会的遗物备受观众的青睐，他们在惊叹之余也对它出土的具体地点和时代提出了疑问。

信息很快反馈回国，国家文物局鉴于此，立即责成河南省文化局对其面貌进行调查落实。于是省、市、县三级文物部门组成了一个调查组，即刻进驻裴李岗村。

经过多方调查，石磨盘之谜仍然是悬而未决的疑案，所以正在国外展出的裴李岗遗物被撤换、退回原地。

这件事对河南省文物界震动很大，更是让新郑县文化馆的薛文灿，感到十分地难堪。

1975年通知新郑，叫领取这文物，我去了。我去以后，我看到这两件东西以后，心里面就沉甸甸的，感到这么好的文物弄不清出土地点，弄不清时代，感到很惋惜，心里很沉重。所以，内心里下决心要想办法，要弄清这文物时代和出土的地点，从那个时候起就一直挂在心里，这个问题就挂在心里，就是这个情况。

1975年冬，新郑县观音寺公社唐户村正在大规模进行土地平整。突然，发现了一处重要的仰韶文化遗址。为抢救这里的遗存，当时开封地区文管会的负责人崔耕立即组织有关人员在唐户村进行钻探和试掘。同时，决定在这里开办考古培训班。

崔耕同志很重视，立即就决定在唐户配合平整土地，举办一个亦工亦农考古学习班 5。这个崔耕是这个学习班的主要领导，我协助他工作，邀请的有郑州大学历史系考古专业的老师李有谋，还有密县文化馆的文物干部赵世纲这些同志。

5

其实，第一期文物考古短训班的学员大都是从新郑城关和各公社召集来的农民。崔耕这次在新郑举办培训班的目的，不仅是为了抢救性发掘唐户仰韶遗址，更重要的是想借此机会培养一批文物干部，扎扎实实地做一番事业。

因为这个学习班办得很仓促，也没经费，再加上平整土地很紧，配合挖掘都挖掘不成，勉强挖掘了几条探沟，挖了一批墓，就是挖的探沟里出土的大部分都是仰韶时期的文物，这几座墓是两周时期的墓葬。同时住队干部高国珍同志呢，他喜欢文物，收集了不少文物，他收集文物都交给县文化馆了，其中有一套石磨盘。我看到以后很惊奇，这裴李岗出土石磨盘，唐户也出土石磨盘，但是在文物挖掘的时候并没有挖掘到石磨盘，所以，这个石磨盘呀还是个谜。

在此期间，有关石磨盘的来历成为培训班议论最多的话题。于是，探寻石磨盘的来历，变成培训班的重要目标。但是，他们经过几个月的努力，却一无所获，连一个灰坑也没有钻探到，更别说是石磨盘了，这不禁使他们感到有些失望和茫然。

随着，唐户仰韶文化遗址发掘的结束，这期考古短训班也解散了，学员一般都回到自己的本地区继续做文物保护工作。而神秘莫测的石磨盘，仍然是个未解之谜。

1977 年春节过后，开封地区文管会、新郑县文管会又联合在新郑县文化馆，继续举办亦工亦农文物考古短训班，修复整理唐户遗址出土的器物和编写整理唐户遗址发掘简报。

虽然，这时有关石磨盘之谜的种种猜测被暂时搁置一旁，但是谁也没忘记它的存在。

1977 年 4 月 2 日下午，当累得上气不接下气的李铁旦扛着沉甸甸的麻袋，来到县文化馆正在举办的短训班时。薛文灿正在上课，他清楚地记得当天的情景。

李铁旦去那儿的时候都下午大半晌了。他过来就说：老薛，前些时日，你在俺那村里讲叫发现文物，保护好现场，我给现场保护得很好，这是出土的文物，我给你背来送过来了，他满头大汗的。这我就立即把麻袋解开，解开一看是石磨盘、石磨棒，还有料礓石人骨架，我很吃惊，也感到意外惊喜。

6

“这是在哪里挖到的？”惊喜不已的薛文灿一边问，一边小心翼翼地用双手把石磨棒和石磨盘慢慢地掏出放在桌子上。这个别致的石器立刻就吸引了所有在场的人 6。

大家兴致勃勃地议论着石磨棒和石磨盘。坐在一边的李铁旦虽然气喘吁吁、满头大汗，但脸上却喜滋滋的，合不拢嘴，自己果然做了一件为李氏家族争光的事情。

我当时感到又惊喜又感到担心，惊喜的是啥呢，就是过去群众对这保护文物人人有责，认识不够，对文物的重要意义没有认识到，是通过上一次，在他那个村东南地给群众宣传，文物法、文物的意义、保护文物的重要性、保护文物人人有责等这些。这些内容以后，群众的觉悟大大提高了，对文物非常重视，所以这样子才把出土的东西给我送过来。担心的是什么呢，当时给他交代的是发现文物在原地不动，立即上报。这他发现文物以后，他把文物取出来送来了，这肯定现场会有损坏，我担心的就是这个。

第二天一大早，感到责任重大的薛文灿，借了两辆自行车同李友谋、赵世纲等人立即赶赴裴李岗村进行现场实地调查。最后，他们初步认定裴李岗村西地是一处重要的古文化遗址。

我们到那儿一看，啥都没有似的。用小铲就给它慢拨开，这一拨呢，给人的头骨拨出来了，这眼窝拨出来了，鼻子拨出来了，嘴拨出来了，这我们感到单是这脸上头上，全是疙疙瘩瘩的，竟是料礓石化的 7。这又往左边一拨呢，出土了一件陶罐，见了一件陶罐，往右边一点又是一件陶器，这证明是有一座墓葬，这就赶快把它好。好以后我

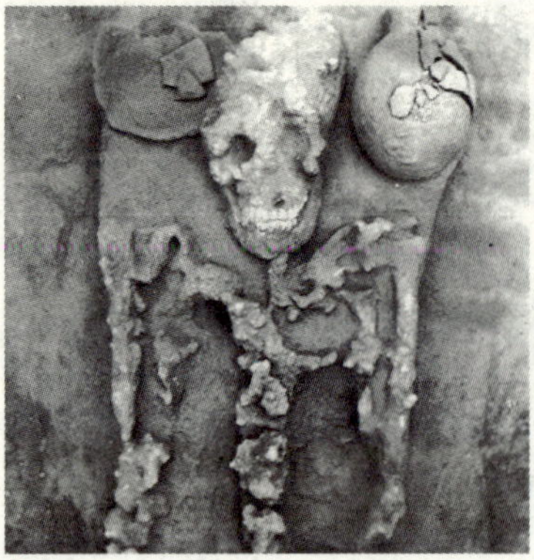

7

8

立即给裴李岗南队的张队长说，我说这些文物出土的很重要，这些地方暂时不要平整土地，我回去立即给地区汇报以后，看决定咋办，局部停工，暂时停工。

这真是一个意外而重大的发现！返回新郑县文化馆培训班后，异常激动地薛文灿立刻就给开封地区文化局打电话，向负责人崔耕汇报了裴李岗又发现石磨盘这件极其重要的事情。

把那情况，去裴李岗见到的情况一一给他做了汇报。晚上八点多钟，崔耕又回电话说，李岗这出土的文物很重要，给地区文化局领导汇报了，领导也很重视。明天就回新郑，经过省里批准以后，咱们准备试掘。

1977年4月8日，经过短暂准备，短训班负责人崔耕同志派赵世纲担任领队带领学员到裴李岗村正式试掘。这次试掘因经费奇缺，参加人员很少，时间也很短。

当赵世纲带领学员达到现场时，李铁旦当时发现石磨盘的地方已被平整土地挖平了。赵世纲只得重新勘察地形。他们在裴李岗村的水渠西部未曾平整过的土地上开始挖出探沟。

这次发掘的目的非常明确，就是为了解开神秘的石磨盘之谜，彻底弄清楚这个石磨盘的时代、用途以及它和其他陶器的共存关系和这个遗址的性质等。

虽然发现总共有7个墓，7个墓里有殉葬的好多陶器、石器这一类东西，但是就不见石磨盘，因为一开始就想着解决这个石磨盘的年代、用途的问题，这样这么能解决。后来，我就考虑他们原来挖的地方，就在挖的地方出现石磨盘了，到底在什么地方。因为他们平整土地有80公分那么厚，就是地表挖了80公分，可是已经发现的这些墓葬呢，都在1米以上，都在1米或者1.2米中间。我就考虑当时石磨盘比较大，他们把石磨盘弄出来以后下面肯定还有个印记，有个痕迹，是不是还会有东西。

赵世纲认为或许在李铁旦挖出石磨盘的地方并未将墓葬挖到底，下面还会残留有重要遗物和遗迹。于是，他带领学员在李铁旦指认的发现石磨盘的地方也布下了探方，进行复查。

他们小心翼翼地用小铲将地面一层层刮去。可是，这样干了一天，刮了很多层，在李铁旦确认的地方仍然什么东西都没有发现。这使满怀希望的赵世纲陷入失望之中。

然而，赵世纲不甘心，他决定扩大李铁旦确认地方的范围，继续向周围寻找。不久，他们在离原来指定的地方大概有一二十米远发现了一个方坑。

就是有个方坑，然后把浮土去掉以后，就发现上面有个石磨盘取出来的凹痕，还有一些陶壶、陶罐啊这些东西。

这些凹痕是不是李铁旦取出石磨盘、石磨棒而留下来的痕迹呢？赵世纲马上让学员返回短训班取来李铁旦送交县文化馆的这个石磨盘。然后，小心翼翼地把它放进这处凹痕里。

石磨盘顺着凹痕慢慢地往下放，到底时，石磨盘、石磨棒与凹痕果然紧紧地咬合在一起，不见丝毫的缝隙。毫无疑问，李铁旦发现的这个石磨盘、石磨棒就是从这里被拖出来的 8。

这样的话就肯定这个石磨盘是在墓里面发现的，这是一点。第二点就是这个石磨盘跟这个墓里面发现的陶器、陶罐、钵呀还有石铲、石斧啊都是同时期的，因为它在一个墓里面发现的，它的时代应该是一致的，这样就把石磨盘怎么样出土的，还有那些共同的东西，这个问题又解决了。

赵世纲终于在李铁旦指认地点的南边约20多米的地方，找出了这座出土石磨盘的墓。发掘队的全体成员一同欢呼起来，狂喜的心情无以言表，他们多年的追踪终于有了结果。

从现场出土的陶片来看，它们仅有红褐色砂质陶和泥质陶两种，均为手制，因此胎壁厚薄不匀，这与之前在唐户遗址的仰韶文化里发现的彩陶明显不同，这些陶器更接近原始状态 9。

9

难道这里就是无数专家学者追寻已久的新石器时期的早期文化遗存？它的年代难道比仰韶文化还早吗？可是，谁的心里都没有底。

这就是裴李岗文化遗址的第一次发掘，从1977年4月8日开始到4月21日结束。由于这次试掘时间短，揭露面积有限，如要了解遗址的全貌，还必须要做全面的发掘。

尽管如此，这一次的调查性试掘毕竟有了突破性的进展，终于找到了石磨盘的踪迹，裴李岗文化遗址就这样被发现了。

这些石磨盘出土地的最终确认，将对中国新石器时代的考古产生什么样的影响呢？它们到底有什么用呢？使用它们的先民们又生活在怎样的一个世界呢？

二

1977年4月，一位急匆匆地村民将一块神秘的石板扛到了河南新郑县文化馆。

令人意想不到的是，这块神秘石板的突然出现，终于撬开了一个不为人知的秘密！这些黄土地下的奇特石器里，究竟隐藏着怎样的文化秘密呢？

具有独特精神面貌的裴李岗文化与其后期的仰韶文化迥然不同。它的发现究竟在向人们昭示着怎样的历史呢？

第一次试掘结束后，1977年4月20日至5月底，新郑县文化馆举办的亦工亦农文物考古短训班，开始集中时间修复整理裴李岗文化遗址试掘出土的器物，进行绘图、照相。

同时，崔耕以开封地区文管会、新郑县文管会的名义，委托赵世纲执笔编写裴李岗文化遗址试掘简报。接受任务后，赵世纲集中精力投入到紧张的裴李岗遗址整理工作中。

自从接手破解石磨盘秘密的任务之后，赵世纲与同事们都希望以最快的速度把试掘成果公布于众。因为，裴李岗的发现太重要了，它为寻找仰韶文化的渊源提供了不可多得的机会。

仰韶新石器时代遗址是瑞典地质学家安特生于1921年4月在河南渑池县仰韶村发现的。

在此之前，很多西方学者都认为中国没有属于自己的史前文化，没有自己的石器时代，中国文明起源于西方，并提出“外来信息是中国新石器时代起源的决定因素”。

而安特生发现了属于新石器时代中期的仰韶文化后，他们又对它的渊源提出质疑，认为仰韶文化早期出现缺环，而甘肃境内的彩陶比河南彩陶发达，可能来自西方，从而得出“中国仰韶文化西来说”的观点。

虽然，后来人们经过反复的认识阶段，这种观点已被推翻，但是由于中原地区一直没有找到早于仰韶文化的新石器遗存，因此，仰韶文化的渊源始终没有真正获得解决。

赵世纲在编写试掘简报的过程中，首先考虑到的问题就是新郑裴李岗文化遗址的性质问题，根据这次发掘的遗迹、遗物看，它们带有明显的时代特征。

在整理中发现这些东西，比如说石磨盘、石磨棒、石铲、石斧、陶壶这些东西是我以前都没有见过的东西。就是说，在以前所发现的仰韶文化、龙山文化，然后商周这个时间里发现的陶器都没有这些东西。

既然，裴李岗遗址的文化特征既不是仰韶文化也不是龙山文化，那么，难道它是一种新的文化类型？如果是一个新的文化类型。那它到底又是什么时代的呢？

裴李岗遗址和仰韶、龙山文化遗址紧紧相邻，可它们的文化面貌却迥然不同，并且相去甚远。可见它们的这些差异，绝对不是因为地域不同产生的，只能是因为时代先后而造成的。

10

那么，它们之间到底谁早谁晚呢？这是揭开石磨盘之谜的首要问题。

经过与龙山文化、仰韶文化对比以后，一是觉得它这个陶器制作是比较原始的，因为陶器烧制的温度比较低，比仰韶文化的都容易碎，这是烧陶器比较原始的规律。另外就是陶器的型器变化的规律，这个在以前好多专家已经做出了它的变化的规律，它都比仰韶文化和龙山文化更加原始 10。

赵世纲与同事们夜以继日地整理发掘资料、查阅文献、缀合复原器物。然而，就在这个期间，有些学者对“裴李岗文化”的性质也提出不同的看法。

有些人就提出另外一种看法，认为这种类型是北方少数民族南下的遗留，就是说，是北方的红山文化或者是其他文化的遗址，后来搬到河南在这儿住。然后，留下了这个裴李岗遗址。

这些看法使赵世纲陷入深深的思考之中。但是，经过多次认真的对比分析，他认为裴李岗文化与北方民族文化遗存之间存在着明显的差异，是互不相同的文化类型。

也就是说，裴李岗文化不是北方民族南下的一种遗留，它应该是一种崭新的文化类型。

有了明确的思想后，赵世纲便投入到紧张的写作中，他孜孜不倦地工作了近一个月。5月下旬，他终于完成了试掘工作简报，题为《河南省新郑县裴李岗遗址的调查与试掘》。

在试掘简报当中，赵世纲这样写道 11：我们认为裴李岗遗存是独立于现在所发

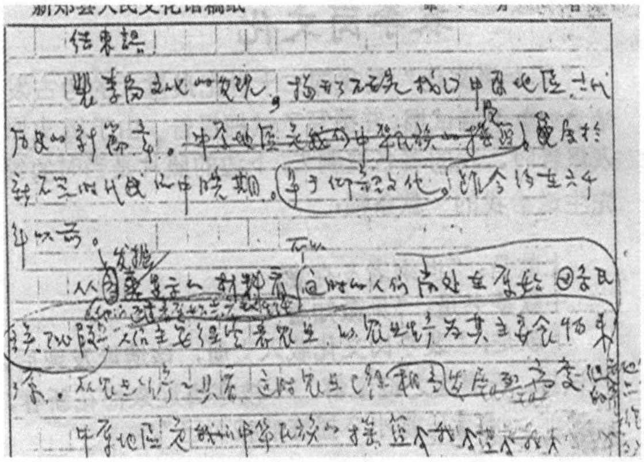

11

12

现的各类新石器时代文化的另一种文化，这种文化我们暂名为“裴李岗文化”。

为了使这批文物的真实身份尽快得到确认，也为了使裴李岗这一文化遗址年代得到一个明确的说法，当时的河南省文物局决定迅速将这批文物护送上京，让专家对他们验明正身。

1977年6月，崔耕、李友谋、薛文灿一行三人又赶往北京国家文物局进行汇报。国家文物局给予高度重视，当即介绍他们到中国社会科学院考古研究所进行技术鉴定。

在中国社会科学院考古研究所，当新石器室主任安志敏先生看了崔耕他们带来的裴李岗标本和发掘简报后，认为这一情况非常重要，必须马上向夏鼐所长汇报。

夏鼐时任中国社科院考古研究所所长，当时正在主持一个会议。听了安志敏的汇报后，他立刻中断了会议，马上接见了崔耕等人。

夏鼐所长向他们要地层中伴出的木炭，并让实验室的同志取走去测定年代。

在京期间，他们又拜访到了著名的考古专家苏秉琦先生 12。当这位考古泰斗看完裴李岗遗址的标本后，马上给国家文物局写信，希望高度重视河南裴李岗遗址，在人力物力上给予大力支持，大面积发掘裴李岗遗址。

虽然，专家们的初步意见令人欣喜。但是，裴李岗遗址还需更多的考古发掘来佐证。1978年4月12日，开封、新郑有关部门和郑州大学历史系考古专业联合进行了第二次发掘。

就在第二次发掘期间，1978年，中国社科院考古所主办的《考古》杂志第二期正式刊发了《河南新郑裴李岗新石器时代遗址》简报一文 13，引起中国考古界的震撼。

同时，披露了中国社科院考古所实验室对遗址木炭标本进行放射性碳素测定结果："年代为距今7885年±480年"。这就证明裴李岗遗址的确是我国新石器时代早期文化遗存。

但是，《考古》杂志编辑部在简报一文中将开封地区文管会、新郑县文管会所写的"裴李岗遗存命名为裴李岗文化"这一提法给删除了，这究竟是怎么回事呢？

原来，就在这一年，裴李岗文化遭遇到一个来自河北磁山文化的撞击。磁山文化是1977年发现的，因发掘地为武安县磁山而得名。

由于，当时河北省武安县磁山遗址的考古材料已经公布，它和裴李岗遗址文化面貌又基本接近。因此，有学者人认为，两地应该同属一种新石器文化，并建议两地结合起来命名。

1978年到1979年，中国社科院考古研究所和开封地区文管会先后在新郑组织了3次大规模的挖掘，这期间共发现了100多座墓葬。

其中，出土斧、铲、镰、刀等磨制石器100多件，鼎、罐、壶等陶器200多件，还有骨针、骨锥以及少量的装饰品；在这里还挖出了猪、羊和其他小动物的遗骨。

这些遗物足以代表裴李岗文化的真正面貌，代表人类早期文明的精髓，从而将裴李岗考古发现推向了极致，它们为考古界研究新石器早期文化提供了一份珍贵的实物资料 14。

这些裴李岗文化遗物的发现以无可辩驳的事实推翻了中国仰韶文化西来说的错

13

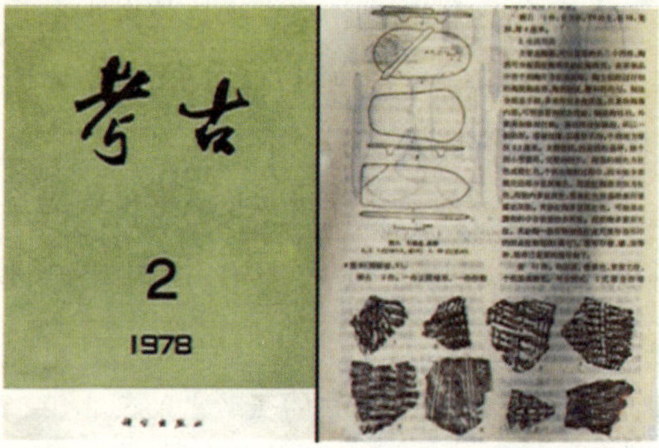

14

误观点。它将在中国新石器时代仰韶文化之前加上“裴李岗文化”这一重要章节。

裴李岗遗址作为一种新的文化类型，给人们留下许多令人匪夷所思的地方，如裴李岗人的生活居址和房基究竟是什么样的，它和仰韶文化中的房屋建筑到底有什么差异呢？

裴李岗遗址被发现后，近20年来，考古学家们在新郑的沙窝李遗址、唐户遗址和密县的莪沟、长葛的石固、舞阳的贾湖遗址等地区先后发现同样的文化遗存150多处。这些重大发现使裴李岗文化的面貌更加清晰和突出 。

裴李岗文化填补了旧石器晚期至新石器中晚期之间的一段历史空白，完成了中原新石器时代裴李岗文化到仰韶文化再到龙山文化的序列。

裴李岗文化最终被确定为一种独立的新石器考古学文化并予以命名，这是中原新石器时代考古上取得的重大突破，它使人们认识到了仰韶文化之前的中国远古文化的独特面貌。

今天，我们在新郑市博物馆里就可以领略到裴李岗文化的厚度 15。

在一个个鲜活的、个体的生命消失之后，这些看起来还相当粗糙简陋的器具，传递着裴李岗的先民们在中原大地上劳作的信息。

这些坚硬的、无法被岁月吞噬的裴李岗石器、陶器为寻找中国农业、畜牧业、制陶业的文明起源，提供了可贵的线索。

石磨盘这一启动惊世发现的密码，今天成了“裴李岗文化”最特别、最典型的标志性器物，在此之前的文化层中，从未见过石磨盘，在以后的文化层中，也出现不多。

这些石磨盘都有着圆润的边缘，一头略宽如鞋头，一头略窄如鞋后跟。它们是用整块砂岩石琢磨而成，正面和背面都做了磨光处理，正面中间稍凹，可能是长期使用造成的。底部有4个圆柱状的磨盘腿和磨盘是一个整体，高约7厘米。

8000年之前，想打磨或雕琢石头，必须用比石头更硬的东西，那时无钢无铁，裴李岗的先人们是用什么加工的呢？这些坚硬的石磨棒，又是怎样制造的。

凡是来到博物馆的人们都会不约而同的提出这样的问题：这个石磨盘到底是什么东西？它们是做什么用的呢？为什么要做成鞋底状？它的下面还要四条腿做什么呢？

石磨盘是裴李岗文化中最典型的粮食加工工具。大量的农业生产工具和粮食加工工具的发现，充分地证明了农业生产是氏族生活的主要来源。

石磨盘的表面，具有明显的规则弧度：盘中心低凹，四周稍凸。仔细端详可以发现，盘面并不光滑，有着许多坑坑洼洼的“斑点”。

专家认为，这些“斑点”并非天生，而是人类有意识地凿出来的。先民将稻谷放在大磨盘上，用石棒或者石球充当磨具，而高低不平的盘面，更有利于增强脱壳取米的效果。也就是说，在8000年前的裴李岗文化时期我们的祖先已经开始使用手工的“谷物脱壳机”了。

这是一只鸡蛋大小的陶猪头和一只陶羊头，它们憨态可掬、惟妙惟肖，说明先民在8000年前已经会制作陶器，也说明当时家畜饲养业已发展很长时间了。

这时的陶器均为手工制作，碗、盆、鼎、钵等日常生活用品的陶器，形状都比较简单，绝大多数没有任何纹饰，制作也显得粗糙，胎壁厚薄不匀，表面也凹凸不平。

这是一块在黑暗中埋藏了近万年的绿松石，当时是在一具人骨的颈下发现的。它通体墨绿色，只有一个硬币大小。虽然边缘已经残损，但是，在灯光下它依然闪烁着迷人的光芒。

15

绿松石上还有一个很小的圆孔,可见当时的钻孔技术已经非常高超了！这个美丽的绿松石出自谁手呢？它的主人又有着怎样的生活呢？

2007年6月，郑州市文物考古研究院配合南水北调工程，在新郑市唐户村进行考古发掘时，又有一个意外的惊喜，终于发现了8000年前裴李岗人居住的房屋基址。

1977年，裴李岗遗址出土了大量的石磨、石棒以及陶器等。但遗憾的是，在裴李岗地区附近并没有发现同时期的房屋的基址。这次唐户遗址房屋基址的发现则弥补了这一缺憾。

唐户遗址 16环绕在麦田之中，被一个个探方均匀地等分。探方里遍布着一些大大小小的浅坑，浅坑平面形状多为不规则形，偶有椭圆形，浅坑的周围均匀地分

16

布着一些圆柱形的洞。

这些裴李岗时期人类居住的“房子”，其实都是半地穴式的小窝棚，多是三四个人居住在一起。唐户遗址内发现的可确认的裴李岗文化房址目前已有42座。

从这些房屋遗址中专家推测出，先民们已经知道了如何躲避寒冷的入侵和野兽的袭击。

从此，人们走出山洞或地穴，形成了古老氏族村落。住进自己建造的房屋，冬可避风寒，夏可遮酷暑，这是人类发展史上的一大飞跃。从此以后，人类改变了自己的命运。

2007年9月17日，来自中国社科院、中国科学院、北京大学以及当年参与裴李岗文化考古发掘的数十位知名考古学家聚集新郑，纪念裴李岗遗址发现30周年。

在此之际，全国各地的专家学者带着虔诚的信仰来到这个神秘而又普通的村庄裴李岗。

对这几位老人来说，这里的一切既熟悉又陌生。30年前，裴李岗遗址发掘的时候，他们吃住、工作都在这里，这片土地给予了他们一生中最大的骄傲，也几乎费尽了他们毕生的心血。直到今天，他们仍然对这块土地眷念不舍。

裴李岗遗址就位于村庄西南的这处岗地上，大约两万平方米。考古工作者经过几次挖掘后，现在这里早用沙土把遗址重新填埋了起来，如今人们看到的只是一片普普通通的麦地。

这块遗址的形状像人的鞋底，东边的“鞋跟”是原始村落的生活区，西边的“鞋掌”是墓葬区，双洎河从遗址西面由北向南流过，然后紧靠遗址南部折向东流，岗地就处在这一河湾上。这是新石器早期农业聚落的普遍特点，是当时的条件所决定的。

新石器早期，农业刚刚起源，聚落地点一般选择在山脉与平原过渡的中间地带，这一带没有茂密的森林，容易开辟田地，这些地方也是从采集向农业种植过渡最适宜的地理环境。当时人类还不知打井取水，所以建立定居点时，就自然而然地选择临水而居。

8000年前，当地球上绝大部分地方还处在人兽杂处、茹毛饮血的蛮荒时代。

而在新郑裴李岗这片土地上，先民们已经开始用他们仍显笨拙的双手，创造性地扎根大地搭起了茅草房屋，形成了氏族村落，开始过着较为安稳的定居生活。

原始农业、畜禽饲养业和手工业，已经在这里产生了……

男人们不断地打磨着石斧、石铲、石镰准备进行耕作，种植粟类植物；而女人们则在半地穴式的房子里，用石磨盘、石磨棒耐心地碾磨着谷物、加工着粟粮。

他们定期举行不同的祭祀活动，乞求上苍给予他们富裕和兴旺。

在他们的氏族公共墓地，成年人死了不分男女，一律头南脚北安葬。同时，还根据他们生前的功劳和性别来陪葬不同的生产工具和生活用具。

当石磨盘上碾出深深的凹痕时，她们的生命也到了尽头，这最亲密的工具变成了她们重要的陪葬品。这就是中原最古老的文明。从这里开始，中国几千年的农耕文化拉开了帷幕。

如今，裴李岗村和中原普通的农村没有两样。虽然，这里经过数千年的风雨荡涤，早期文明的遗迹已经淹没地下。

但是，关于裴李岗的故事却并没有结束。这里留给我们太多的神秘，太多的难解之谜！

裴李岗的先民们究竟是从哪里来的，又到哪里去了？他们周围的世界到底是什么样子呢？在某个不为人知的角落，他们会不会为后世留下些什么呢？

这一切，仍旧等待着人们去发现……

[10] 梳妆楼揭秘

故事讲述人

原沽源县文化广播电视局局长
陈真

沽源县文物保护所所长
白云挥

河北省文物保护中心副主任
任亚珊

河北省文物研究所文博馆员
刘福山

一

在河北省沽源县茫茫的草原上，有一座奇特的古建筑，它坐北朝南，占地面积100多平方米。从远处望去，如同一座高大的蒙古包，而近看又好似欧洲中世纪的城堡。然而，数百年来，关于它的历史以及身份一直是个未解之谜，并且在坝上草原演绎出无数神奇的传说。

沽源县 位于河北省西北部的坝上地区，北面与内蒙古大草原接壤，南面与首都北京相邻，距离北京只有250公里，自古就是草原文明和农业文明的结合点、交会处，也是中原王朝和草原民族冲突与融合的疆界。历史上契丹、金、蒙古多个民族从这块土地崛起。关于梳妆楼的故事，就与这些少数民族的活动有着千丝万缕的联系。几百年来，当地百姓传说，这座古建筑是辽代萧太后梳妆打扮的绣楼，所以称为“梳妆楼”[1]。

1

2

3

关于萧太后2这个名字，今天的人们并不陌生。在著名的评书《杨家将》中，萧太后屡次率军威胁北宋疆域，与杨家将反复较量难分胜负，被中原王朝视为头号强敌。据《辽史·后妃列传》记载3，萧太后，名萧绰，生活在公元953年～1009年，是辽景宗耶律贤的皇后。公元982年辽景宗病逝，29岁的萧绰被尊为承天皇太后，并开始辅佐她年幼的儿子耶律隆绪，治理国家长达27年之久。《辽史》称她“明达治道，闻善必从。习知军政，指挥三军”，是一个胸怀天下的治世明君。在她执掌辽国政权的辉煌岁月里，每年夏天都要到沽源一带避暑纳凉。《辽史·地理志》记载：“承天皇太后，建凉殿于此。”可见当地百姓的传说并非空穴来风。

梳妆楼是我们沽源县现存的唯一的一个地上古代建筑。但是，对于梳妆楼的缘由、历史一直是个谜。我们查过历史资料，在《口北三厅志》上记载，是萧太后的梳妆楼，但是，它讲的是叫俗传，还不是属于信史。究竟这个梳妆楼是一种什么样的文化？是哪个朝代？哪个时期的？还缺乏定论。

《口北三厅志》是清朝乾隆年间编撰的一部地方志，其中收编了关宁的一首诗《过察汗格勒》。“察汗格勒”是蒙古语，意思是白色的建筑物。诗曰：“虢虢河流岸春草，画楼金粉已成尘。青山不管兴亡事，依旧崎岖送路人。”其中“画楼金粉已成尘”一句指的就是梳妆楼，关宁还特地注释说：当地人称之为“辽后梳妆楼”，这是关于梳妆楼最明确的文字记载。

当时我想根据历史记载，萧太后是经过沽源，但是，是不是因为经过沽源，就会为了她梳妆去建这么一座楼，况且形制这么大，我感觉很难有历史材料来证明这一点。

对梳妆楼产生怀疑的不只是陈珍。此前，也有不少专家曾经来沽源考察过梳妆楼，特别是北京大学王北辰教授 4，对梳妆楼的研究颇有价值，他认为，契丹族“经营游牧生活，以车马为家，逐水草迁徙”，他们并无城郭，直到公元902年，辽国皇帝耶律阿保机才下令建造城池。当时为契丹人建造城池的工匠，又都是契丹掳掠去的汉族工匠，它的建筑风格与唐、宋建筑基本一致。在中国建筑史上，都把宋、辽、金三朝划分为一个时期，也就是说这三个朝代的建筑在形制特点上是相同的。因此王北辰教授得出结论：梳妆楼是辽代萧太后所建，从建筑史的角度是难以让人相信的。

4

后来，王北辰教授在《元史》中发现了这样的记载：元朝的宫苑内有两处“圆殿”，殿顶都是“圆顶盖”，其中对重檐、圆顶的描述和梳妆楼十分吻合。这样的建筑是蒙元文化和西域文化结合的产物，它既有蒙古大帐的风格，也具有西亚穆斯林建筑特色。这样的建筑过去仅见于史书记载，文物遗存梳妆楼在我国是独一无二的。因此王北辰教授推断，梳妆楼可能就是元代的皇家建筑“圆顶殿”，这一观点恰好与当地民间传说的另外一个故事不谋而合。

当地民间有好几种传说，有一种说法说这下面是一条栈道，栈道的出口或者是入口，通往北面小宏城遗址，也就是元代的察罕脑儿行宫。

在沽源县民间还盛传梳妆楼下面有一条通往小宏城的秘道，因为站在梳妆楼里用脚跺地面会发出空空的响声，所以人们猜测这下面可能是空的。

小宏城遗址，是元朝开国皇帝忽必烈于1281年修建的行宫，当时叫察罕脑儿行宫。察罕脑儿是蒙古语，意思是白色的海，因为在察罕脑儿行宫西南边有一个湖泊而得名。察罕脑儿行宫遗址距离梳妆楼不足5公里，有人推测梳妆楼可能是察罕脑儿行宫的一个前哨站，地下有一条秘道与察罕脑儿行宫相通。

1999年夏天，河北省文物局博物馆副处长刘连山到沽源县扶贫，沽源县不失时机地向他提出了发掘梳妆楼的建议，希望借助考古手段破解梳妆楼的身世之谜。于是，刘连山向河北省文物局请示，建议派得力人选对梳妆楼周边地区进行探测。河北省文物局很快作出批示，同意对梳妆楼周围进行试发掘，弄清楚梳妆楼建筑群的规模和形制，并最终确认它们的年代和所属关系。

当时是河北省文物研究所的副所长，他带领考古小组到沽源以后，首先对梳妆楼进行实地勘察，他们发现梳妆楼为青砖无梁结构，穹顶，建筑平面为正方形。内部结构独特，墙体与穹顶结合部为八角，每角用砖砌成，虽不见立柱支撑，但穹顶与墙体咬合得十分稳固。从外形上看梳妆楼既有蒙元建筑的特点，也有西域建筑的风格。

当时在这个楼子周围发现了一些零星的琉璃构件，但是很少很碎，当时也没把这琉璃构件跟这个梳妆楼子结合起来。因为在这个楼子上面一点琉璃构件都没有了，所以就没有跟它结合起来。但是就看着这个楼子很特殊，特别的特殊。

考古队经过勘察以后分析，无论是辽代萧太后的梳妆楼，还是元代皇家的圆顶殿，都说明这个建筑非同一般。考古队认为，既然是皇家行宫，就绝不是一座孤零零的建筑，很可能是一个建筑群。如果通过这次考察，能够揭开梳妆楼的身世之谜，那将是一个重大的考古发现。

第二天由县文保所的同志，用车拉着到工地以后，在方圆百米左右，都进行了调查。发现这个梳妆楼前边是一条大道，是人们放羊走的大道，有一片一片很不规矩的石头，都是一片片的痕迹。当时也没有经过任何考虑，我就跟县里的同志说了：“这就是一个东西！”

5

梳妆楼周围荒草萋萋、乱石成堆 5，这些成片的石头究竟是什么？是建筑遗址？还是自然形成的乱石岗？更有一些周边运来的建筑构件真假难辨。于是考古队决定先在梳妆楼周围打几条探沟，看看梳妆楼周围有没有类似建筑存在过，是不是像人们猜测的那样：这里曾经是辽代或者是元代的行宫遗址呢？

在调查的过程中发现，这个地方的特点就是土质特别不好，是风化石，土很少。地表上一点土，下边就是石头，打不下去。这怎么办？探沟是我们考古上一种通用的调查方法，一般打五六十公分宽，根据遗址的迹象，打它的横切面进行调查。

考古队在梳妆楼的西侧打了一个十字形探沟，当工人们发掘到40多厘米深的时候，果然发现了青砖铺设的地面，还有一段残墙，这使刘福山更加坚定自己的判断。经过几天来对梳妆楼周边环境的观察，刘福山又有了一些新的发现。

我怀疑梳妆楼西边，靠后的一排有一个大沙岗，长度大概有30米，里边的堆积物都是残砖乱瓦，白灰渣子，楼子好好的没有塌，这些散砖是哪里来的？首先考虑就是建筑，类似梳妆楼这样的建筑。

考古队把沙梁子挖去以后又往下挖了30多厘米，一座完整的建筑遗址便暴露了出来，其中，残存的一段墙体宽窄及垒砌技术与梳妆楼墙体完全一样，铺设地面

6

的青砖大部分还摆放在原来的位子，只是由于多年的雨水侵蚀砖块风化严重，但仍然可以看出这里曾经存在过一个类似梳妆楼的建筑 6。

刘福山按照自己的判断，顺着梳妆楼以西继续寻找建筑遗址。经过十几天发掘，考古队在梳妆楼的西面竟然又发现了三座类似梳妆楼的建筑遗址，同时在梳妆楼的西南角也发现了砖铺地面。这使考古队相信，这里确实存在过一个古建筑群。那么，这个古建筑群的范围究竟有多大？据《口北三厅志》记载，在梳妆楼建筑周围“有缭垣，基址尚存”。也就是说，最迟在清朝乾隆年间，在梳妆楼的周围还有围墙的基址。那么，要勾画出这个古建筑群的形制和规模，首先应当找到它的城墙遗址。

分析梳妆楼周围是不是得有墙，因为这么好的建筑，在坝上来讲是很重要的，很稀罕的建筑，应该是有墙。我们在距离（梳妆楼）墙20米左右的地方打探沟，结果就发现有石头，这个石头就不成一圈圈了，而是成屡儿了，多少不一，高低不平，石头堆积的一岗一岗的、一段一段的，我初步推断原来这就是边墙，梳妆楼的围墙 7。

这一发现让刘福山备感蹊跷，本来考古队是在距离梳妆楼背后20米处寻找建筑遗址的，不曾想却发现了一段石头墙基，这显然是一段原始的残存墙体，难道这就是梳妆楼建筑群的城墙吗？墙体距离梳妆楼才20米，梳妆楼作为一个主体建筑不可能距离城墙这么近，这段墙基充其量也只能是梳妆楼的院墙。

根据中国古代建筑的形制特点，一个建筑群的主体建筑距离城墙至少要在80米左右。因此，考古队决定在梳妆楼南面的80米处，选择地势较平坦的地方挖一条长15米、宽0.8米的探沟 8，看看是否有城墙的基址出现。

考古队经过一个上午的发掘，探沟里没有发现人为扰动的迹象，探沟发掘了40多厘米仍然是生土，这使刘福山感到奇怪。如果梳妆楼的南城墙是东西走向，考古队所打的探沟就应该在它的横截面上，可事实是考古队什么也没有发现，这使考古队感到十分疑惑。

考古队经过探查，在梳妆楼的西南角又发现了10几平方米遗址，遗址用石头铺设，外面用青砖镶嵌了一道边。于是考古队又从这片石头开始清理，当他们把覆盖在石头上的土层揭去以后，发现这片石头确实是人工铺设的 9。

我们把它初步解剖了一下，结果发现一层石头一层土，外边地表上垒了两层砖，单砖垒的方形的一个建筑基址。为什么说是建筑基址呢？因为挖下去一个坑往里边垫石头，垫一层石头搁一层土，也就是跟咱们现在搞地基一样，分析上面是有建筑，估计是碑亭之类的，或者是搞什么祭祀之类的小的建筑。

7

8

9

基址呈正方形，长宽4米，考古队从基址的一角揭去了这些石头，发现下面还是铺设严密的石头。考古队分析，如果这片石头是一个角楼基址，那么梳妆楼的城墙就应该与它呈直角向东面和北面延伸。因此考古队决定，在这个角楼的正北，梳妆楼的正西再打一条探沟，看是否能够找到城墙的基址。

考古队经过几个小时的发掘，结果令人失望，地表下依旧是生土，并没有考古队所希望找到的城墙基址。

正在大家一筹莫展的时候，参与发掘的村民向刘福山反映了一个重要情况。据村民讲，在梳妆楼北面约200米的一个山包上是他们的农田，每年春天耕地时都会翻出大量的石头，有时一天要换几副犁铧。石头一片一片的像是人工修过的，另外还有很多的青砖，这些青砖与梳妆楼的青砖一模一样。那么，城墙会不会在这道梁子上呢？

原来这是荞麦地，荞麦地有很多乱石头，但是我分析这些石头一定有来历，我告诉他们凡是石块都不要动，光把这个宣土给我敛走，一直敛到种庄稼的那个底下，就把它一点儿一点儿挖走，把石头都暴露在地表上。我就站在高的地方观察、分析，结果就发现内容了。

当考古队揭去表土层以后，深埋在土层里的石头便暴露了出来。这些石头成不规则排列，也看不出有什么特别之处，究竟是人工铺设，还是自然形成的呢？刘福山一时也看不出个所以然，但是发掘工作还在认真仔细地进行。就在大家几乎不抱什么希望的时候，奇迹出现了。在石堆旁边，考古队发现了一个用青砖铺设的人体造型，这个人形平面图里面用青砖平铺，轮廓是用青砖竖立沟边，这对刘福山来讲还是第一次发现，这究竟是什么用意呢？为了弄清楚这里深藏的奥秘，刘福山让民工们把敖包梁上的表土层全部揭开，他发现这些石头成圆圈形一个挨着一个排列开来，这些沉默的石头向刘福山传达出一个强烈的信息，于是，他作出了一个大胆的判断：这下面很可能是一个墓葬群 10。

为什么说它是墓葬呢？在这个石头圈子里边，有30公分长、20公分宽的一小块灰土现象，这灰土是哪里来的呢？好像是草滩上的那个灰土。上边都是石头渣子、黄土、黄沙，而且单独就那一块是灰土，我们先解剖一个，结果下面就发现了人骨架 11。

10

11

刘福山的这一发现与几百年来的传说大相径庭。既然敖包梁上是墓葬，距离敖包梁只有200米的梳妆楼会不会也是墓葬呢？他的这个判断压根就没敢说出口，他期待着一个更大的发现，也许这一发现将改变几百年来的历史，甚至会让一个美丽的传说从此画上句号。

几天来，考古队从南到北打了几条探沟，并没有找到他们想要找的城墙基址，也没有发现新的建筑遗迹，这说明什么呢？也许这根本就是一个幻想！眼下只剩梳妆楼的东面没有发掘，而东面是一个叫楼底的小村庄。此时已经到了十月下旬，坝上地区一进入十月，绿色的原野已经枯黄，天气也变得格外寒冷，一场薄薄的白雪预示着冬天将要到来。随着时间的推移，寒冷的天气将给考古队的勘探工作带来诸多不便。要破解梳妆楼之谜，目前只有一种可能：那就是到梳妆楼里寻找答案！

在这个时候，我就向考古队提出来，对梳妆楼的内部进行试掘。因为当时我们对梳妆楼外围的发掘，虽然有一定进展，但是还没有实质性的突破。我们当时考虑梳妆楼内部很可能有一定的发现。经过跟发掘的同志们再三提议，经过申请，省文研所同意对梳妆楼内部进行试掘。

考古队经过研究，采纳了陈珍的建议，决定先在梳妆楼里用探铲进行探测，看看梳妆楼下面到底是什么。考古队用探铲试着打了几个洞，结果探铲带上来的果然是熟土，土里还夹杂着碎砖块，这显然是回填土，说明地下埋藏着什么东西 12。

这一发现让考古队心存疑惑，难道真的像当地百姓们传说的那样：梳妆楼下面

12

是地宫吗？或者是通往察罕脑儿行宫的秘道吗？

为了慎重起见，考古队决定在梳妆楼的正中间挖一个1.5米见方的探坑，彻底揭示梳妆楼隐藏的秘密。当探坑发掘到30多厘米深的时候，探坑里发现了一些建筑构件，这些建筑构件像是红砖块，上面还有云纹图案，仔细观察它的外表曾经挂着绿釉 13，这使考古队感到奇怪，梳妆楼上面并没有这种琉璃构件，这种琉璃构件是从哪里来的呢？

随后的发现让考古队疑云顿释、豁然开朗。两个10多厘米长的大铁钉的出现已经说明了一切，这两个铁钉就是专门用来钉棺材的棺钉 14。因此，考古队作出结论：梳妆楼既不是萧太后的梳妆楼，也不是通往察罕脑儿行宫的秘道，而是墓葬。所谓的梳妆楼，是墓葬上面的附属建筑：享堂。

13

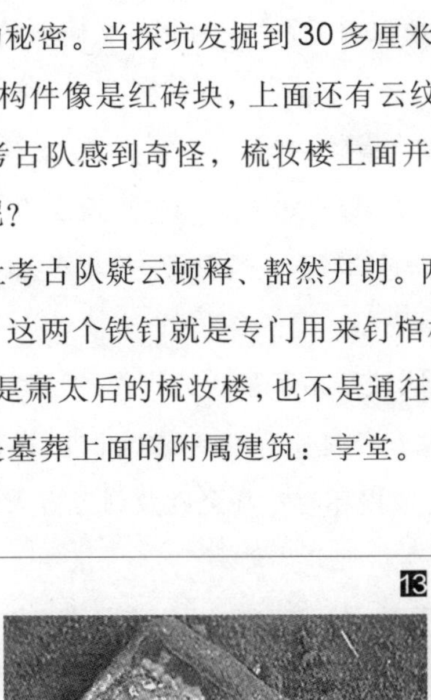

14

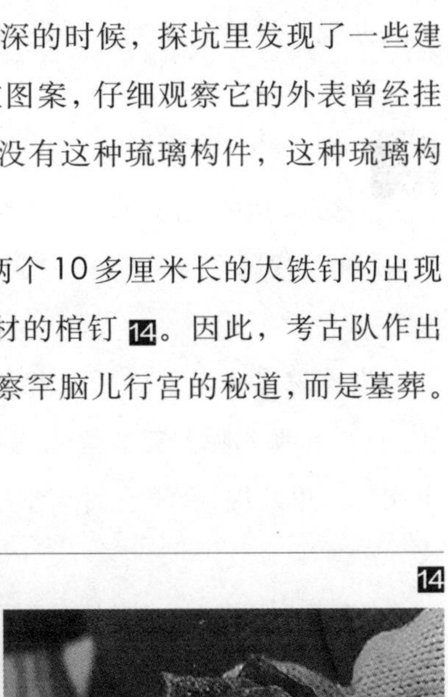

这一发现出乎所有人的预料，几百年来，当地百姓一直传说这个古建筑为辽代萧太后的梳妆楼。而现在，这个美丽的传说被彻底颠覆，当地百姓会如何看待呢？这个墓到底是什么年代的？墓里埋的究竟是什么人？从墓上的享堂看，这一定是个具有显赫地位的人物。因此考古队决定，在大地封冻之前彻底发掘梳妆楼，揭开这个埋藏了几百年的秘密。

二

1999年10月26日，河北省文物考古研究所的领导，得到梳妆楼考古队的报告之后，迅速赶到了沽源县，大家无不为这一重大发现感到惊讶。原本以为梳妆楼是辽代或者是元代的皇家行宫，不曾想它却是一个墓上的享堂，一个传承了几百年的动人故事就此画上了句号。既然考古队已经揭开了梳妆楼神秘的面纱，接下来该怎么办呢？是继续发掘，还是回填保留呢?这让河北省文研所的领导犯了难。

那时候的经费也很紧张，要雇人看就要涉及一笔经费；要是不雇人看，这就有可能被盗，被破坏。所以，当时咱们省局的吴处长与我们几个人在一块商量说，咱们就抢救，把它挖掘了得了，再一个就是看看一直人们传说是梳妆楼到底是什么?

发掘方案确定了以后，考古队便开始了紧张的工作，这时他们遇到了一个难题：墓口在那儿呢？究竟是先有墓？还是先有享堂呢？此外，墓坑到底有多深？如果在享堂里发掘，会不会对享堂造成损坏呢？甚至危及到考古人员的生命安全呢？

我们对梳妆楼的基础挖开看了看，发现这个楼子没有基础，是平地建起来的。如果我们要在室内发掘，势必可能要对这个楼子造成一些损坏，那时候特别害怕。

一座十几米高的建筑竟然没有地基是平地而起，数百年来，它就像是一个巨大的积木矗立在辽阔的草原上，任凭岁月的风雨侵蚀而坚不可摧。如果这次发掘稍有不慎，对梳妆楼造成损坏或者坍塌，那将是无法弥补的损失。面对这一难题，考古队经过认真勘察分析，断定梳妆楼是先有墓后有楼，梳妆楼是墓地上的附属建筑。既然是以墓为基础的建筑，那么墓口就应该在楼内。因此，寻找墓口就成了考古队首先要做的工作。

四周围留多宽对这个楼子没有影响，当时我们就卡定了一个数字，就是南北各留出来2米多，东西各留出1.5米左右。这样能够保证这个楼子的安全，再一个我们觉得要是一座墓也应该有这么个范围。

考古队经过一天试探性的挖掘，终于找到了墓口。墓口长4.8米，宽3.1米15。

墓里除了大量的琉璃构件，又出土了多块石板，其中两块完好，一块被折断，三块石板从面积上看又不像是棺盖板，倒像是墓志铭 16，可是石板上又没有文字，而且三块石板均埋在墓里，石板下也不见棺材，这让考古队感到蹊跷。

当考古队把其中的一块石板掀开以后，发现在墓葬的东北角有一个盗洞，盗洞直径有七八十厘米，盗洞的顶部有油灯或者是火把熏黑的痕迹，盗洞里的填土与墓里的填土也有着明显的区别。考古队推测，这个墓刚下葬不久，可能就已经被盗过。尽管如此，考古队仍然不放过任何蛛丝马迹。

经过十几天的发掘，墓里又出土了一些汉白玉石雕残块 17，这说明，当时墓葬周围还有汉白玉石雕围栏，因此考古队判断，这个墓的规格是相当高的，所以他们充满了期待。尤其是这个瓷碗残片的发现，让考古队对这个墓的时代似乎有了一点儿认识。

15

16

17

我们发掘的时候发现了明代的青花瓷片，这也是在这个墓里边发现最晚的遗物。因此可以断定，这个墓起码是在明代的时候被盗过。

从发掘的情况来看，这个墓曾经多次被盗，因此考古队也难以断定，这个明代的瓷碗是墓里的随葬品呢？还是盗墓的人带进来的呢？不过，它至少可以说明，这个墓的时代下线是明代。

还有这枚印章的出现 18，它着实让考古队兴奋不已，它的出现极有可能揭开墓主人的身份之谜。

我们当时很高兴，发现这个印章的文字各留拐弯的，这是八思巴文还是九碟篆？当时我们就做了很多印模辨认，怎么也对不出来。最后通过专家辨认，它就是一个押印，没有实际的意义，没有说是证明这个死者身份的意义。

押印，就是印章，早在殷商时期，人们就以印章作为权力的象征和社会交往的凭信。到了宋元时期，押印除了汉文入印之外，还有八思巴文和图形押印。而梳妆楼出土的这枚押印，既不是汉文，也不是八思巴文，更不像图形押印，至今也没有人能够识别它。

考古队经过近一个月的发掘，梳妆楼隐藏了几百年的秘密终于被揭开了。原来，所谓的辽代萧太后梳妆楼，竟是一个三口棺木东西向排列的合葬墓 19。东棺、中棺外面有砖椁和木椁，砖椁已经塌陷，木椁也被严重扰乱，木头横七竖八地搭在棺木上。中棺上面的砖椁已经被揭开一半，棺盖也不翼而飞，棺材像是被打开过。西棺从外表上看保存完好，许多椁木死死地压在上面。

这是一个砖套的木椁墓，木椁又有棺，它是砖套，整个是用砖先垒起这么一个墓室，然后把棺搁进去，上面再铺一层砖，所以这个形制也很特殊。当时就看着这个砖跟椁板已经乱了，我们就认为这个墓坏了，可能要空。

尽管如此，考古队还是充满了期待，他们将这些椁木小心翼翼地取了出来，不曾想，这些看似完好的椁木已经严重腐朽，有的甚至已经碳化，说明这个墓的年代很久远了。而覆盖在棺木上的青砖也腐蚀严重，就在考古队清理这些砖块的时候，他们又有了一些新的发现。

18

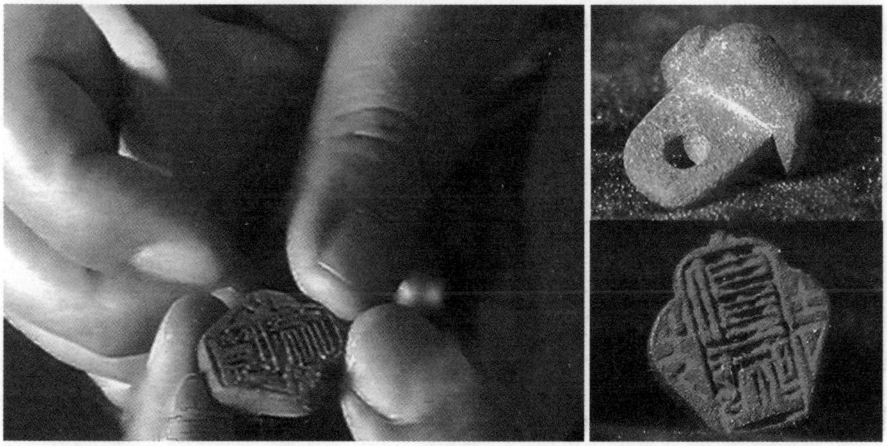

19

又发现每一个棺，都是用宽的这种铁带把它包起来的。三横两纵这么裹起来的，但是这么宽的铁箍也都被绞开了。

虽然墓主人的家族在安葬时考虑到安全因素，已经采取了层层保护措施，但是仍然没有挡住盗墓贼的光顾。使考古队感到不解的是，要剪断这么宽的铁带，并且把粗大的椁木移位，除非是把墓整个挖开才能实现，像这种大揭盖似的盗墓在考古界十分少见。

当时我们先清理的就是这个中室，因为它有一个大窟窿，头骨正好在大窟窿那儿。把里边的土跟这些淤的东西打开以后一看，这个棺里边是一个被刻成一个人形的棺，头部的位置也刻了一个坑，也有肩膀这样顺下去的一个人的形状 。

不出考古队所料，这个墓已经被盗，墓主人的骨骼已经移位，头颅与胸骨重叠在一起，服装和遗骸被渣土覆盖，棺里的随葬品也被洗劫一空。但是，这个独特的棺木引起了考古队的注意，它是用一棵大树掏挖成人形的 20，这是河北省文物考古研究所第一次发现，在我国也没有看到类似的报道，这让考古队兴奋不已。

树棺葬，就是把八九十公分粗的大树，去掉上面三分之一，下面挖成一个人形，把它扣出去，埋上人以后再把它扣上，就合成一个圆木一样。

20

据蒙元史书记载，树棺葬是蒙古贵族或者是高级别的官吏才有资格享用的一种高等级丧葬形式。多少年来，关于蒙古树葬的风俗仅见于史书记载，而很难在考古中发现。这次发现树棺葬，是考古队的一个重大收获。因此，他们初步推断，梳妆楼为元代蒙古贵族墓葬。据民间传说，蒙古贵族为了防止墓葬被盗掘，一般都采用密葬的方式。

明朝叶子奇撰写的《草木子》也有类似的记载：蒙古人死了以后用树棺深埋，然后万马踏平直到来年青草再生，消除了墓葬痕迹之后，看墓人才可以离开。由于采用了这样的丧葬方式，就是成吉思汗的墓在何处，至今仍然是一个谜。

令考古队不解的是，既然蒙古贵族的树棺多采用密葬的方式，为什么梳妆楼元墓要在地面建造如此恢弘的享堂呢？这一特殊的形式，是否与墓主人的身份有关呢？这仍然需要进一步的发掘才能找到答案。

为了安全起见，考古队连夜对梳妆楼中棺进行了清理，虽然这个墓葬曾经被盗掘，但是仍然出土了一些很有价值的文物，特别是具有蒙古民族文化特征的一些文物，用桦树皮制作的弓箭袋，以及马鞍、马靴、马镫，还有一把将军剑等 21，尽管这些文物已经腐朽，但从工艺上仍可看出它们的精致，无不透露出此人的身份特征。

随后，考古队将衣服和遗骸裹挟着清理了出来。这是一件褐色的蒙袍 22，虽然历经几百年的腐蚀，但还有相当的韧性。当考古队抖落了衣服上的泥土，整理墓主人衣服的时候，却有了一个意外的发现，这恐怕是盗墓贼们没有想到的。

在他的衣服卷到一块的那个地方，有一个鎏金的带扣 23，就是腰带的一个带扣，很漂亮，当时一出土的时候金光闪闪的。

这个金质带扣，由三部分组成，中间部分是一个二龙戏珠图案，带扣中心部分可能还镶嵌着宝石，两边锁扣也各有一条盘龙，上面也曾经镶嵌着宝石。这一发现非同小可，它暗示着这个墓主人的身份非同一般。在古代，只有皇亲国戚，或者是王之类的君主，才有资格使用龙的图案。那么，这个人究竟是谁呢？

在元代的时候这种葬俗是非常严格的，不是说谁想用什么就用什么。可以说在历朝历代用龙的那都不是一般的人。所以我们认为这个一号墓地位非常高，不是一般的贵族，而可能是王公，起码是王爷之类的墓。

考古队根据出土的遗骸特征判断，中室是一位男性，死亡时的年龄大约30岁。是什么原因导致他英年早逝？从出土的遗物中无法判断。但是，从随葬品看，他好像是一位武官，而从他下葬时穿的这件蒙袍，又看不出武将的风采，到颇像女性的连衣裙，虽然历经几百年腐蚀却仍然完好，这确是一个奇迹。

21

22

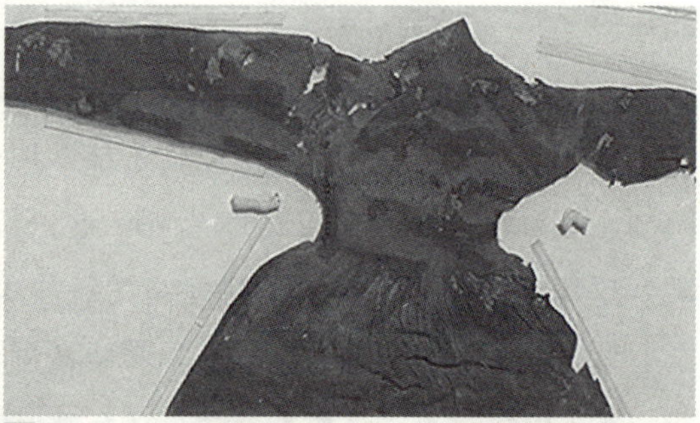

23

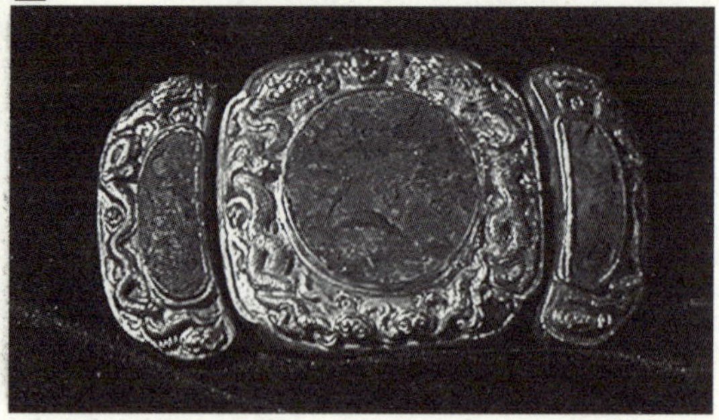

24

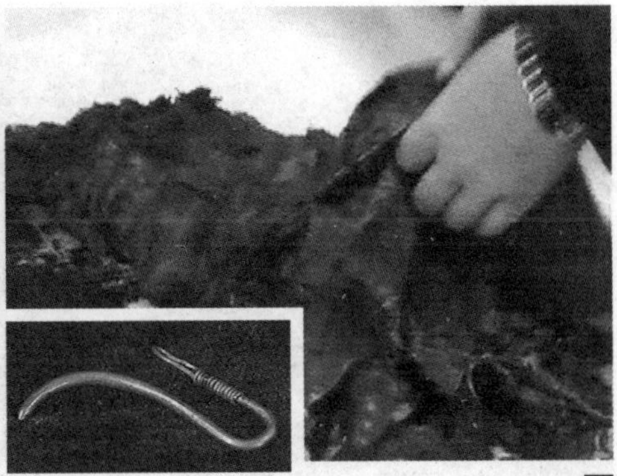

25

东墓室与中室是两个连体墓穴，用的是同一种木椁和砖椁，而且是用铁条三横两纵打包在一起，像是同时下葬的 24。当考古队揭开东室的棺盖，里面填满了绸缎，刚打开棺盖时，这些绸缎色彩和图案仍然清晰可辨 25。但是，当它们一接触到空气便很快退色风化了。

东室要是从表面上看，保存得还不错，其实一打开腐烂程度更严重，也有从侧面被盗的痕迹。

在东室除了出土一些绸缎之外，只出土了一对金耳环 。考古队通过对尸骨鉴定，发现这是一位女性，死亡时年龄约在20岁。她和中室的男性是什么关系呢？他们之间的年龄相差近10岁，为什么他们同时下葬呢？这又给考古队提出了一连串的问号。

最后考古人员开始清理西室，西墓室与中室和东室之间有一道砖墙，这使得它在墓葬内自成一室，西墓室的棺木保存得很完整 26，但是，它也同样没有躲过被洗劫的命运，这不免让考古队员们感到失望。但是，令考古队奇怪的是，西棺与另外两个棺形式完全不同，是用板材榫卯打造而成的，这与中室和东室的树棺有所区别。

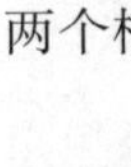

为什么一个墓里的，同样葬了三个人，棺却不一样呢？在我们往下清理的时候就发现，这个棺跟欧洲的那种棺有点相似，在棺底两侧有对称的四个铁的提手，一般在我们发掘的墓葬里边非常的少见。

26

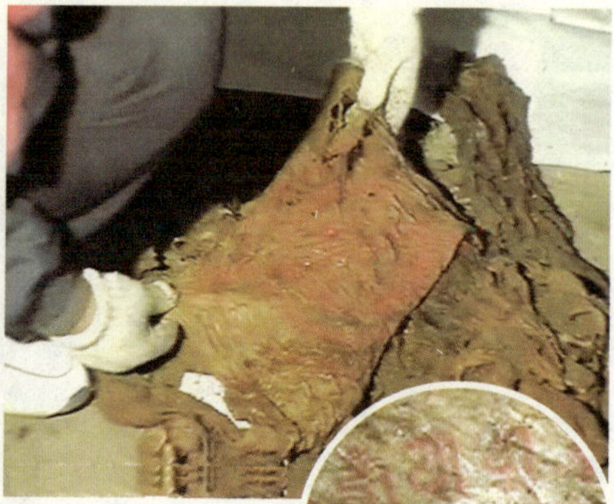
27

28

欧式棺和蒙古树棺在同一个墓穴中出现，这在中国考古史上实属罕见，考古人员分析，这是否意味着这个家族具有东西方文化的背景呢？在蒙元时期，有许多西方人在朝中为官，而这个墓葬无论是地表建筑——享堂，还是丧葬形式都具有东西方文化的特点。

特别是这件裙子的出土 27，着实让考古队员们为之惊喜，在裙子的衬里上，用朱砂密密麻麻地写了许多文字，这些文字显然不是汉语，在场的考古人员没有一个人能够认识。

当时我们的确不认识这是什么文字，我们拍了片子拿回去以后，给一些老先生们看，好多人都不认识。有人说是契丹文，有人说是蒙文。最后我们拿到北京去鉴定，认为这是梵文 28。

梵文，是印度的古典语言，也是佛教的经典语言。由此考古队推断，此人是一个虔诚的佛教徒。考古队原以为这些文字与墓主人的身份有关，希望通过这些文字破解梳妆楼的身世之谜，但是这一愿望又落空了。

有趣的是，考古人员在清理西棺遗物的时候发现了一个香囊，在这个香囊里用棉花包了几颗牙齿，为什么要随葬这些东西呢？考古人员在做人骨鉴定时，发现墓主人也是一位女性，她的牙齿已经全部自然脱落，香囊里装的牙齿正是墓主人自己的。结合此人的骨骼老化程度，考古队推测死者去世时年龄比较大，应该在60岁左右。这让考古人员感到纳闷，中室男子的年龄约30岁，东室女子的年龄约20岁，而西室的老妇人年龄却在60多岁。三个人的年龄相差如此悬殊却葬在同一个墓穴，他们是什么关系呢？

我们现在只能认为东棺跟中棺是夫妇。但是西棺跟这个中棺的墓主人是什么样的关系？我们还是不清楚，一种推测：可能她是妃子，活的岁数大，死了以后又去续葬的。当然还有一些学者认为，她不是他的妃子，而是他的母亲。

虽然发掘工作已接近尾声，但是，关于梳妆楼之谜非但没有解开，反而更加谜团重重。考古队清理完西棺以后，又发现棺底有一块二层夹板，夹板上有7个孔，很明显是北斗七星的形状，考古队称之为七星棺 29。专家们推测，这种丧葬习俗与中国的道教有关，它象征着天人合一。同时具有引导人升天之意，不至于在暗夜里迷失方向。当考古队揭开这块七星板，在棺底还发现了几枚铜钱 30，这几枚铜钱为考古队又出了一道难题。

通过对比认为这几枚铜钱都是宋钱，但是有一枚是金代的钱，这给我们断代带来了很多的不稳定性。一开始我们通过对中室和东室的发掘，认为这就是一个元代的墓葬。但是挖这个的时候跟那边的又不一样，钱袋里边的钱本来是很好的一个断代的物证，但是没有发现元代的钱，发现的反而是宋代的钱和金代的钱。当时我们感觉会不会是我们的断代有问题，这会不会是金代的墓葬。

29

30

经过一个多月的发掘，梳妆楼墓葬的神秘面纱已经初步被揭开，这是个一男两女合葬墓。一个流传了几百年的传说，终于有了一个合理的答案，梳妆楼实际上是蒙古贵族的树葬楼。随着时间的流逝，语音的相近，在民间便被误传为辽代萧太后的梳妆楼了。但是，关于这个墓到底是金代的？还是元代的？墓中的三位主人究竟是谁？他们是什么关系？这一系列疑问都无从解答！此时，已是1999年11月下旬了，一场大雪预示着坝上的冬天已经来临。考古队带着满腹疑惑匆匆收场，他们把希望寄托于来年春天。根据考古队初步探测，梳妆楼周围还有几十座墓葬，也许等这些墓葬发掘完毕，梳妆楼墓葬隐藏的秘密就会大白于天下。

三

2000年春天，河北省文物考古研究所梳妆楼考古队，还没等大地复苏就重返沽源县考古现场。考古队根据梳妆楼墓葬的发掘情况判断，这个墓如此恢弘至少是一个王的墓葬，既然是一座王墓就不止是一座，原来探测时发现的建筑遗址，有可能都是墓葬，很显然这是一个家族墓地。因此，考古队对梳妆楼周围进行了大面积的揭露。

2000年，我们对梳妆楼周围进行了大规模的发掘。把上边因为洪水冲刷淤积了很厚的一层沙清理掉，就露出了好多遗迹，尤其是在这个一号墓，在梳妆楼西部，发现了好几处与梳妆楼类似的墓葬。同时，也有一些惊人的发现，发现了碑文。这个碑文很碎，不是说谁来了以后把这个碑砸碎了，而是把这个碑文给砸掉的。

这些石片上雕刻着蒙文和汉文 31，这些文字信息立刻引起了考古队的注意。但是，每一块带字的石片只有一两个字几乎无法拼对。考古队分析，这些字可能是从墓碑上砸下来的，所以才变得如此破碎。考古人员经过细心察看发现，这些字正是来自于梳妆楼墓里出土的这三块石碑。原来考古队以为这是三块棺盖，实际上是竖立在祭台上的墓志铭，盗墓的人把石碑上的字砸掉以后，将墓碑扔进了梳妆楼墓坑里回填了。

31

有一块比较大的碑文上显示了几个字，当时引起了我们的注意，就是“襄阔里吉思敕撰”这么几个字。

“襄阔里吉思”是什么意思呢？旁边“敕撰、臣为”4个字引起了考古队的兴趣，也就是说“皇帝批准、大臣所为”，这简单的四个字表明了君臣关系，也说明了梳妆楼墓葬与一个王朝有关。这一发现十分重要，立刻引起了任亚珊的注意。那么，“阔里吉思”很可能就是一个人名。循着这一思路，任亚珊首先在元史中寻找答案。

一查这个阔里吉思又出现了问题，一共查出三个阔里吉思来。我们现在发现的这个墓主人他的年龄应该是在壮年，是在40岁左右，史书上的这三个阔里吉思只有一个跟我们这个吻合。所以这样的话，我们就确定这个碑文上提到的这个阔里吉思，很有可能就是成宗的驸马，就这个阔里吉思，恰恰这个阔里吉思呢，又是汪古部的首领。

阔里吉思是汪古部族的第四代首领，他继承了祖辈显赫的身世，不仅身居高位备受恩宠，而且战功赫赫。公元1297年，阔里吉思在平定叛军也不干的战斗中，以1000精兵大胜也不干数万大军，从此阔里吉思威震朝野。元朝的开国皇帝忽必烈下令奖赏阔里吉思黄金3斤，白银1500斤。据《元史》中记载：阔里吉思“性勇敢、习武事，尤笃于儒术”。也就是说，阔里吉思不仅精通军事，对儒学也颇有

成吉思汗

开国皇帝忽必烈

成宗铁木尔

武宗海山

研究，是元朝少有的文武兼备的帅才。因此，成宗铁木尔皇帝继位以后，封授阔里吉思为高唐王。不久新疆发生叛乱，阔里吉思奉命前往新疆平叛，并多次克敌。元大德二年，即公元1298年秋天，阔里吉思在御敌之战中，打败敌军、乘胜追击，不曾想深入敌后险地，因后援没有跟上被俘，叛军诱降不成，在今天新疆博乐市东南被杀害。

这个人的事迹，他的年龄，还有他的地位，的确跟我们发现的一号墓中室的这个人的年龄很相似，所以我们觉得如果这个墓主人是阔里吉思的话，就应该是死在新疆的这个阔里吉思。

就在阔里吉思去世后的12年，也就是1310年，他的儿子术安长大成人继承了汪古部族的王位，术安向武宗海山皇帝请求，前往新疆恭迎他父亲的遗体回故里安葬，武宗皇帝批准了术安的请求，并选派19名将领和500名精兵，前往新疆博乐找寻阔里吉思的遗骸。史书中记载，当术安找到他父亲阔里吉思的遗体时，发现“死体如生”，于是运回故里安葬。

从梳妆楼墓葬形制来看，墓主人的身份显然非常高贵，而阔里吉思，无论是在元朝的政治地位，还是赫赫战功，无疑都具备了这样的条件。从阔里吉思家族的历史背景看，沽源县一带在金、元时期就是汪古部族的领地。因此，汪古部族的家族墓地建在此处也在情理之中。

汪古部族原本是金朝的镇边将军，在沽源一带守卫着金界壕，以抵御蒙古军队入侵。金界壕，就是金代修筑的长城，现在沽源县还留存有15公里金界壕遗迹。据史书记载，汪古部族就散居在沽源县一带，为金朝长期驻守着边疆。但是，到了金末，汪古部族首领阿敕兀思剔吉忽里，被成吉思汗招降并与之结盟，全力帮助成吉思汗问鼎中原。于是，原本是金国的边防天堑，变成了蒙古铁骑南下的通途。

公元1211年8月，成吉思汗集结10万大军，在汪古部首领阿敕兀思剔吉忽里的引导下，像乌云一样铺天盖地的逼近张北县野狐岭。野狐岭是华北平原和内蒙古高原的分水岭，也是历代中原王朝和草原民族冲突的疆界。蒙古军队在成吉思汗的亲自指挥下，将金国的40万精锐部队全部消灭在这千沟万壑之间。史书记载，金军“精锐尽没于此，死者蔽野塞川”。从此，统治黄河以北长达百年的金国逐渐走向灭亡，而蒙古帝国开始在亚洲崛起。成吉思汗为了表彰阿敕兀思剔吉忽里作出的巨大贡献，犒赏他臣民五千户。因此，汪古部族和成吉思汗皇族结下了不解之缘。

那么，梳妆楼墓葬内的两具女性尸体到底是谁呢？为什么他们的年龄相差40多岁，却和阔里吉思合葬在一起呢？

任亚珊在查阅历史资料时发现，阔里吉思先后娶了两位元朝公主为妻：一位是忽达的迷失公主，另一位是爱牙失里公主。忽达的迷失公主嫁给阔里吉思没几年就去世了，死时只有20几岁。之后，阔里吉思又娶了爱牙失里公主。任亚山推测，第一位夫人忽达的迷失因为先于阔里吉思去世，当阔里吉思的遗体从新疆运回沽源安葬时，将忽达的迷失公主与他一起重新安葬。所以，中室和东室木椁相连，这就证实了考古队当初的判断，这两个人是同时下葬的。而西室的女性则可能是另一位夫人爱牙失里，因为她比阔里吉思晚去世40年多年，所以她的墓室用砖墙与之隔开加以区别 32，而且棺木的样式也与前两者完全不同，这可能与岁月流逝民族风俗变化有关。

汪古部落的这些部落酋长们，历代都和成吉思汗皇家结亲，都是他们的驸马，可以说没有一个部落，没有一个民族有这么高规格的待遇。也就能看出来这个汪古部落，当时在蒙元时期的这种地位。

据元史记载，从成吉思汗开始，历代元朝皇帝都采用下嫁公主给汪古部族的首领，以此巩固统治地位。从阿敕兀思剔吉忽里到阔里吉思，这样的联姻承续了四代，元朝皇室下嫁公主到汪古部族多达16人。同时，汪古部族的女儿嫁到元朝皇宫做

32

王妃的也有6人。正是通过这种联姻的方式，汪古部族与元朝统治阶级形成了强大的联盟。

这样，困扰了人们多年的梳妆楼之谜就此被彻底解开，所谓辽代萧太后梳妆楼，不过是元代汪古部族第四代首领阔里吉思墓葬上的一座享堂。但是，元朝贵族墓葬历来采用密葬的方式，阔里吉思为什么会在墓上建一座如此宏伟的享堂呢？

这可能跟汪古部这个族的渊源有关系，对汪古部的这个渊源有几种不同的说法，但是大部分学者倾向汪古部是西域突厥人，突厥人在元代的时候被称为色目人，就是按着记载是面立色白，是一种白种人，跟咱们这边的蒙古人不是一个人种。因为它是西域过来的，可能这个汪古部族信景教的人很多。

据法国著名的史学家雷纳·格鲁塞撰写的《蒙古帝国史》记载，阔里吉思亲王是突厥人，信奉景教。景教是基督教的一个分支，唐朝时从叙利亚，经波斯传入中国新疆和北方草原一带。因此考古队分析，由于汪古部族来自于西域，他们不仅在生活习俗上和蒙古民族有所区别，宗教信仰也和蒙古族有所不同，蒙古民族当时多信奉佛教。

景教有一个代表图案是一个十字，十字象征着平定四方。不管是花也好，还是一些图案也好，很多都是十字的东西。恰恰我们在梳妆楼外围发掘的时候，也发现了这种十字的东西，在石刻上，花瓣，有十字33。这个也让我们更坚定的（认为）：一号墓是汪古部人，信奉景教。

任亚珊经过仔细研究后发现，阔里吉思的名字，就取自基督教圣徒的教名："Georges 乔治"。所以，阔里吉思的墓上享堂也就带有浓厚的宗教色彩，它既有基督教风格，也有伊斯兰教的特点，甚至还有佛教文化的因素。

当时，内行的人，像搞古建筑的，搞考古的，谁来看这个楼子，都认为这是西域的东西，这边没见过，不应该有这个东西。就想到了新疆的那些晚期的，明清的那些长老的墓，他们叫麻扎，也是底下是墓葬，上面是这么个楼子。

33

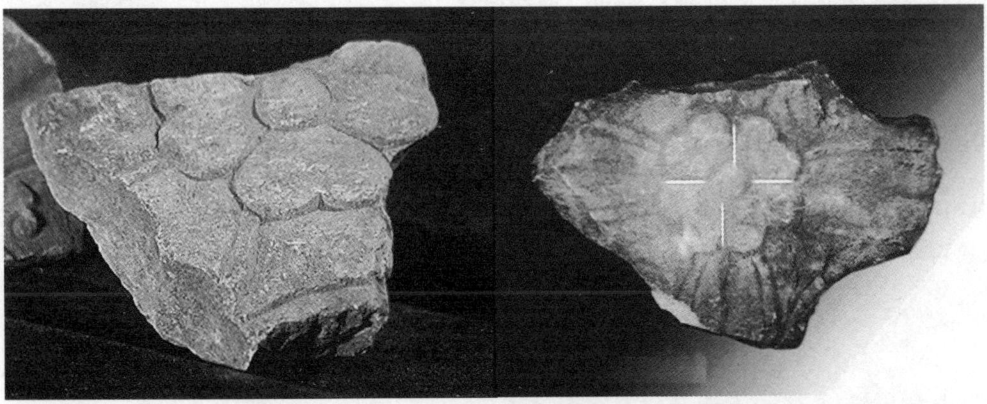

34

考古人员经过比对研究发现，梳妆楼与新疆明清时期一些宗教领袖，或者是地方的王墓极为相似 34。他们的共同特点是下方上圆、穹顶无梁结构，只是在装饰细节上有所差别。梳妆楼是青砖素面，新疆的麻扎则用琉璃砖瓦装饰。但是梳妆楼也曾出土了大量的琉璃砖瓦，那么这些琉璃砖瓦是从哪里来的呢？

后来，经过我们的初步整理、粘对，最后发现，这些琉璃构件，恰恰都是镶在这个一号墓的楼子上面的门楣、门的两侧，甚至还有它的圆顶，以前全部都是用的琉璃构件去装饰的。可以说当时这个楼子是富丽堂皇，非常漂亮的。

原来考古队以为，墓里出土的这些琉璃构件是随葬的冥器残块。但是经过研究发现，这些琉璃构件都是镶嵌在梳妆楼上的。由此可见，当初梳妆楼的华丽程度是多么的引人瞩目。任亚珊根据这一发现，请画家用绘画的形式再现了梳妆楼的原貌，让我们看到了700多年前这座建筑的堂皇和气派 35。

考古队通过对梳妆楼墓葬的发掘和研究，确定这就是活跃于金、元时期汪古部的家族墓地 36，也只有像他们这样的皇亲国戚，才有可能营造出如此辉煌的陵园。但是，也正是因为这种高贵、气派和张扬，遭致了它的灭顶之灾。在梳妆楼墓葬区，像这样的墓上享堂当初还有三座。这三座墓上享堂略小于梳妆楼，但形制完全一样。而现在，这三座享堂早已没有了踪影，只剩下梳妆楼孤立地在大草原上矗立了数百年。是什么原因导致了这个家族墓地的毁灭？从发掘的情况和毁坏的程度看，

35

36

这不是一般的盗墓行为，极有可能是王朝更迭、民族仇恨，或者是战争行为。

沽源县地处元朝的大都和上都之间，又是忽必烈察罕脑儿行宫所在地，是元朝两都巡行的必经之路，也是蒙古草原联系中原地区的交通枢纽 37。在元末明初王朝更迭期间，沽源一带来自中原地区的大举军事进攻曾经发生过多次，每一次都不可避免地遭受战争的浩劫。其中，破坏最为严重的一次发生在公元1358年，当时农民起义军将领关铎、潘诚，率领红巾军攻破山西大同，进而取道张家口北上，直逼元朝上都正蓝旗。红巾军所到之处烧杀劫掠、战火连绵，沿途重要的城池张北县元中都、沽源县九连城、察罕脑儿行宫，乃至元上都全部被他们付之一炬 38，坝上地区两座元朝都城，两座行宫都被焚毁，如今只留下成堆的瓦砾和黄土夯筑的残

37

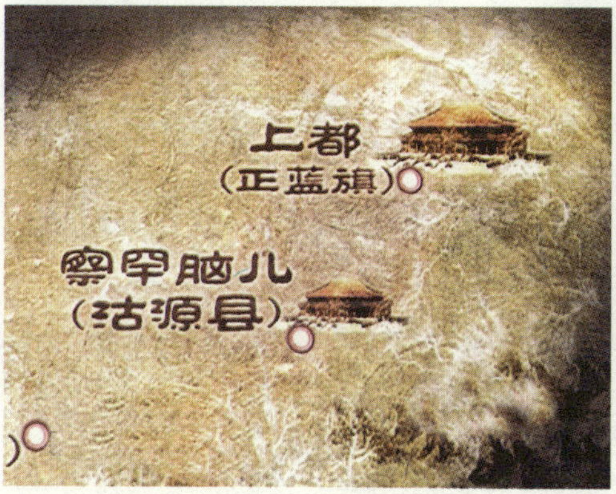

38

垣断壁。明朝建立以后，为了防止蒙元帝国再次崛起，明成祖朱棣更是亲自统领数十万大军五次北征，每一次战争梳妆楼都可能面临厄运。因为，作为元朝重要的守边将军家族墓地，是当时农民起义军或明朝军队必然攻击的对象。不仅因为墓葬中可能存在的金银财宝，更大的仇恨来自于王朝更迭，甚至是民族报复。

在中国古代历次王朝更迭，大部分统治者的坟墓都是后继者攻击的目标，借此挖断龙脉、破坏风水，以防敌人东山再起。正因为如此，蒙古统治者为了防止陵墓被破坏，所以都采取密葬的方式，地面上不留任何纪念性遗迹，到目前为止中外考古界没有发现一座元朝皇帝的陵墓。而汪古部族的家族墓地因其极具奢华、高贵和气派，尽显身前显赫的政治地位，而招致了多次被洗劫的命运。

2000年初春，坝上的大地刚刚解冻，天气还十分寒冷，考古队就开始对梳妆楼2号墓区进行发掘，以便弄清楚汪古部族墓地的形制、规模，以及传承的时间。同时探究蒙元时期成吉思汗家族成员的丧葬情况。考古队推测，位于梳妆楼西北的这三座墓，其中一座就应该是阔里吉思父母亲的墓，而阔里吉思的母亲，就是元朝开国皇帝忽必烈的女儿月烈公主。

这三个墓的特点原本和梳妆楼一样，墓上曾经有享堂，现在靠梳妆楼最近的一个墓，还存留了2米多后墙基。但是，这三个墓上享堂的规模比梳妆楼要小，墙体边长7米，享堂内地面上铺的砖还保持着原来的样式，而享堂前面的露天祭台，青砖风化严重大都成为碎块，考古队称这种墓葬形制为前堂后室。

考古队分析，按照中国人的丧葬习俗，家族墓地都是按照辈分排序的，儿子一般葬在父母的下方，靠梳妆楼最近的墓有可能就是阔里吉思的母亲月烈公主。因此，考古队决定先发掘靠梳妆楼最近的一个墓。

考古队经过一天的发掘，发现这是一个夫妻合葬墓，墓的中间有一堵隔墙 39。当考古队清理到2米深的时候，发现棺木已经彻底腐烂，尸骸被泥土包裹。但是，墓里随葬的一些青铜器却保存完好。

这个棺木朽烂特别严重，原来那个立体感（全没了），究竟是圆形的，还是方形、斗形的，一塌糊涂全看不清了。最后把它逐步清理，清理完了以后在死者头部右侧发现了一个小铜镜，在左侧耳朵下边发现一个黄的东西，用竹签清理出一个金耳环。发现骨件中两个胳臂上有铜环，一圈一圈的，当时不知道是什么东西，就跟现在的镯子一样，最后查资料才知道叫臂钏 40。

39

40

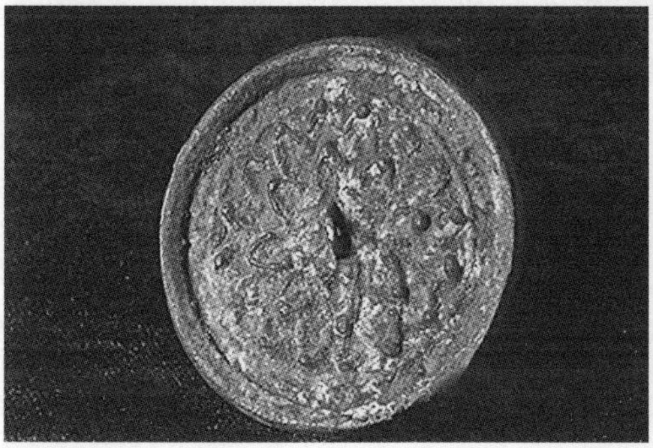

41

42

臂钏，是中国古代妇女们胳臂上带的一种环形装饰品，最初多为宫廷妇女佩戴，唐宋时期十分流行。臂钏多用金银制成，不封口，可以调节环的大小，适合丰腴富态的女性佩戴。它既是一种身份的象征，更显示妇女冷艳温婉、妩媚典雅的万种风情。

同时在这个墓里出土的还有金耳环、菊花铜镜 41和一个鎏金铜耳杯，铜耳杯是一种酒具。这个铜耳杯制作精细，造型独特，在它的底部还有一个永字 42。从这些随葬的物品和性别鉴定，考古队认定这是一位女性，虽然她华丽的衣服早已融为泥土，但根据她生前的装饰和生活用具推测，此人身份高贵。

清理完东边的以后，我们就清理西边的这个（墓室）。经过清理，在距地表1米左右的位置上就发现了棺木，棺盖已经一块一块的烂了，土已经陷进去了，给压塌了。棺的深度就40公分，四面墓壁木板保存得还挺好。

根据棺木的完好程度，考古队判断西室下葬的时间要晚于东室，西室虽然棺木保存比较好，随葬的物品却不多，在墓主人的胸前只发现了一个铜钵 43，这种铜钵也是一种喝酒的器皿。考古队根据性别鉴定，确定这是一位男性，显然这是一个夫妻合葬墓。但是，他们的埋葬方式却违背常理，这引起了考古队的注意。

按咱们汉族人的葬俗，一般是男左女右，东边为上，男的在上手，一般男性在东侧，即左侧，女的在右侧。可是这个墓葬，主要特点就是东边的墓是女性，墓室比较大，棺木虽然腐烂，但规制比西边男性的棺室要大。而且里边出来的殉葬的东西，有金耳环，铜镜，镏金的耳杯，臂钏。男性的棺里边殉葬的东西相对来说简单，仅仅就是一个小铜钵。我们现在推断，男性地位没有女性地位高，女性应该是个贵族，男性看来就是招赘的驸马之类的。

考古队判断，这很有可能就是元朝开国皇帝忽必烈的女儿月烈公主及其驸马的墓，也就是阔里吉思的父母亲 44。至此，考古队经过两年的勘探发掘，在梳妆楼周围共发现清理墓葬30座，出土文物200多件。这是我国到目前为止发现的唯一一处元代贵族墓葬，对研究蒙元帝国的历史，探寻蒙古贵族的丧葬文化，有着及其重要的价值和意义。

沽源县是辽、金、元三朝的夏宫所在地，一望无边的金莲川造就了多少英雄豪杰。专家们通过对梳妆楼墓葬群的发掘和研究，不仅纠正了几百年来的谬传，同时也让我们看到了一个王朝从兴盛走向衰落的背影。

43

44

[11] 清凉寺的秘密

故事讲述人

河南省文物考古研究所所长
孙新民

原宝丰县清凉寺陶瓷厂技术员
王留现

汝州市朱氏汝瓷有限公司
朱文立

这是一座古老而神秘的窑场。它能把矿石、泥土与火幻化为稀世珍宝。

当这个器物从窑火中脱颖而出时，它拥有了晶莹剔透，如冰似玉的肌肤。泥土在工匠的手中幻化出美妙的珍宝。

这个美妙的珍宝，就是备受北宋皇帝偏爱与赞赏的汝官瓷。

由于烧造的汝瓷仅供宫廷使用，严禁流入民间。所以，汝瓷存世稀少，成为陶瓷界注目的焦点和世界各博物馆争相收藏的宝物。

汝窑窑火仅仅燃烧了二十几年，就因战争而消失了。汝瓷的所有谜团，就像这神秘的器物一样，或埋入地下，或湮灭人间……

2000 年 6 月，河南省宝丰县这个偏僻的清凉寺小村，突然热闹起来。大批的考古工作者和文物贩子同时来到这里。因为在村民居住的民房下面，考古工作者有了一个惊人的发现。

这里发现了一批千年难得一见的宝物。

这些碎瓷的瓷片被一筐一筐地送到河南省文物考古研究所。对主持汝窑的考古发掘工作已有二十多年的孙新民来说，这里的每一块碎瓷片都价值连城。

因为，或许其中的一片碎瓷就隐藏着汝官窑的秘密。这些碎瓷，虽然已不成形，但其局部的光泽依然能折射出当年的烧造水平 1。

人们为什么要不惜一切代价找到它，这些破碎的小瓷片里又隐藏着什么秘密呢？

名列宋代“汝窑、官窑、钧窑、哥窑、定窑”五大名窑之首的汝窑，因地处河南古汝州而得名，在中国陶瓷史上有“青瓷之首，汝窑为魁”之誉。

这些专为北宋宫廷烧造的御用瓷器，即“汝官瓷”，简称“汝瓷”。汝瓷之所以被称为五窑之魁，魁就魁在它独特的颜色——天青色。

汝窑瓷受大家欢迎，主要是因为它的天青釉。但是，就目前来看，汝窑的天青釉色应该在北宋时期达到了最高峰，还没有发现比汝窑的天青釉色烧得更好的釉。

为了烧制釉色独特的汝窑瓷，工匠们不惜工本，选以名贵玛瑙入釉，以致使它的工艺更加精湛。最终使汝瓷呈现出汁如堆脂、面若美玉、莹润纯净、素雅高贵的皇家之气 2。

因此，历代皇帝都把汝瓷视为吉祥之物，镇宫之宝。南宋文献中有这样的记载：汝窑宫中禁烧，内有玛瑙为釉，唯供御拣退，方可出卖，近尤难得。

汝瓷在南宋初就显得十分珍贵，到了元、明、清各朝代更是深藏宫中。直至清

1

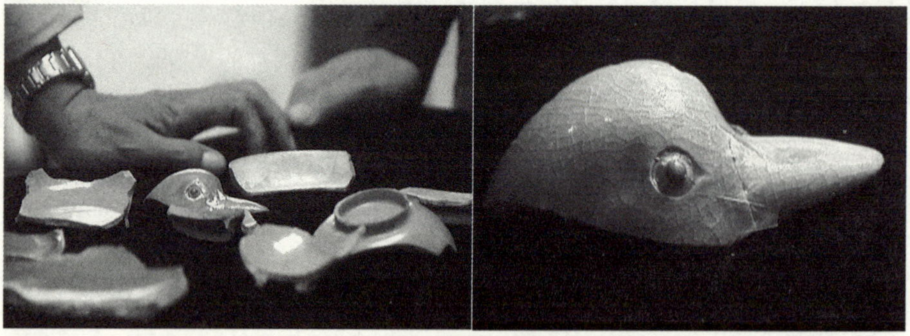

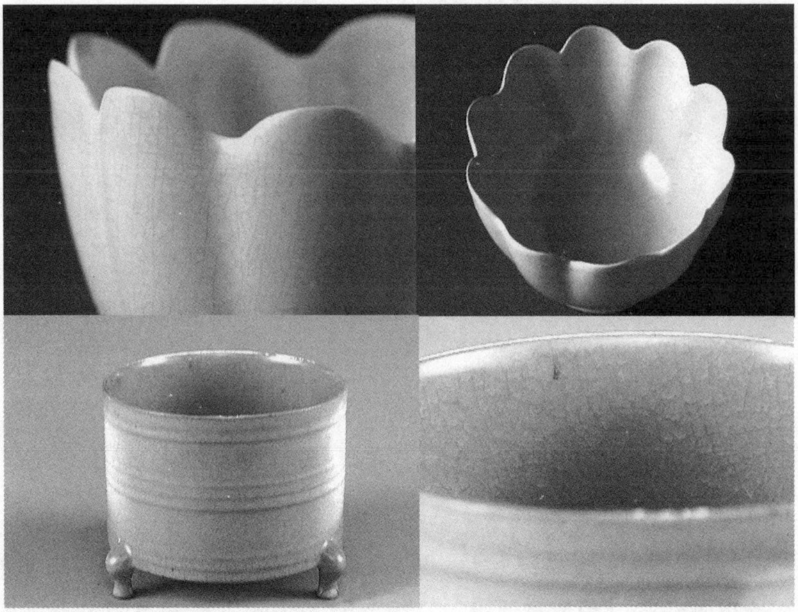

2

末八国联军侵占北京，汝瓷才流出宫外。几百年来可谓弥足珍贵，有价难求。

汝窑也是目前咱们所知道的传世品保存最少的一个瓷窑。按照目前的统计，全世界现在传世的就是70多件不足80件。主要保存在北京和台北的故宫博物院与上海博物馆。

“家有万贯，不抵汝瓷一件”，这是民间对汝瓷的认识。时至今日，汝瓷的价值不断攀升，海内外收藏家对汝瓷更是情有独钟。

1992年，散失于民间的一件直径为8厘米的北宋汝窑瓷盘在美国纽约拍卖时，成交价为154万美元，而在香港的一次拍卖中，一件宋汝窑三牺尊以5000万港元易主。

由于文献记载不详，烧造汝官瓷的汝窑究竟在哪里、它是如何烧造的也就成为千古之谜。为破解这个谜，无数的古陶瓷专家、学者为此费尽心血。

最早对汝窑瓷寻找是从陈万里先生开始，在解放初，1950年北京故宫博物院的专家陈万里先生就专程来河南寻找汝窑。他当时跑了临汝、宝丰、鲁山等不少地方，

3

4

回去以后就写了一篇文章叫做《汝窑的我见》。

“清凉寺到段店，一天进万贯”，一句流传于宝丰县清凉寺一带的乡间俚语诉说了这里曾经有过的贸易盛况，这也引起了来此进行调查的考古人员的注意。

20世纪80年代初，一群年轻的考古工作者徒步沿清凉寺到段店进行考察，10多公里范围内竟发现有数十座窑址。但是，却并未发现汝官窑遗址的任何线索。

与此同时，当地一些酷爱汝瓷的民间人士，也以他们自己的方式在寻找着有关汝官窑窑址的蛛丝马迹。

74岁的王留现老人 3，老家就在宝丰县的大营镇，家距清凉寺不足4公里。小时候也耳闻目睹过这一带有宝藏的传闻，既有寻宝挖宝的，也有走街串巷的古董商。

自从他进县文化馆后，就把传闻开始当做一项事业去研究，后来调到陶瓷厂专门从事陶瓷研究工作后，他更加留意从田地里寻来的碎瓷片，汝窑会不会就在清凉寺这一带呢？

1985年盛夏的一天，有人告诉王留现大营镇清凉寺村有户人家的红薯窖塌了，无意间露出了一个瓷器。王留现得知消息后，马上赶到了清凉寺村。

到那儿一看，让他一惊。因为那个东西猛然一见，在你眼前有一种雾光效应，这个雾光效应很快就消失了。

最后，王留现毫不犹豫地借了600元钱买下了这件从未见过的瓷器。但是，它到底是官窑还是民窑呢？王留现的心里也没数。

1986年，王留现带着从清凉寺出土的那件瓷器，参加了在西安召开的中国古陶瓷研究会。在这次会议即将结束时，他找到了当时著名古陶瓷专家、上海博物馆的汪庆正副馆长 4。

汪馆长，我带了一件东西你看看。他问是什么，我说汝瓷。他一看他就在注意了，回上海以后，他就派人上清凉寺去调查了。

一年后，王留现意外地接到了一封从上海博物馆寄来的信件。

1987年，汪庆正给我来了一封信，就是说看到你那件东西基本完整。希望你能够拿到上海来和上海博物馆的馆藏汝瓷进行对照鉴别。

王留现高兴地立即乘上南下的列车赶到上海博物馆。当与馆藏汝瓷对照鉴别完后，汪庆正副馆长就跟王留现郑重地说起了他收购的那件汝瓷的事。

他（汪庆正）说这个汝窑洗是国家珍贵文物不能个人收藏，应当动员献给国家。我说我是河南的，我要捐献应当捐献给河南，河南博物馆我也知道没有汝瓷。（他说）河南以后一搞发掘会得到不少，河南以后搞发掘它有的是。

最后，上海博物馆给王留现颁发了国家文物局的奖状并发给了5500元奖金。王留现老人当年花了600元钱买下的这个汝瓷洗，据说现在价值近千万美金。

1987年5月，上海博物馆依据他们在清凉寺采集到的同传世汝窑器完全相同的46块碎瓷片和王留现捐献的汝瓷洗，首次向世人宣布了汝窑的发现。

为找到汝官窑所在地，揭开它神秘的釉料配方和烧造工艺，以孙新民为主的河南省文物考古研究所，准备在这一年开始对宝丰县清凉寺进行第一次试掘。

河南省文物考古研究所得到了这个消息以后，就在1987年10月进行了第一次的试掘。当时开了两个探方，就发现了11件比较完整的，就是可以复原的汝窑瓷器，这就从考古上证实了宝丰清凉寺就是汝窑的产地。

在随后的两年发掘中，孙新民的考古队尽管也发现了一些汝窑瓷碎片。但是，大量发现的还是民窑的产品，它们并不是汝官窑。

1998年初，考古队对清凉寺窑址又进行了第四次重点发掘。他们先后发现了四座烧制民用青瓷的窑炉，找到了汝窑瓷器的单独烧造区，在此之前发现的多是混烧窑炉。

但是，最为关键的汝官窑瓷器的中心烧造区一直扑朔迷离，不肯与考古学家们谋面。

在发掘期间，清凉寺村的一个村民说，在清凉寺村内他们挖了个地窖，在地窖里面出现了一些瓷片让我们去看看。我们就立即赶到现场，当时在已经回填的坑边际就捡到了有几十片汝窑瓷片。我们就感觉到这个非常重要，因此报请国家文物局批准，1999年我们在这里做了试掘，发现真正的汝窑的中心铸造区应该是在清凉寺村内。

但是，面对清凉寺村密密麻麻的民房，孙新民却犯了难，发掘面临着诸多方面的问题。

我们心里有一点害怕，因为当时我们仅仅是在村外的小便道上或者是在村民的院内进行了局部的钻探，这个钻探我们还不敢肯定这里就是汝窑烧造区。如果说没有发现这里是汝窑或者下面没有，这就对不起搬迁的村民。

最后，孙新民还是决定冒这个险。毕竟，半个世纪的寻找积累的经验，使他们对这次挖掘还是有信心的。

连续五次发掘，前后经过十几年，我们一直没有这种线索。一旦碰见这么好的线索，如果不发掘，这个汝窑之谜就永远解不开。因此，我们最后下决心就是报请当地政府搬迁了四户村民。

2000年6月，河南省考古研究所组织精干人力在当地政府的密切配合下，进行了第六次考古发掘。经过近半年多的发掘，在搬迁的4户村民的房基底下，终于有了惊人的发现。

就在这四户村民的房基下边，我们就开了500平方米十几个探方的范围，就揭露了这里就是当时的窑炉和作坊，而且当时的瓷片堆积最厚达到了20米，而且拉回来的瓷片比传说中的汝窑器类要多得多。

毫无疑问，宝丰县的清凉寺村就是半个世纪以来，考古学家一直苦苦寻觅的北宋汝官窑瓷器的中心烧造区 5。

2000年的第六次发掘共发现了窑炉19座，作坊两处，还有水井、灰坑、过滤池、沉泥池等重要遗迹。

这里的汝官窑遗址经探定大约有25万平方米，几乎全在清凉寺村内。

这次发掘，发现了研究陶瓷工艺烧造技术不可缺少的窑炉、作坊和各种有别于民窑的窑具，弥补了长期以来研究汝官窑瓷器不见窑址和实物标本缺乏的遗憾，窑址中出土遗物之丰富，也是历年来发掘所没有见过的。

这些从中心烧造区发掘出的汝官瓷，它们的烧制工艺到底有什么显著的特征呢？

汝窑应该说有四大特征。一是它纯正的天青釉色 6，相当于雨过天晴云破致这种釉色；二是香灰胎 7，它的胎质就像香点燃过的颜色，这是其他瓷器所没有的；

5

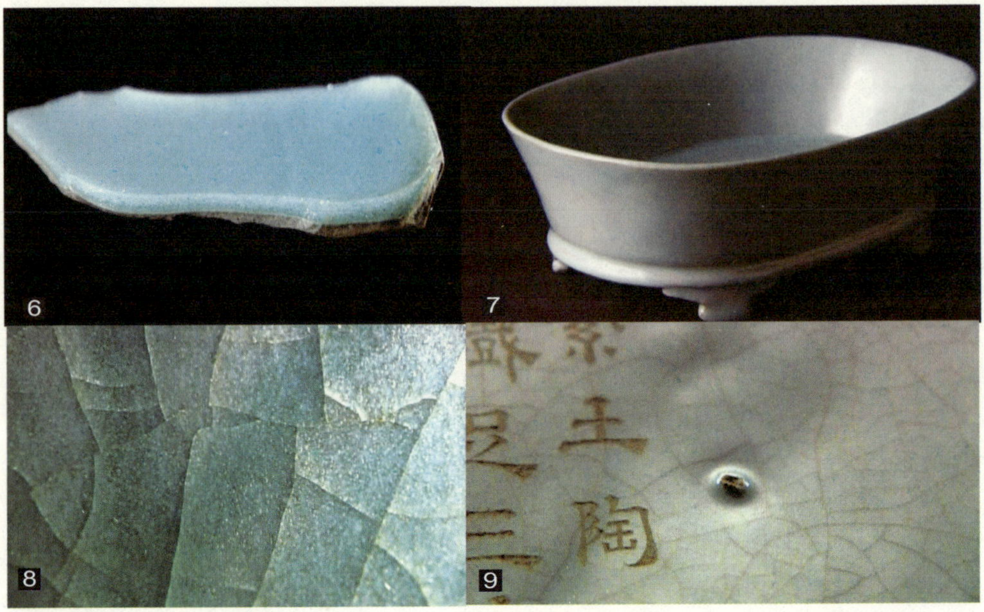

三是奇特的开片，在不少器物的表面，有一种冰裂纹或者是鱼鳞状的开片 8。四是满釉支烧 9，满釉支烧就是汝窑所达到的高峰。因为它在圈足的底部是全部满釉，整个器物从口、腹到底全部是满釉的，只有在圈足的底部，有3～5枚很小的支钉，就是它具备了这几大特点。

北宋以来，汝窑青瓷工艺一直处于领先地位。它不仅保持了汝窑的传统瓷艺，又具有自己的独特风格，烧造出一批精良作品，而博得北宋皇帝的赏识。

也许，如果没有宋徽宗就没有汝窑的辉煌。徽宗不仅书画技艺精湛，还十分喜欢瓷器，是他首先肯定了汝瓷的精美。南宋史料说："本朝以定州白瓷器有芒，不堪用，遂命汝州造青窑器"，所指正是徽宗下诏书"弃定用汝"的决定。

"雨过天青云破处，这般颜色作将来"是宋徽宗对汝瓷的最佳赞誉。

短短的20年间昙花一现，汝窑便消隐于战乱的尘烟之中，它的烧制工艺随之失传。工匠们再也烧制不出同样的精品。

康熙、乾隆年间，瓷器烧造蔚然成风，大规模地仿烧也使北宋五大名窑中的官窑、哥窑、钧窑、定窑四大名瓷重回人间。

而在北宋末期消失的汝官瓷，在烧造工艺上没有留下任何片言只语，但是，价值连城的身价又使历朝历代的工匠们争相仿烧汝瓷，但都因找不到其要诀而未能成功。

因而，世人有“造天青釉难，难于上青天”的说法，这更是给汝官瓷蒙上了一层神秘的色彩。那么，在近千年之后，今天的陶瓷艺人们能否破解汝瓷的烧制之谜呢？

从1972年就开始尝试恢复汝瓷烧造技术的汝州人朱文立知道，仿汝窑难就难在仿烧釉色上。于是，他从汝瓷片和书本中不断地搜寻着与汝官瓷有关的一切信息。后来，朱文立从一个活人祭窑的民间传说中悟到，天青釉色或许跟骨头有关。

骨头的成分是磷和钙，是不是磷和钙对天青色起到主要作用，因为磷和钙本身不是作色剂，但是，它有没有科学道理呢？这样，我就拿着各种骨头试，包括收集的猪骨、羊骨、牛骨等，因为人的骨头和这些动物的骨头，多少有点区别，但是，大同小异。后来一直烧，但就一直出现不了这种色的。后来想到把它兑到釉质里边，从一两或者一斤，就逐渐往上添，把釉色里边添加不同含量的骨头，但是也不行，还是一点天青色也不出现。

无数次的失败，让朱文立真正体会到了“烧天青釉难，难于上青天”这句话的意味。1987年4月，朱文立决定再烧一窑，如果此窑再烧不成功，自己就永远不再烧什么天青色瓷器了。

这一窑连续烧了三天两夜，停火一看，里面的瓷器仍是豆青色，朱文立彻底泄了气。

五年的经历白废了。走了这么长时间，结果毫无效果。所以，我回去以后就一直睡，可能睡了几天。因为烧了三天两夜的窑，熬得非常狠。回去就蒙着头，啥也不想了，这个项目永远不再进行了。到出窑的时候，整个窑到达中间，偏偏出现了四件天青色。窑里装了一百多件，就有四件天青色的。

为什么只有四件能成天青色而其他却不成呢？这种神秘的窑变到底是怎样发生的？为找到准确答案，朱文立又连续烧了几窑。终于，他发现了汝瓷窑变过程的秘密。

随着温度下降，它会神秘地变化。火下降的时候到窑冷了，下降60° C，再挑出来是月白色的。再下降60° C，挑出来一看变成蓝色的。下降80° C，挑出来以后，它是天青色。所以汝官瓷为啥难呢，它不但在烧成过程中窑变，它在烧成以后停火还要窑变，就好像是神秘莫测的一种釉色。

就这样，朱文立经过5年多的研制，先后调试配方328个，在1500多次的失败后，1987年5月，他终于使汝官瓷的“天青釉”重回人间。

但是，仍有一个无法改变的事实，从八百多年前的北宋到今天，“雨过天晴云破处，这般颜色作将来”的“天青釉色”还是时隐时现，它的出现最多只能占到一窑百件瓷器中的百分之十。也就是说，现代汝窑精品在烧成工艺上仍有十窑九不成之说。

现在有10余家这种厂家都在仿烧汝瓷。但是就目前来看，还都达不到北宋汝窑瓷器这种效果，釉色上要么就是直蓝，要么就是颜色偏淡，就是都达不到纯正的天青色的效果。尽管现在科学比较发达，通过对汝窑磁片的测试，有多个测试结果，多种成分都搞得很清楚。但是，要想达到这种天青釉色的效果，现在看来还是做不到。

汝瓷烧造非常不易，它对釉料的配方和火候的掌握都有极严格的要求。每件瓷坯在窑中所处的位置不同，受热程度不同，产生的窑变效果也不一样。

即便有了现代科技的帮助，研究人员仍然很难对窑内温度进行严格控制。面对一次次的失败，研究人员在感叹汝瓷烧造工艺难度之大的同时，更为古代工匠们的智慧所折服。

稀世珍贵的汝窑，通过人们近千年的探寻，终于揭开了它神秘的面纱。而现代研制的汝瓷也以大气、典雅、宁静的气质和不带任何华丽装饰的自然、纯净之美而被世人追捧 10。

10

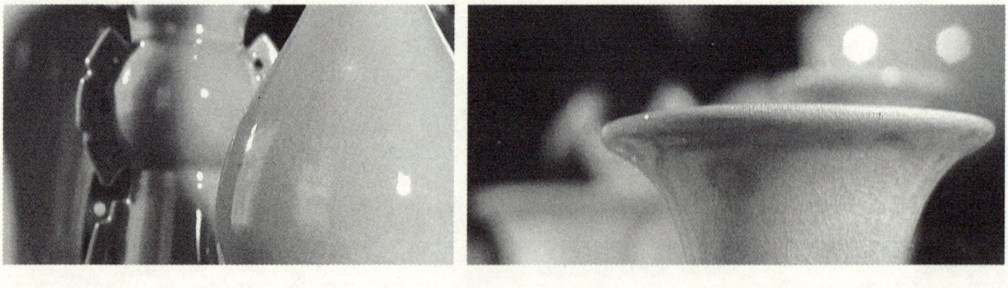

[12] 龙门盗影

故事讲述人

龙门研究专家
温玉成

龙门石窟研究院
邵殿文

文物史专家
陈重远

龙门石窟研究院
王振国

龙门村90岁老人
曹　锁

2005年10月22日，一场盛大的文物交接仪式在洛阳龙门石窟的礼佛台举行，流失海外八十载的七件国宝级龙门石窟佛雕终于回归了龙门。这七件佛雕只是龙门被盗文物中极少的一部分。

从20世纪初开始一直到1949年，龙门惨遭盗凿的时间长达半个世纪，龙门现存窟龛2300多个，盗凿痕迹多达780多处，龙门10万多尊佛像中现存完好者不足1/10……

龙门石窟是北魏孝文帝拓跋宏把首都从山西阳平迁到洛阳后开始兴建的。迁都后，孝文帝实行汉化改革，鼓励鲜卑人穿汉服，学汉话，与汉人通婚，这场汉化改革使北魏迅速崛起，孝文帝也因此被誉为鲜卑族一代圣君。

孝文帝去世后，他的儿子北魏宣武帝为纪念父母孝文帝和文昭皇太后，花费了24年时间在龙门开凿了宾阳中洞，宾阳中洞洞口两侧的石壁上，原来雕有两组大型浮雕，这就是《皇帝礼佛图》❶和《皇后礼佛图》❷。

1

2

宾阳中洞大概完工于公元515年或者稍晚一两年，文献明确地记载，在《魏书·释老志》里文献的记载是世宗宣武皇帝为他的生父孝文帝和他的生母文昭皇太后所做的雕像，所以文献的记载是确凿的，年代是确凿的，在中国的所有的文物中这是最早的一幅反映皇帝、皇后出行仪仗的巨幅历史画卷。

遗憾的是现在宾阳中洞洞口两侧只留下了两个触目惊心的大疤痕。《皇帝礼佛图》现在陈列在美国纽约大都会艺术博物馆。

而《皇后礼佛图》陈列在美国堪萨斯纳尔逊博物馆，这两件具有巨大艺术价值的国宝已成为他们的“镇馆之宝”。

1995年，龙门研究所的邵殿文到美国参观，亲眼看了一下流落异乡70多年的《皇帝礼佛图》和《皇后礼佛图》是他最大的心愿。但当他看到这两幅雕像时，却惊讶地发现，《皇后礼佛图》比《皇帝礼佛图》的线条要流畅完整很多，根本不像同一个时期的雕刻，他凭直觉判断，《皇后礼佛图》应该是赝品。

《皇后礼佛图》从表面看，大致一看觉得挺像，可是从细节上来看，衣裙的衣纹，有些地方纹路不对。

邵殿文带回来的信息立即引起了人们的巨大兴趣。那么，《皇后礼佛图》到底是真的还是假的？如果《皇后礼佛图》是赝品，它的真品又藏在哪里？《皇帝礼佛图》和《皇后礼佛图》又是如何从龙门被盗走的呢？

3

4

1953年12月16日，《人民日报》刊登了一封检举信 3，揭发一个叫岳彬的人倒卖龙门帝后礼佛图的事，正是这封检举信，揭开了这起文物盗卖案的真相。

这封信是由著名雕刻家刘开渠 4等10人联名检举的，1953年他们在龙门做文物调查时，了解了岳彬大量倒卖龙门文物的事实，愤怒的他们投书《人民日报》，要求政府严加惩处奸商岳彬。那么岳彬是一个什么样的人呢

岳彬跟我是老乡，他是通县西集镇张各庄人，我是通县西集镇寨府辛庄的。

陈重远先生今年已经78岁，10岁的时侯，陈重远就到琉璃厂当了一名小伙计，他对岳彬的历史非常了解。

岳彬1896年出生于北京通县，因家境贫寒，14岁就到北京琉璃厂一个小古玩铺当学徒，长期的熏染，他也慢慢学到了一些买卖古董的知识，开始做一些小买卖。

清末时，荣宝斋从山西大同以每尊5元的价钱买进了云冈石窟7尊佛头，清代的老古玩行有“佛爷的脑袋动不得”的规矩，所以这批佛头搁置了十多年也没卖出去。

19世纪20年代初，日本的收藏家开始搜集北魏石雕佛像，获悉这个信息后，岳彬于1925年仅用400多元吃进了行内人士“不敢动”的七尊云冈石窟石佛头像 5。

买到手以后他请一个叫冉忠印的雕塑家，人家会雕会刻，很有本事，小冉照这七个佛头做了很多，当然是岳彬都不让别人知道这件事，都是秘密的。

5

岳彬的第一尊佛头以八百块银洋卖给了日本人，后来这批佛头行情不断看涨，最后涨到了2000元一个。

可是这个佛头一直卖了十多年也卖不完，原因是什么，就是他做了假。

岳彬靠佛头发财后，开了个“彬记”古董店，靠着投机钻营和造假古董，到1949年解放时，彬记已发展为北京最大的古玩铺。

《人民日报》揭发岳彬的文章发表后，北京市人民法院立即受理了此案，岳彬在北京炭儿胡同的家被查封，调查人员在岳彬家中发现了557件文物，这些文物主要是青铜器和瓷器，但在他家里却没有发现龙门的佛头。

在检查人员查阅岳彬的账本时，他们意外发现了一份可疑的合同 6，签合同的一方为彬记，一方为普爱伦。

经研究是盗卖了帝后礼佛图的合同。

原来合同里把帝后礼佛图含糊地称为石头平纹人围屏像，为了得到帝后礼佛图，普爱伦分三次付款，共计出了1．4万银元，合同的最后还特别强调，此乃双方同意，各无反悔，空口无凭，立此合同为证，时间为民国23年也就是1934年。

这份没来得及销毁的合同，成了岳彬盗卖帝后礼佛图的铁证，岳彬 7因此锒铛入狱。

合同上收购帝后礼佛图的人叫普爱伦，那么普爱伦又是什么人呢？

岳彬就管他叫布老爷，住在王府井旁边有大甜水井9号，他收藏中国的古玩，是个

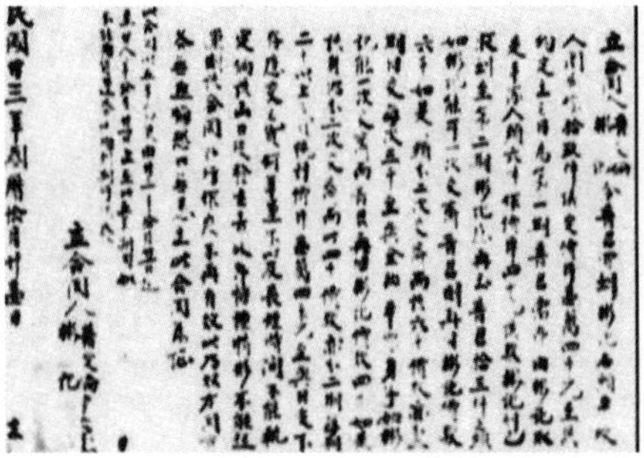

6

7

8

古董商。

1925年，普爱伦跟着他的老师华尔纳第一次来到了中国。华尔纳 8是美国人，曾于1924年带着特别研制的胶水和布匹来到敦煌，把敦煌石窟323窟中最为精美的壁画粘走了26方，因为胶水和布匹用完，华尔纳才从敦煌撤走。

第二年，华尔纳带着三马车的胶水和布匹又卷土重来，准备来敦煌粘走更多的壁画，但因遭到当地人的阻止才没有成功。他的随行人员中就有第一次来到中国的普爱伦。

1928年，普爱伦出任纽约大都会博物馆的远东部主任，成为一个以收集和盗窃中国文物为职业的人，他也把目光转向了龙门。

龙门这个地方相对来说，交通比较闭塞，陇海铁路修通了以后，外国的商人、游客陆陆续续地来到了龙门。

龙门石窟精美绝伦的雕刻，让那些四处搜求中国艺术品的国际文物贩子心驰神往，随着西方人的到来，偷盗龙门雕像之风愈演愈烈，龙门的劫难也开始了，而普爱伦就是其中最疯狂的一个。

出现这个问题的原因首先就是佛头能卖钱，而不是在中国卖钱，因为中国人好像买佛头作为艺术品的还不多，主要是外国的一些收藏家喜欢中国的雕刻，刺激了这个市场，因此说1910年以后，陆陆续续地龙门就开始有被盗的现象。

普爱伦来到龙门时，蒋介石、冯玉祥、阎锡山中原大战刚刚结束，一些无家可归的乞丐、难民都栖身于龙门的洞窟里，龙门一带更加混乱。

普爱伦冒着被劫杀的危险来到龙门，但无人看管的龙门，也让普爱伦看到了偷窃的机会。就是这次，普爱伦凿走了卢舍那大佛手掌上的一块石头。

在龙门石窟的宾阳中洞，普爱伦又停了下来。

到那儿去了以后，他看了这个佛雕，他喜欢上了《皇帝礼佛图》和《皇后礼佛图》。他照了相，跟岳彬商量，能不能把它买下来，当时他们说，跟这个岳彬定下来4万块，4万银元也不少了。

当时在京郊地区40块银元就可以买一亩水浇地，这样算来4万块银元可以买1千亩土地，可见普爱伦为了得到帝后礼佛图是不惜代价的。但既然两人定的是四万块钱，为什么合同上又变成了1.4万，这到底是怎么回事呢？

据陈重远先生回忆，帝后礼佛图被盗凿后是装在麻袋里用火车运往北平的，岳彬拿到货后，非常失望，因为他收到的帝后礼佛图完全是一堆碎片 9，为了快点交货，他立即请几个徒弟进行修配。而修补的地方，就是岳彬家的西院，也就是现在的大栅栏街道办事处。

有一两年，西院没人去，他秘密地做这个，做了半截以后，普爱伦提出来要来看货，普爱伦拿的时候就跟他说了，说这东西是这样子的，拼凑起来有点像样，普爱伦说，我不能够花4万块钱买这么一堆石头。

9

普爱伦跟华尔纳在哈佛大学学习过博物馆学课程，其中一门课程就是专门研究各种打凿石雕、剥揭壁画的方法，普爱伦本来要求岳彬尽量把帝后礼佛图整体揭下来，但这堆碎石头显然和他的要求差距太远。

那怎么办，那得弄好，弄好以后咱们4万块钱不行，后来，商量来，商量去，大概是14000块钱，14000块钱又怕他反悔，就订了合同，普爱伦就跟彬记订了合同。

那么帝后礼佛图是怎么被盗凿下来的，为什么会变成一堆碎石头了呢？

据岳彬被捕后交代，因为巨额金钱的诱惑，和普爱伦谈好价钱后，他亲自跑到洛阳东关找到了一名叫找马聋子的人替他盗凿帝后礼佛图，马聋子大名马龙图，是洛阳的地痞，最后两人以5000元的价格谈妥。

从坚硬的石壁上揭下《皇帝礼佛图》和《皇后礼佛图》，绝不会像敲下一个佛头那么容易。马聋子之所以敢接下这个活，是因为他和龙门一带杨沟村的土匪一直有勾结。

民国初年的龙门，发生过一起和尚被杀的事件，而凶手就是杨沟村的土匪。

龙门石窟开凿以后，周围陆陆续续建立了寺院，最盛时有“龙门十寺”之称。民国以后，龙门碑刻题记中代表北魏书法最高水平的“龙门二十品”在社会上开始流行，龙门的和尚利用便利条件，靠卖“龙门二十品”拓片挣了不少钱。

但正是这些拓片和钱财为自己招来了杀身之祸。

旧社会杨沟村是个土匪窝子，所以洛阳东关的马龙图就勾结这些土匪来盗这个文物。

杨沟村的土匪以两千元的价格和马龙图谈妥后，就去找本村三位老实巴交的石匠。

听说要他们去宾阳中洞盗佛像，害怕遭到报应的石匠们当即拒绝了土匪的要求。

晚上，石匠王光喜刚刚躺下准备休息，土匪的枪口就对准了他。

在土匪的武力胁迫下，三位石匠来到了黑洞洞的宾阳中洞。

先凿的是头像，比如皇帝的头像、皇后的头像、妃嫔头像，在后面编上号，然后再凿身子。

他们是利用晚上，用手电筒照着上面，用微弱的灯光一片一片地往下打，所以打的时间很长，打下来的东西都很碎。

龙门石窟下边的青石路是一条通往伊川县、嵩县等地的官道，常有行人从此经过。为了不被人发现，在南北两个路口，土匪持枪站岗放哨，遇有情况，就用暗号通知洞内的石匠停止敲打。

经过大概两个月断断续续的盗凿，帝后礼佛图终于被完全敲了下来。

修补了一年多后，岳彬终于向普爱伦交了货，普爱伦付给岳彬共计14000元，这样算下来，岳彬还应该赚了9000元钱，但奇怪的是，岳彬却说这次买卖没有挣到钱。

为什么没赚钱呢，一个要雇人去凿，再雇人去拼凑，再复制，又花了好多钱，最后普艾伦又不给那么多钱，就给14000块钱，不是4万。

因为普爱伦的变卦，岳彬没有赚到更多的钱，根据岳彬爱财如命的性格，那岳彬怎么会甘心冒如此巨大的风险又不赚钱呢？

既然这样，那么岳彬会不会把真的《皇后礼佛图》留下，而另外复制一份假的交给普爱伦呢？

还有一个重要细节也证实了这种可能。1953年，岳彬盗卖帝后礼佛图的事情败露之后，国家文物部门搜查了岳彬家，除了找到了“合同”和大批文物外，还意外地在他家地下室里发现了几箱碎石块。

岳彬家里被抄了，抄了以后，抄出了好几箱子碎石头，就是帝后礼佛图的石头，有人证有物证所以才定岳彬的罪。

龙门石窟研究所的人员在龙门石窟附近的龙门村调查时，也发现了一个重要情况，这个情况也说明《皇后礼佛图》有可能是假的。

龙门村离石窟只有一里地，由于盗贼蜂起，为了保护石窟，龙门村自发组织起了保护队伍。

一天夜晚，巡逻的人跑回来报告：有人在偷佛像。村里立即组织人去抓贼，当时只有10多岁的曹锁也跟着去了。

先过去打一枪，看看那边是啥情况，开一枪。

盗贼还击一阵后，就趟过伊河朝对岸逃去。

巡逻队在河边捡到了几把锤子以及装着雕像碎片的一条麻袋。

村民们拿回了锤子，却把那些无用的碎石头扔到了伊河里。据曹锁老人说，这伙盗贼就是杨沟村的土匪。

如果这些情况属实，说明马聋子交给岳彬的帝后礼佛图碎片本来就有残缺，那岳彬怎么可能拼出完整的帝后礼佛图呢？

1933年，岳彬还干了件轰动古玩界的大事，就是把复制的一尊云冈假佛头以三万美元的价格卖给了美国石油大王洛克菲勒。

卖给他以后，这煤油大王，有一天他生日，中国人讲究收藏，秘不示人，外国人讲究摆出来，显富，你看我在中国买了这个佛头，怎么怎么好，可是有个美联社记者说这个佛头是假的，他说为什么是假的呢，他说我在云冈看见那儿还有呢，那儿还站着呢，你这个是假的。

岳彬得到这个消息后，怕美国人来退货，就买通当地驻军，把云冈这尊佛像炸掉了事。

当时北京琉璃厂的人几乎都知道彬记是古玩行最大的制假中心，根据岳彬不择手段疯狂造假的历史，完全可以做出这样的结论：岳彬在皇后礼佛图上做假是可能的。至于做假的原因，一是石匠在盗取雕像时，因遇到巡逻队或其他原因，把部分石块扔掉了，致使这些雕像无法完全复原。

另外一个可能是，因为普爱伦的变卦，岳彬不愿做赔本的买卖，就想把真的《皇后礼佛图》据为己有，所以就根据普爱伦的照片，复制了假的皇后礼佛图向普爱伦交差，而在他家地下室搜出的残片就有可能是《皇后礼佛图》的部分真品。

但也有很多研究者认为这种推断是不成立的，他们认为帝后礼佛图都应该是真品，只不过因为无法完全复原，岳彬就根据照片进行了修补，但它们的主体应该是真的。

所以说现在陈列的，不是原件的百分之百的再现，而是主要人物的再现，但不是假的，我判断两幅都是真的，因为美国人也不是那么好忽悠的，也不是假的能忽悠过去的。

普爱伦回国后，因为搜求中国文物有功，后来由纽约大都会博物馆远东艺术部主任当上了博物馆的馆长。为了掩饰他赤裸裸的盗窃中国文物的不光彩事实，他还专门写了一篇充满谎言的文章，为自己开脱。

到了1944年的时候，这个普爱伦写了一篇文章，他说在1933年到1934年之间，就是在古玩市场上发现了这个被人盗毁的帝后礼佛图，说盗回来碎了，他写的文章原文我不记得了，他的意思是我们两个博物馆把它挽救的。

至于岳彬，最后他终于为自己疯狂的贪欲付出了沉重的代价。岳彬盗卖帝后礼佛图一事披露后激起了社会公愤，文化界300多人联名写信，要求审判岳彬。1954年4月22日上午法院对岳彬进行了公开审理，岳彬以倒卖文物罪被判处死刑，缓期两年执行，入监一年后的1955年，岳彬病死在了狱中。

他死后，古玩行里就说，岳彬这是兴于佛，死于佛，为什么说兴于佛呢，就是说买佛头发的家，弄了7个佛头不知道他卖了多少，那么死于佛呢，帝后礼佛图他盗卖了，解放以后犯法了，死于监狱了。

随着岳彬的死去，关于帝后礼佛图更多的真相也许永远沉入到了历史的烟云之中，但无论如何，龙门的浩劫已永远成为了过去。

龙门石窟是我国三大佛教石窟艺术宝库之一，1961年被公布为全国第一批重点文物保护单位。2000年11月被联合国教科文组织列入《世界文化遗产名录》。